学术信息开放存取法律问题研究

焦海洋◎著

Research On
The Legal Issues Of Open Access
To Academic Information

中国法制出版社
CHINA LEGAL PUBLISHING HOUSE

前言

PREFACE

开放存取产生于学术期刊危机的背景之下。开放存取是一种新的学术信息传播模式和数字出版方式，以促进学术信息的自由传播和无障碍获取为目标。开放存取涉及的学科领域甚广，包含出版学、信息学、图书馆学和法学等。本书旨在系统分析学术信息开放存取相关的法律问题，主要从著作权法的角度加以论述，此间结合法哲学、法社会学、法经济学、国际法、侵权法和合同法等有关知识进行阐释。

全书除导论外，共有七章。第一章主要说明学术信息开放存取的特征、产生及其方式，论述学术信息开放存取的理论基础，并阐清学术信息开放存取的法律性质。第二章主要辨析学术信息开放存取与著作权保护的关系。第三章主要分析学术信息开放存取是否构成著作权的限制和例外。第四章主要阐释学术信息开放存取的著作权侵权责任，包括侵权主体、侵权行为的类型、构成，以及免责事由。

第五章着重分析学术信息开放存取对于著作权许可方式的新要求。第六章主要阐释学术信息开放存取对于出版权行使的影响。第七章在境外开放存取立法的基础上，提出构建与完善我国学术信息开放存取法律制度的具体建议。

本书是在我的博士学位论文基础上完善而成。在此，我衷心感谢我的导师聂建强教授对论文写作的指导和修正，感谢师长、同窗和朋友们对我的勉励和帮助，感谢家人对我的关爱和支持！最后，特别感谢重庆工商大学法学院对于本书出版的资助和支持，感谢中国法制出版社为本书提供出版的机会，感谢本书编辑为出版付出的辛勤劳动！

本书是对于学术信息开放存取相关法律问题的初步探讨，且由于笔者水平有限，书中确存不当之处，敬请各位读者批评指正。

焦海洋

2019 年 3 月

目录

CONTENTS

参考文献

导 论

2016年1月，中国某网涨价的做法引发了部分国内高校的抵制。中国某网是国家知识基础设施（National Knowledge Infrastructure, CNKI）的概念，由世界银行于1998年提出。CN×× 工程由清华大学、清华同方发起，始建于1999年6月。中国某网是世界上最大的连续动态更新的中国学术文献数据库。武汉理工大学率先于2016年1月发布了某网停用的通知。北京大学紧随其后，其官网于3月31日发布了中国某网即将停用的通知。停用的原因在于数据库的续订价格过高。武汉理工大学图书馆称，2000年以来CN×× 公司对该校的报价，每年涨幅都超过10%，从2010年到2016年的报价涨幅为132.86%，年平均涨幅为18.98%。[①] 事实上，中国某网的报价一直年年上涨。从2013年年底开始，云南省高校图书情报工作委员会旗下所属的近十所省属重点高校，都停用了某网。2014年，某网对云南大学的报价从原来的40万元提高到70万元，图书馆不得已暂时停用了某网。[②] 众所周知，中国某网业已成为论文撰写和科学研究颇

① 北大因某网涨价暂停续订，多地高校图书馆预算难追数据库涨幅［EB/OL］.http://learning.sohu.com/20160407/n443611648.shtml，访问时间2016年9月10日。

② See http://money.163.com/16/0620/17/BQ18DEJE00253B0H.html,visited on 10 Sept.2016.

为倚重，甚至是不可或缺的学术资源。然而，过高的续订价格限制了学术信息的获取和使用。

2016 年 5 月 17 日，科学出版巨头——爱思唯尔公司（Elsevier）宣布收购社会科学研究网（Social Science Research Network，简称 SSRN[①]）。此消息一出，再掀波澜。SSRN 是一个免费的社会科学论文存储开放平台。Elsevier 则是营利性的出版商。虽然 SSRN 首席执行官 Gregg Gordon 表示，在被 Elsevier 收购后，SSRN 将继续提供免费的论文提交和下载服务，但许多社会科学家依然反对此收购行为，他们认为平台的开放性将会受到损害。此后发生的一件事让学者们的担忧成为现实。法学教授 Stephen Henderson 指出，其上传了一篇 PDF 格式论文的最终版本至 SSRN，却在未被告知的情形下，论文被 SSRN 下架。[②] 鉴此，为抵制学术垄断，部分社会学家于 2016 年 7 月 12 日宣布，他们开发了新的社会科学开放平台 SocArXiv，并承诺永久免费地对公众开放。[③] 可见，Elsevier 作为商业出版商经营策略的转变，即开始控制科学论文开放平台。其控制行为在一定程度上影响了公众对于学术信息的获取。而上述事件只是学术信息获取受限现象的冰山一角。如何确保学术信息的可获及性业已成为不得不面对的现实问题。

---

① SSRN 是一个致力于在世界范围内快速传播社会科学研究成果的网站，其由大量的社会科学各分支的专门网站组成。See https://www.ssrn.com/en/，访问时间 2016 年 9 月 10 日。

② Masnick，Mike. Just As Open Competitor To Elsevier's SSRN Launches，SSRN Accused Of Copyright Crackdown [EB/OL] .https://www.techdirt.com/articles/20160718/02211935003/Just-as-open-competitor-to-elseviers-ssrn-launches-ssrn-accused-copyright-crackdown.shtml,visited on 10 Sept.2016.

③ See http://www.sohu.com/a/107721377_119719,visited on 10 Sept.2016.

一、研究问题的背景

英国著名的哲学家、科学家弗朗西斯·培根曾言，知识的力量不仅取决于其本身价值的大小，更取决于它是否被传播以及传播的深度和广度。思想、知识和信息的交换是人类进步的根本。数据库越来越成为全球科学体系的基本组成部分。科学知识的获取将增加公共投资的回报、促进研究成果和观点的多元化、推动新作品的产生和研究领域的拓展，推进教育的发展。此外，创新性的科学研究对于全球性挑战的应对至关重要，从健康护理和气候变化到可再生能源和自然资源管理。而研究的进度、深度与不同主体之间的信息交换程度、信息传播的广度密切相关。简言之，知识共享的裨益颇多、影响深远。不同国家和国际组织均强调知识和信息共享的重要性。

（一）国家政策导向

2014 年 5 月 27 日，李克强总理在全球研究理事会 2014 年北京大会上的致辞提出："支持建立公共财政资助的科学知识开放获取机制，促进中国和世界科学事业共同发展。"[①] 此后，国务院于 2015 年 9 月 5 日发布的《促进大数据发展行动纲要》提出："利用大数据、云计算等技术，对各领域知识进行大规模整合，搭建层次清晰、覆盖全面、内容准确的知识资源库群，建立国家知识服务平台与知识

---

① See http://news.xinhuanet.com/politics/2014-05/27/c_1110886486.htm,visited on 13 Sept.2016.

资源服务中心。提高我国知识资源的生产与供给能力。”[①] 2015 年 10 月 29 日发布的《十八届五中全会公报》提出“实施国家大数据战略”，这是大数据首次被写入党的全会决议，标志着大数据战略正式上升为国家战略。《中共中央关于制定国民经济和社会发展第十三个五年规划的建议》则进一步提出：“实施国家大数据战略、推进数据资源开放共享。”[②] 而国务院于 2015 年 12 月 18 日发布的《国务院关于新形势下加快知识产权强国建设的若干意见》明确提出：“加强知识产权信息开放利用……加快建设互联互通的知识产权信息公共服务平台，实现专利、商标、版权、集成电路布图设计、植物新品种、地理标志等基础信息免费或低成本开放。”2016 年 6 月 24 日发布的《2016 年深入实施国家知识产权战略加快建设知识产权强国推进计划》第 74 项提出：“创建一批面向行业和市场主体的知识产权服务平台，构建行业知识产权资源及基础数据库。”党的十九大报告提出，“必须坚定不移贯彻创新、协调、绿色、开放、共享的发展理念”。由此可见，中国的上述国家政策强调对于数据资源的利用、知识资源的整合，其中数据资源的开放共享是大数据战略的目标之一。此外，国务院于 2018 年 3 月 17 日发布的《科学数据管理办法》提出，“提高开放共享水平，更好支撑国家科技创新、经济社会发展”。[③]《中华人民共和国科学技术进步法》亦明确要求特定的科技研发机构构建

---

① See http://www.gov.cn/zhengce/content/2015-09/05/content_10137.htm，visited on 13 Sept.2016.

② See http://www.gov.cn/xinwen/2015-12/11/content_5022855.htm，visited on 14 Sept.2016.

③ 参见《科学数据管理办法》第 1 条，http://www.gov.cn/zhengce/content/2018-04/02/content_5279272.htm，访问时间 2018 年 6 月 16 日。

免费获取，实现资源共享；而知识产权保护目的是保护作者的创作权益，但客观上阻碍了学术信息资源的传播和利用。”刘杨、王英于2010年发表的《开放存取期刊的版权问题分析及解决策略》一文提出：“版权开放存取期刊存在版权归属和学术成果使用的合理化问题，应该加强开放存取政策与法规建设、建立著作权集体管理组织、加强国家宏观政策指导。”韩红等于2011年发表的《版权制度对开放获取的影响综述——开放获取的法律视角分析》一文分析了版权制度对于开放获取的影响，介绍了主要国家的开放获取政策和版权立法，并提出了推进开放获取与知识产权保护协调发展的建议。该文提出：“扩张式的传统知识产权保护规定限制了开放获取的发展。从法律角度看，开放获取面对的主要问题是知识产权问题，最直接的问题就是版权问题。在发展过程中，开放获取应处理好版权问题、平衡问题和运行发展模式问题。”王凤产于2011年发表的《科技期刊开放存取中的版权问题》一文分析了科技期刊开放存取和版权保护的关系，并提出了科技期刊开放存取版权管理战略即制定相关法律、建立国家许可证制度、构筑科技信息的网络资源认证体系、建立著作权集体管理组织、扩大合理使用的范围、建立防止信息垄断的机制、开发版权政策指引工具。姚鹤徽于2012年发表的《开放存取：未来版权保护的可选模式》一文分析了开放存取的版权法实质，提出了开放存取对于构建未来版权保护模式的作用。该文提出：“从本质上看，开放存取旨在克服合理使用和法定许可等版权限制制度适用范围狭窄的弊端；开放存取运动的本质是以传统版权保护体系为基础所建立起来的一个相对独立的版权保护体系。”张海卿于2012年发表的《图书馆在开放获取环境下的版权应对》一文简要介绍了图书馆在开放获取环境下面临的版权问题，并提出了图书馆对版权问题应采取的措施。该文提出："图书馆在开放获取环境下面临版权问题。其在获取开放资源和提供服务的过程中均面临版权问题，主要是版权侵权风险。图书馆应采取的措施为明确并扩大合理使用的范围、对不属于合理使用范围的作品采用法定许可。"麻思蓓于2015年发表的《试论开放获取环境下图书馆复制的合理性》一文介绍了非开放获取环境下图书馆复制服务面临的困境，并认为开放获取为图书馆复制提供了合理依据。该文提出："现行法律制度下图书馆服务中的复制行为受到了极为苛刻的限制，与用户日益增长的复制需求形成了难以调和的矛盾。开放获取可以解决这一矛盾。开放获取和著作权法之间没有矛盾，两者是并行的，选择开放获取并不妨碍作者享有著作权法所赋予的权利。开放获取为图书馆复制提供了合理依据。"王丽萍等于2015年发表的《探讨开放存取期刊的版权问题》一文初步提出了加强开放存取期刊版权保护的建议，提高公众对开放存取期刊合理使用的意识，许可协议的法律化。

（3）开放存取与著作权授权模式

宗诚、马海群于2009年发表的《数字图书馆视角的开放存取机制及著作权授权制度的优化》一文分析了著作权授权制度的效率价值和盲点，介绍了开放存取机制的基本理念与实现途径，并提出了开放存取机制及著作权授权制度的优化对策。该文提出："为了提高我国著作权授权制度的效率，建议将开放存取机制的运行思路适度引入到我国著作权授权制度中。明确版权政策作为开放存取机制的法律基础；借鉴国外开放存取机制法制化的经验。而著作权授权制度的优化应对学术作品的版权进行最佳化管理，平衡相关利益；赋予许可协议法律地位；适时调整许可协议的法律兼容性。"周丽霞等于2010年发表的《基于开放获取的数字图书馆著作权授权模式优化》

一文介绍了数字环境下著作权授权模式的发展，分析了数字环境下著作权授权模式对数字图书馆的适用性，并提出了数字图书馆著作权授权模式优化的建议。该文提出："数字环境下，著作权授权模式各有其优势，也存在不足之处。开放获取模式主要是基于组织机构的授权模式，但目前仅以机构知识库和开放获取期刊的形式存在，还不足以为数字图书馆所利用。基于此，开放获取的第二种方式应在管理方式上适当调整。即出版商代理下的开放获取模式，该模式可在一定程度上解决数字图书馆版权问题。"

（4）开放存取与相关的法律规则

王应宽于 2008 年发表的《促进中国科技文献信息开放存取的法律与制度研究》一文提出："科技文献信息的开放存取涉及很多相关的法律制度。为实现开放存取，需要减少法规的限制并寻求法律的保护。具体建议为：扩大合理使用的范围至非商业利用；制定与实施中国特色的出版物法定送存制度；制定和实施国家许可制度；保护信息网络传播权，维系权利保护和信息公共获取的平衡。"韩缨于 2015 年发表的《欧盟"地平线 2020 计划"相关知识产权规则与开放获取政策研究》一文简要介绍了欧盟"地平线 2020 计划"，以及其中的知识产权管理规则、研究成果与研究数据开放获取政策。该文提出："'2020 计划'相关的知识产权管理规则进行了局部修订，最大的亮点就是开放获取政策。其中，研究成果的公开传播和出版物可获取以及研究数据公开的先导性计划值得我国借鉴。"相丽玲、刘红丽于 2014 年发表的《云时代数字资源开放存取的法律关系与问责机制》一文提出云计算时代数字资源开放存取的法律关系复杂化，确定数字产权和问责机制是实现数字资源开放存取的法律保障。孙晓红、王红于 2015 年发表的《一个前瞻性立法：国家开放存取政策的法律化》一文提出国家开放存取政策法律化的必要性、应遵循的原则和部分规范。赵力于2016年发表的《公共资助学术期刊开放获取规则研究》一文分析了著作权与开放获取之间存在的冲突，介绍了主要国家学术期刊开放获取的规则并提出了完善我国学术期刊开放获取规则的建议。该文认为，在独占和排他著作权许可合同模式下，开放获取与传统著作权规则存在冲突。而意大利通过立法、德国和荷兰通过修改《著作权法》规定了作者的“二次公开权”即在首次发表之后，保留向公众无条件开放获取学术期刊作品的权利，并规定出版合同中限制此项权利的条款无效。中国应当借鉴欧盟国家的著作权修改模式，建立公共资助学术期刊开放获取规则。

2. 中文专著

序号	作者	书名	出版时间	出版社
1	乔冬梅	《e印本文库建设与应用：开放存取运动典型策略研究》	2006	北京图书馆出版社
2	何琳	《开放存取——数字时代学术信息交流新模式》	2008	现代教育出版社
3	胡德华	《开放存取期刊质量研究》	2011	科学出版社
4	王宁	《开放存取环境下高校图书馆发展策略》	2012	安徽大学出版社
5	王宁 余侠	《开放存取：高校图书馆现状与发展研究》	2012	安徽大学出版社
6	李武	《开放存取的两种实现途径研究：OA期刊和OA知识库》	2012	上海交通大学出版社
7	胡德华	《开放存取期刊研究》	2013	中南大学出版社

续表

序号	作者	书名	出版时间	出版社
8	张惠	《开放存取：理论建构服务》	2013	机械工业出版社
9	郎庆华	《开放存取研究》	2014	云南科学技术出版社
10	王景发 魏志鹏	《论文写作与开放存取》	2014	甘肃人民美术出版社
11	冯蓓	《开放存取期刊质量控制研究》	2014	湖北人民出版社
12	［美］彼得·萨伯 李武译	《开放存取简编》	2015	海洋出版社
13	薛万新	《开放存取学术资源建设研究》	2016	新华出版社
14	黄如花	《数字信息资源开放存取》	2017	武汉大学出版社
15	曾湘琼	《开放获取理论与实践》	2011	湘潭大学出版社
16	陈晋	《开放获取十年：2001—2011》	2012	国家图书馆出版社
17	图书情报工作杂志社	《开放获取的现在与未来》	2014	海洋出版社
18	毛玉琪 高士雷	《开放获取应用与实践》	2014	中国农业大学出版社
19	顾立平	《科学数据开放获取的政策研究》	2016	科学技术文献出版社
20	顾立平	《开放获取与信息服务》	2016	科学技术文献出版社
21	顾立平	《国外大学开放获取政策汇编》	2016	科学技术文献出版社
22	黄如花	《数字信息资源开放存取》	2017	武汉大学出版社

上述专著的主要内容和学者观点如下：乔冬梅在《e印本文库建设与应用：开放存取运动典型策略研究》一书中，回顾了开放存取的发展历程，并论述了作为开放存取运动典型策略的e印本文库的建设与利用问题。书中未提及开放存取所涉的著作权法律问题。何琳在《开放存取——数字时代学术信息交流新模式》一书中，介绍了开放存取的概念、产生的背景、实现途径、部分国家支持开放存取的政策、开放存取资源的检索与利用，并且分析了中国开放存取的现状，提出了促进开放存取的对策。所提的对策之一即为“解决知识产权争议”，建议作者保留开放存取的权利、修改《著作权法》以加强对作者知识产权的保护，并减少对于信息传播与利用的限制。然而，加强知识产权保护与减少信息传播、利用的限制存在冲突。胡德华在《开放存取期刊质量研究》一书中，简要介绍了开放存取的含义、背景，主要从OA期刊的学术影响力、网络影响力和学术绩效评价OA期刊质量，并提出了加强OA期刊质量控制的对策。另其在《开放存取期刊研究》一书中，阐述了开放存取主要实现途径之一开放存取期刊的定义、类型、出版模式、亟待解决的问题，并介绍了OA期刊的国内外现状、中国高校图书馆OA期刊的文献保障情况，提出了中国高校图书馆开放存取期刊建设的对策。王宁在《开放存取环境下高校图书馆发展策略》一书中，主要分析了开放存取对于高校图书馆信息资源建设与服务的影响，以及图书馆的对策。此外，王宁、余侠在《开放存取：高校图书馆现状与发展研究》一书中，介绍了开放存取的概念、特征，产生的背景和原因、发展阶段，分析了开放存取的影响因素及相关问题，问题之一即知识产权问题：作品版权转让给出版者赋予了出版者垄断权、限制了作品的合理使用、不利于学术交流的正常进行；作者可能滥用版权影响学术信息的获取。开放存取与当前的版权制度没有冲突。可是，事实并非如此，如版权的转让和专有许可会制约，甚至限制开放存取。李武在《开放存取的两种实现途径研究：OA期刊和OA知识库》一书中，主要介绍、分析了开放存取的两种实现途径：开放存取期刊和开放存取知识库。郎庆华在《开放存取研究》一书中，介绍了大学图书馆图书和文献资料的开放存取情况。冯蓓在《开放存取期刊质量控制研究》一书中，主要通过美国ISI出版的“期刊引证报告（JCR）”的总被引频次、影响因子和即年指数3大指标对于当前国际上主要的OA期刊的学术质量进行全面客观的分析评价。[美]彼得·萨伯著，李武译的《开放存取简编》一书中提及了版权问题，建议作者保留开放存取所需的版权权利，保留权利的作者并不侵犯属于出版商的版权。薛万新在《开放存取学术资源建设研究》一书中，主要分析了国内外开放存取的政策环境和实践进展，评价了图书情报学领域OA期刊及其学术影响力，提出了促进开放存取学术资源建设的优化对策。黄如花在《数字信息资源开放存取》一书中，主要从开放存取的经济意义和商业模式、开放存取的影响力和评估、开放存取的实现方式、不同国家或地区组织制定的开放存取政策和法规等对2006年以来国内外的开放存取研究成果进行了评述，并提出了开放存取背景下图书馆的应对之策。

张惠在《开放存取：理论建构服务》一书中，提出开放存取的五大核心问题之一就是知识产权保护机制。详言之，开放存取尊重现行的知识产权制度。开放存取的知识产权保护机制被区分为开放存取期刊中的知识产权保护机制、开放存取知识库的知识产权保护机制。只不过表述的内容实为知识产权权利的行使，且缺少对开放存取与版权保护之间冲突的分析。曾湘琼在《开放获取理论与实践》一书中，论及了开放获取的版权问题，主要分析了版权许可方式对开放获取适用的问题。开放获取以承认开放获取资源的版权为前提。开放获取应采用创作共用许可。陈晋在《开放获取十年：2001—2011》一书中，初步分析了开放获取与知识产权保护问题。首先，介绍了部分国家的开放获取政策；其次，简要阐述了开放获取资源建设中的知识产权保护问题；最后，介绍了开放获取存储许可使用协议。只是以上内容多为介绍性，缺乏法律分析。《图书情报工作》杂志社编辑出版的《开放获取的现在与未来》一书刊载了《图书情报工作》所发表的OA相关论文。书中并无开放获取与版权保护方面的论文。毛玉琪、高士雷在《开放获取应用与实践》一书中介绍了国内外开放获取建设的实例。顾立平在《科学数据开放获取的政策研究》一书中，主要探讨了科学数据开放获取的宏观政策（包括国家政府、科研资助机构、科研教育机构、信息服务机构、学术期刊、数据期刊及数据知识库的数据政策）、微观政策和政策实施。另外，其在《开放获取与信息服务》一书中，初步探讨了开放获取的8个前沿问题，但均未包括开放获取与版权。其在《国外大学开放获取政策汇编》一书中，介绍了部分国外大学的开放获取政策。

综上所述，中国学者尚缺乏对开放存取所涉版权问题的全面、深入研究。现有的研究成果或全然未涉及，或只探讨其中的部分内容（例如，开放存取与著作权的关系、开放存取与著作权许可、开放存取与合理使用、二次公开权），或有待进一步分析和论证。比如，部分学者初步分析了开放存取/获取与知识产权保护的关系，并未聚焦于开放存取/获取的版权问题；有学者认为开放存取与版权保护不存在冲突，其结论错误；另有学者建议作者保留开放存取的权利、修改《著作权法》以加强对作者知识产权的保护，并将其作为促进开放存取对策的观点均须深入地分析、论证，尤其是可行性。不仅如此，上述论断均缺乏对于与版权保护有关的国际知识产权条约相关条款的分析、解释，尤其是开放存取与缔约方 / 成员方相关的版权保护义务之间的关系。

（二）国外研究现状

与国内学者相比，国外学者所研究的问题更为具体和全面，且偏重于实证研究。总体而言，国外学者研究的问题集中于开放存取与版权、开放存取和出版模式。

具体如下：

1. 英文期刊论文

研究的问题	开放存取与版权（含影响、保护）	开放存取的经济分析	开放存取期刊的量化分析	开放存取的实现方式
期刊论文数量	11 篇	1 篇	3 篇	5 篇
研究的问题	开放存取情况及对策	开放存取与利益平衡	开放存取与教学方式	开放存取与出版 / 公共政策（含出版费用）
期刊论文数量	8 篇	1 篇	2 篇	10 篇
研究的问题	开放存取与许可	开放存取与费用承担	开放存取与数据共享	开放存取与订购期刊的比较
期刊论文数量	1 篇	1 篇	1 篇	1 篇

Charles H Halsted 于 2003 年发表的〈Copyright protection and open access〉一文提出：表面上看，开放存取和消除版权保

护似乎是新的科学知识向人类广泛传播的基础。然而，出版商强烈反对该观点，因为这会产生相反的结果。另外该文介绍了两种期刊的不同做法，相比于 PLOS，AJCN 采取了传统做法——所有提交的文章必须通过严格的同行评议机制后方可被采用，而该两种期刊并未消除对版权的保护。最后，该文提出消除版权和广泛实施开放存取会导致数种非营利期刊停刊。Joachim Schöpfel 于 2005 年发表的〈Between open access and copyright:document supply in France〉一文介绍了法国开放存取的发展简况（馆际互借与文献传递），并提出了其中的法律问题，即法国政府对版权权利人保护的强化限制了科学信息的获取，而法国版权部门的许可是因应之策。Ann Bartow 于 2006 年发表的〈Open Access，Law，Knowledge，Copyrights，Dominance and Subordination〉一文主要分析了在不修改《版权法》且平衡版权所有人权利和公众对法律资源获取需求的前提下，法律知识开放获取的可实现性。该文认为真正有效地开放存取需要法律资源强制许可制度和政府补贴机制的适用。Robert C. Denicola 于 2006 年发表的〈Copyright and Open Access:Reconsidering University Ownership of Faculty Research〉一文分析了开放存取所面临的挑战、提出了开放存取为受让版权的出版商所制约，而高校能在不损害其科研人员利益的前提下，通过援引雇佣作品条款主张权利。因此，高校能促进开放存取知识库的发展或至少能够使出版商做出让步。John C. Newman,Robin Feldman 于 2011 年发表的〈Copyright and Open Access at the Bedside〉一文介绍了〈Mini-Mental State Examination〉（发表于 1975 年）的作者于 2000 年开始实施其权利，其权利的实施引发了寒蝉效应。该文提出了应对之策即适用源自开放源代码运动的公共领域原则，任何得到公共基金资助的作者均应实施许可以保证传播的自由及后续创新，可采取国家健康机构（National Institutes of Health）的做法即要求受其资助的科研成果开放存取。Eric Priest 于 2012 年发表的〈Copyright and the Harvard Open Access Mandate〉一文首先介绍了学术期刊出版市场和开放存取情况、阐述了版权、学术研究和开放存取间的关系、高校版权政策对版权所有的影响，主要分析了“哈佛式”强制开放存取的法律效力，并提出了为适应高度网络化的数字信息环境，应审慎评估修改现行版权非排他许可规则的必要性。Christopher J.Ryan,Jr. 于 2013 年发表的〈Not-So-Open Access to Legal Scholarship:Balancing Stakeholder Interests with Copyright Principles 〉一文简介了美国法学学术研究成果开放存取的政策和法律发展情况、美国法学学术研究成果开放存取的现状，分析了版权在现代学术研究雇佣关系中的适用性、法学学术研究成果中的版权利益关系，并提出了确保法学研究成果开放存取的建议。Jorge L. Contreras 于 2013 年发表的〈Confronting the Crisis in Scientific Publishing: Latency,Licensing，and Access〉一文首先介绍了开放存取的背景、发展和方式，指出了当前开放存取并未被广为接受，并提出了应对之策即研究机构集体创设和采用不转让版权的出版协议，但应赋予出版社 12 个月的专有出版权。Nicola Gulley 于 2013 年发表的〈Creative Commons: challenges and solutions for researchers; a publisher's perspective of copyright in an open access environment〉一文主要分析了创作共用许可协议在开放存取中的适用问题。Esther Hoorn 于 2014 年发表的〈Diamond open access and open peer review: An analysis of the role of copyright and librarians in the support of a shift towards open access in the legal domain〉一文简述了英国研究委员会（The Research Councils of United Kingdom）和欧盟〈地平线 2020 计划〉中的开放存取政策，指出了上述政策指向经同行评议的期刊论文，而同行评议费用的削减是开放存取的“钻石之路”。该文进一步提出在符合研究领域要求的前提下，学者可以组织透明的期刊论文筛选机制。Dirk Visser 于 2015 年发表的〈The Open Access provision in Dutch copyright contract law〉一文详细分析了 2015 年 7 月 1 日生效的《荷兰版权法（修正案）》第 25fa 条即开放存取条款，并与《德国版权法》第 38（4）条进行了比较。该文提出开放存取条款并非对于版权的限制，只是限制了版权的转让和权利放弃的自由。该条款旨在促进公众对于荷兰公共基金资助科研项目研究成果的免费在线获取，而延迟开放存取的规定是为了保护期刊出版商的正当利益。最后，该文说明了开放存取条款的适用条件。Eberhard Feess ,Marc Scheufen 于 2016 年发表的〈Academic copyright in the publishing game: a contest perspective〉一文提出科研人员更多地受到读者的激励而非版税，科研成果的开放存取是有希望的。该文主要通过经济学的竞争模型分析科研人员对于其研究成果开放存取的自主选择。

2. 英文专著

检索到的英文专著和国外学者的主要观点如下：

序号	作　者	书　名	出版时间	出版社
1	Herbert Grüttemeier,Barry Mahon.	Open access to scientific and technical information:state of the art and future trends:ICSTI	2003	IOS Press

G.Sampson 在“Digital Systems for Open Access to Formal and Informal Learning”一书中，强调了学习资料开放存取的重要性，提出了相应的方法。Peter Suber 在“Open Access”一书中，探讨了开放存取与版权的关系，开放存取不当实施会侵犯版权。当作者将所有的版权权利转让给出版商时，作者也将开放存取的决定权转让给了出版商。保留权利的作者没有侵犯出版商的权利，而是防止出版商率先获得开放存取的权利。Marc Scheufen 所著的“Copyright versus Open Access On the Organization and International Political Economy of Access to Scientific Knowledge”一书的第四章第一节在国际知识产权法的框架下分析开放存取。该节简要分析了开放存取与“三步测试法”、版权的限制和例外之间的关系、初步提出了开放存取的许可方式即知识共享许可协议，并建议在国际层面完善版权法以增强版权限制和例外的灵活性。

综上可知，上述研究成果大多强调了开放存取的正当性、原因、作用，或只分析了出版合同、版权转让合同对于开放存取的限制，并未提出对策，或仅指出开放存取和版权的一致性，没有论及冲突性。简言之，国内外现有的关于学术信息开放存取所涉著作权问题的研究成果相对粗疏。以下问题均有待进一步分析和论证。例如，开放存取与版权保护的一致性、冲突性、协调的可能性，开放存取相关的法律关系以及著作权侵权责任，开放存取对于著作权许可方式的新要求、开放存取对于出版权行使的影响、开放存取法律规则的阐释及其比较分析、中国开放存取法律规则的引入等。

三、研究目的与研究方法

（一）研究目的

本书在中外学者现有研究成果的基础上，以著作权法为视角系统、深入地分析、探究学术信息开放存取相关的法律问题。本书基于学术信息开放存取的特征阐释其对于版权法律制度的新要求，以及现行版权法律制度（国内和国际两个层面）的规则供给不足，进而论述因应之策。本书通过对开放存取相关法律问题的研究达到如下目标：

第一，阐清学术信息开放存取的理论依据。从不同学科探寻开放存取的理论基础，即回答为什么要开放存取。

第二，明确学术信息开放存取与著作权保护的关系。辩证分析两者之间的关系，即回答两者是否存在冲突。若两者存有冲突，则是否具有协调的可能。

第三，探讨学术信息开放存取面临的法律障碍。与此同时，阐述开放存取对于著作权法律制度的挑战，即回答开放存取面临的法律障碍是什么。

第四，提出破解学术信息开放存取法律障碍的建议。全面深入地比较分析已有的开放存取条款，以确定符合与版权保护相关国际知识产权条约的开放存取法律规则，并为中国开放存取条款的引入提供参考，即回答如何在法律制度层面促进学术信息开放存取。

（二）研究方法

鉴于本书主要从著作权法的角度研究学术信息开放存取的相关法律问题，且部分国家或公共机构业已实施开放存取的强制政策、部分国家甚至通过立法或修法规定了开放存取条款，故本书以规范分析法为主、兼采实证分析法和比较分析法。

首先，通过全面分析版权保护相关国际知识产权条约以及部分国家版权法中的版权限制和例外条款，判定开放存取是否构成版权限制和例外的具体情形。另外，在阐释版权保护相关国际知识产权条约中版权限制和例外的“三步测试法”基础上，并结合 WTO 专家组的相关判例，认定开放存取是否构成版权的一般限制和例外。即借助规范分析界定开放存取的法律性质。不仅如此，规范分析法贯穿于解析开放存取法律规则的全过程。

其次，借助评述学术信息开放存取的有关实例，探讨与之相关的政策法律问题。此间，借由数据分析论述开放存取的必要性、现状和可行性。

最后，经过比较分析，明析不同国家相关法律中的开放存取条款、甄别符合“三步测试法”且适应开放存取需要的法律规则。而在比较开放存取与传统学术出版方式异同的基础上，解析开放存取是否构成对于出版权行使的挑战，及其对于利益平衡机制的影响。

此外，在阐释部分法律条款的同时，本书通过分析相关判例以明晰其概念、适用范围和适用条件。同时，为直观地展示、剖析相关事实和法律关系，本书运用了图示法。综上，本书博采规范分析法、实证分析法、比较分析法、案例分析法和图示法之长，以期全面阐述开放存取相关的版权法律问题。

四、研究的内容

全书除导论外共有七章。导论引出问题，此后的内容渐次展开，分析问题和解决问题。

第一章明确学术信息开放存取的概念、特点、实现方式、背景、原因和理论基础。学术信息开放存取不仅与版权直接相关，而且关涉人权、经济和社会的发展。此外，学术信息具有公共产品属性。因此，本章对于学术信息开放存取理论依据的探讨，综合采取了法理学、伦理学、经济学和法社会学的相关理论。

第二章辨析学术信息开放存取与著作权保护的对立统一关系。学术信息开放存取并非消除著作权的保护，而是以著作权保护为前提。另外，学术信息开放存取和著作权保护的目标具有一致性。然而，著作权保护在一定程度上构成了对学术信息开放存取的制约，即两者存在冲突性。

第三章探讨学术信息开放存取和著作权限制与例外的关系。著作权限制与例外为特定的使用人利用版权作品提供了法定的免责事由。经详加分析，学术信息开放存取超出了著作权限制与例外的范围，且不符合“三步测试法”。著作权限制和例外不能破解开放存取受限的难题。学术信息开放存取必须以著作权人的许可为前提。

第四章厘清学术信息开放存取中的著作权侵权责任。虽然开放存取以著作权人的许可为前提，但是当许可人并非真正的权利人或其未经合作作者同意而将作品开放存取时，开放存取作品的提供者、开放存取知识库或开放存取期刊，以及使用人都有可能侵犯著作权。然而，上述主体著作权侵权责任的构成要件和免责条件均存在差异。

第五章阐释学术信息开放存取对于著作权许可方式的挑战。开放存取是一种新的学术信息传播模式和数字出版方式。开放存取对于著作权许可方式提出了新的要求。现行的著作权许可方式却不适应开放存取的需要。

第一节　学术信息开放存取的产生与发展

学术信息开放存取旨在促进学术信息的无障碍获取。开放存取产生于学术期刊危机的背景之下，经历了萌芽期、形成期和发展期3个阶段。而国际社会公认的开放存取定义分别规定于“布达佩斯开放存取倡议”“贝塞斯达开放存取出版宣言”与“关于社会科学和人文科学领域知识的开放存取柏林宣言”中。相比于传统的学术信息传播模式和学术出版方式，开放存取的信息传播方式、付费模式、使用人的信息获取、使用程度，以及著作权的保护范围均具有特殊性。

一、学术信息开放存取的概念

学术信息原本处于公共领域。著作权法将特定信息纳入其保护范围，特定信息因之具有私权属性。使用人在未经权利人许可或者不构成法定的限制或例外情形下，无权获取和利用受著作权法保护的信息。然而，不受著作权法保护的信息处于公共领域，使用人有权无限制地获取和利用，自然没有开放存取的必要。基于此，本书探讨的学术信息专指受著作权法保护的科研作品中的信息。另外，鉴于既有的开放存取政策和开放存取法律规则均只适用于受公共资金资助的科学研究成果。此外，开放存取是由作者付费出版作品、使用人免费获取和利用。若未得到公共资金资助的科研人员被要求提供其作品的开放存取，则显失公平，并且构成了对私权行使的限制。未受公共资金资助的科研人员应当自主决定其作品是否开放存取。因此，在论及开放存取政策与开放存取法律规则时，学术信息仅限于受公共资金资助的科研成果中的信息，并且该研究成果构成著作权法意义上的作品，受著作权法保护。学术信息包括三种类型：研究中产生的数据、阐释数据的经同行评议的期刊论文，以及对论文或数据进行描述的元数据。[①] 而开放存取是用于描述学术信息新的传播模式和出版方式的专门术语。

目前，国际上公认的开放存取定义有如下三种，分别是“布达佩斯开放存取倡议”（Budapest Open Access Initiative）、“贝塞斯达开放存取出版宣言”（Bethesda Statement on Open Access Publishing），以及“关于社会科学和人文科学领域知识的开放存取柏林宣言”（Berlin Declaration on Open Access to Knowledge in the Science and Humanities）中的定义。2001 年 12 月，美国开放社会机构（Open Society Institute）在匈牙利布达佩斯召开了一个小型会议，旨在推进科研成果的网络免费和无限制获取。会议于 2002 年 2 月 14 日通过的成果文件“布达佩斯开放存取倡议”将开放存取界定为：在公共网络被免费取用，允许任何使用人阅读、下载、复制、传播、打印、研究和链接文章全部文本、索引，甚至作为数据存储于软件，或为其他合法目的而使用，不受经济、法律或技术限制。复制或传播的唯一限制和在开放存取领域版权的作用为应赋予作者控制其作品的完整性、被正确署名和引用的权利。[②] 据此定义，使用人有权基于合

---

① 孙静：《开放存取知识产权问题研究》，载《数字图书馆论坛》2006 年第 9 期，第 54 页。

② http://www.budapestopenaccessinitiative.org/read，visited on 16 Sept.2016.

法目的免费获取和使用开放存取资料；使用人的使用行为不受经济、法律或技术限制；使用人应当尊重著作权人的人身权（署名权和保护作品完整权）。

2003年4月11日，24个代表在位于美国马里兰州的霍华德·休斯医学研究所（Howard Hughes Medical Institute）总部召开了为期一天的会议，会议旨在促成所有相关方为实现向开放存取出版的快速转变而采取的具体步骤达成一致。会议起草的“贝塞斯达开放存取出版宣言”规定了开放存取出版应当满足的两个条件：（1）作者和版权人授予所有使用人基于任何合理目的，通过任何数字媒介免费的、不可撤销的、世界范围的、永久的获取权利，和复制、使用、传播、公开展示及创作、传播派生作品的许可，以及为个人使用而打印少量作品的权利，但使用人应正确标明作者身份；（2）完整的作品、所有的补充材料和上述许可声明的副本在首次出版后应该立即以适当的标准电子格式至少存储在一个网络数据库中，而该数据库是由科研机构、学术团体、政府机构或其他旨在促进开放存取、无限制传播和长期保存的机构支持维护的。[①] 值得注意的是，该定义提出使用人无限制地派生使用、使用范围不限于期刊论文或者科学、技术和医学领域，而机构存储是开放存取出版的必要条件。[②] 此外，“贝塞斯达开放存取出版宣言”强调了获取的永久性。

2003年10月20日至22日，马克斯·普朗克学会（Max Planck Society）在德国柏林主办的会议起草了“关于社会科学和人文科学

① http://legacy.earlham.edu/~peters/fos/bethesda.htm，visited on 16 Sept.2016.

② WALT CRAWFORD,OPEN ACCESS WHAT YOU NEED TO KNOW NOW，published by AMRICAN LIBRARY ASSOCIATION,2011,p.14.

领域知识的开放存取柏林宣言”（以下简称“柏林宣言”），旨在推动互联网成为一个全球科学知识的基地与人类反思的功能工具，并且提出供决策者、研究机构、资助机构、图书馆、档案馆和博物馆需要考虑的具体措施。“柏林宣言”提出开放存取必须满足两个条件：（1）作者和版权人授予所有使用人基于任何合理目的，通过任何数字媒介免费的、不可撤销的、世界范围的获取权，和复制、使用、传播、公开展示及创作、传播派生作品的许可，以及为个人使用而打印少量作品的权利，但使用人应正确标明作者身份；（2）完整的作品、所有的补充材料和上述许可声明的副本在首次出版后以适当的标准电子格式至少存储在一个网络数据库中，而该数据库是由科研机构、学术团体、政府机构或其他旨在促进开放存取、无限制传播和长期保存的机构支持维护的。[①] 不难看出，“柏林宣言”基本上沿用了“贝塞斯达开放存取出版宣言”中开放存取的定义，所不同的是“柏林宣言”取消了条件（2）中“立即”的限定。

总体而言，“布达佩斯开放存取倡议”“贝塞斯达开放存取出版宣言”和“柏林宣言”中开放存取的界定（可合称为3B定义）既有一致性，又存在差异性。一致性体现在以下两个方面：首先，3B定义均主张使用人有权免费获取和使用开放存取资料，并指出使用人应基于特定目的使用，正确标明作者身份。其次，三者的性质相同，都具有软法性质。软法是相对硬法而言的，通常是指那些不具有法律拘束力但又能产生一定法律效果的国际文件。[②] 三者的签订主体并非国家、不是国家之间的合意，而是包括了不同国家的自然人、出

① https://openaccess.mpg.de/Berlin-Declaration，visited on 16 Sept.2016.

② 万霞：《试析软法在国际法中的勃兴》，载《外交评论》2011年第5期，第132页。

版者、高校和研究机构等即非国家行为体，自然不属于国际条约。三者也不符合国际习惯的构成要素。它们不是国家行为，遑论各国重复的实践，亦不符合法律确信的要求。当然，三者不由国家强制力保证实施，但均具有一定的实效性。签订主体多自觉遵行，而部分主体还制定、实施了强制开放存取政策。质言之，“布达佩斯开放存取倡议”“贝塞斯达开放存取出版宣言”和“柏林宣言”是具有软法性质的国际文件。三者的差异性在于使用人的权利及使用限制的不同，具体如下：“贝塞斯达开放存取出版宣言”与“柏林宣言”提出著作权人应授予所有使用人以演绎权，完整的作品和所有补充材料应自首次出版后存储在机构知识库中，以及使用人应基于合理目的使用、正确标明作者身份。不言而喻，合理目的相比于合法目的更为宽泛，目的合理却不一定合法。换言之，“贝塞斯达开放存取出版宣言”与“柏林宣言”规定的使用限制更少，使用人的权利更多，但却限定了开放存取的方式。总之，开放存取的基本理念是促使研究成果通过网络获取，而没有价格障碍且免除了大部分的许可限制。开放存取并不是否定著作权，而是以著作权的保护为前提；使用人的权利并非绝对，而是受到特定限制。开放存取也不排斥传统的出版模式，而是与之共存。

综上，开放存取的内涵应当包括以下 4 个方面：（1）开放存取以作者和其他著作权人的许可为前提。著作权是私权，具有专有性。著作权作用的实质就在于从法律上确认和维护作者对其作品的专有权利，从而鼓励作者积极从事创作，促进人类文明与进步。[①]（2）使用人的目的必须是合法的，不论商业使用或者非商业使用。（3）使用人享有免

① 冯晓青：《知识产权法利益平衡理论》，中国政法大学出版社 2006 年版，第 96 页。

费获取和无限制地使用开放存取资料的权利。使用行为包括阅读、下载、复制、传播、创作和传播派生作品，以及为了个人使用而打印少量作品。(4)使用人的使用权不是绝对的。使用人的目的应当合法，并且使用人在使用作品时应正确标明作者身份。最后，必须注意的是，即使价格和许可障碍被成功地消除，也可能存在其他4种获取障碍。审查障碍，许多高校、雇主、网络服务提供者和政府均会限制使用人可获取的内容；语言障碍，大多数网络资料是英文的或另一种语言，而机器翻译能力较弱；生理障碍，大多数网站尚无法让残障用户登入；连接障碍，数字鸿沟使得数以万计的人无法使用互联网包括学者，并且限制了窄带用户的网络连接。[①]由此可见，以上4种障碍使得获取的程度及其结果存在差异，尽管使用人享有平等的获取机会。

二、学术信息开放存取的特征

学术信息开放存取产生于互联网时代，自然具有成本低、效率高、交互性和互操作性、范围广等特征。开放获取区别于营利性的商业学术出版模式，为研究者提供信息发布和获取的直接渠道，为科学研究的机构提供信息交流的有效途径。[②]具体而言，学术信息开放存取具有如下特征：

（一）信息传播的网络化

开放存取以互联网作为信息交互的平台，学术信息以数字化的

---

① PETER SUBER,OPEN ACCESS，published by The MIT Press,2012,p.26.

② 曾湘琼:《开放获取理论与实践》，湘潭大学出版社2011年版，第7页。

格式存储、传播。开放存取的信息资源包罗万象，涵盖了不同学科、不同领域、不同语言、不同表达形式的信息。与传统的信息传播方式相比，网络信息传播具有开放性、即时性、互动性和共享性（如图所示）。作者把数字化的科研作品通过开放存取期刊（Open Access Journal）或者开放存取知识库（Open Access Repository）向使用人在线免费提供，所有使用人可及时、无限制地获取和利用学术信息而无须通过第三方，即不特定的使用人能够同时直接获取和利用，从而缩短了文献出版和信息获取的时滞，促进了学术信息的传播和利用，推动了科学研究的发展。

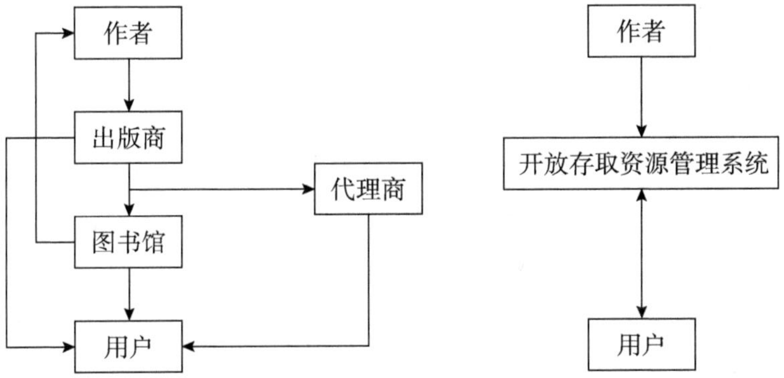

传统的学术信息传播模式　　**开放存取学术信息传播模式**[①]

（二）信息获取的无限制性

此处的无限制性并非完全无限制之意，是指相比于传统的学术信息传播模式没有了大部分限制条件。在开放存取中，著作权人免除了使用人获取以及使用学术信息的价格障碍和大部分许可限制，

---

① 张惠：《开放存取：理论　建构　服务》，机械工业出版社 2013 年版，第 34 页。

使用人只须基于合法的目的使用，并正确标明作者身份，即尊重作者的署名权和保护作品完整权。换言之，开放存取赋予了使用人更多的使用权利。与之相对应，著作权人放弃了著作权中的大部分财产性权利（包括复制权、传播权、改编权等）。就此而论，开放存取最大限度地免除了学术信息获取、使用及其传播的障碍，能够有效地促进学术信息的传播、共享。而在传统的学术信息传播模式中，使用人不仅要支付购买费、订阅费或使用费以获取科研作品，而且未经著作权人许可不得复制、发行、传播或改编。毫无疑问，开放存取有助于促进学术信息的获取、使用和自由传播，有益于弥合数字鸿沟，有利于推动创新和经济、社会发展。

（三）付费模式的特殊性

不论是传统的出版模式，还是开放存取出版均有出版费用产生，包括直接费用和间接费用。开放存取出版的直接费用包括同行评议费、编辑服务费、出版相关费用。间接费用包括市场推广费、网络维护费、销售和许可费、软件和硬件费用等。而传统学术传播模式是一种基于付费订阅的营利模式，即出版商将学术作品以商品的形式有偿地提供给用户，并以用户的订阅费来支付“审稿、组织同行评审”以及“出版、印刷、发行”等的成本，并在此过程中营利。[①]通常作者无须支付费用或仅支付其中的部分费用。然而，价格对于用户获取学术信息有着直接影响，尤其是在部分期刊出版商占据市场支配地位的情形下。即使在相同许可条件下，用户的支付能力也影响其对于学术信息的获取。与传统的学术信息传播模式不同，开

① 张惠：《开放存取：理论　建构　服务》，机械工业出版社 2013 年版，第 32 页。

放存取的出版费用完全由作者或资助机构承担，而不是由用户承担（如图所示）。

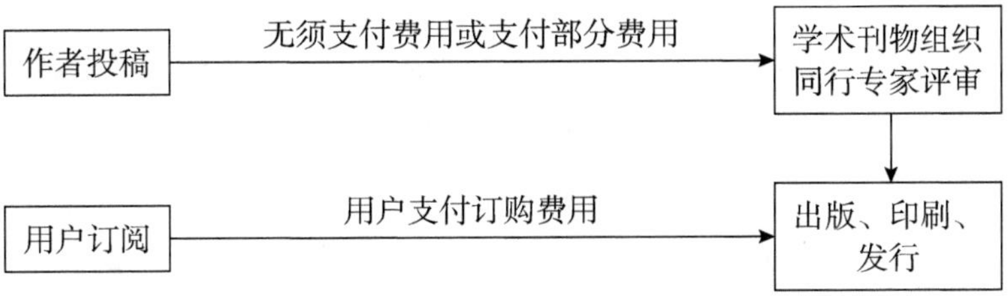

传统学术信息传播费用模式

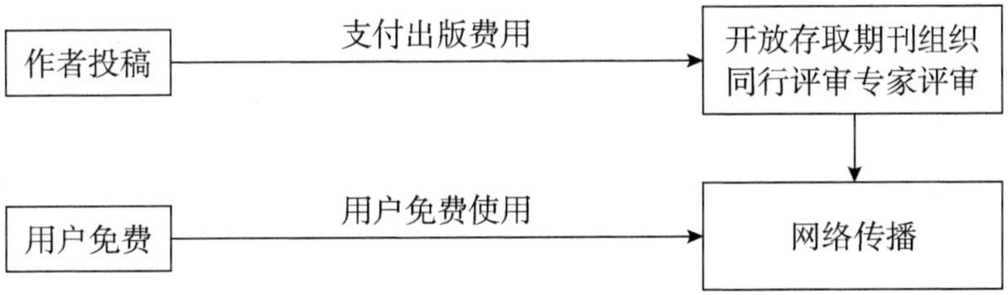

开放存取学术信息传播费用模式①

综上所述，开放存取以学术信息的自由传播和共享为目标。开放存取与传统的学术信息传播方式，以及作品出版模式有显著的区别。在开放存取中，学术信息通过网络传播、学术信息的获取和使用免除了价格障碍和大部分许可限制、作品由作者付费出版、著作权人放弃了部分财产权利。以上 3 个特征均体现了开放存取的目标，并有助于其目标的实现。概言之，开放存取为广大使用人提供了更便捷的学术信息获取途径和更好的学术交流模式。

① 张惠:《开放存取：理论　建构　服务》，机械工业出版社 2013 年版，第 32 页。

三、学术信息开放存取的由来

学术期刊是学术信息获取的主要来源、是学术交流的重要媒介。然而，自20世纪70年代中期起，学术期刊出版商大幅提高了期刊的订阅价格、控制了期刊作品的许可使用，进而引发了学术期刊危机。学术信息的获取因之受限、学术交流亦因此受阻，故学界发起了开放存取运动。

（一）学术期刊价格危机

自第一份学术期刊《科学家杂志》于1665年在法国问世以来，学术期刊一直是学术交流体系中最为重要的传播媒介。[①]随着子学科的专业化，学术期刊的数量增长迅速。1960年出版的学术期刊约有2800种。然而，在1975年至1995年，出版商大幅提高了学术期刊的订阅价格，并以单一价格和捆绑销售的方式向图书馆提供学术期刊。捆绑销售降低了图书馆讨价还价的能力，减少了图书馆消减费用的选择空间。1990年至2000年，学术期刊的平均价格增加了178%。在人类学与社会科学领域，期刊的平均价格增加了185%。[②]据调查显示，在美国的多数大学图书馆，学术期刊占全部期刊总数的29%，而它们的订购费用却占全部订购费用的65%以上。[③]英国在1989—1999年期

---

① 胡德华:《开放存取期刊质量研究》，科学出版社2011年版，第3页。

② Eric Priest,Copyright and the Harvard Open Access Mandate,10（7）Nw.J.Tech.&Intell. 386,2012.

③ 龚雪琴、胡德华、罗爱静:《开放存取期刊的产生背景及其现状研究》，载《江西图书馆学刊》2009年第1期，第17页。

刊的平均费用上涨了 364%；澳大利亚 1986—1998 年期刊平均费用上涨了 474%，总花费上涨了 263%，而订购量减少了 37%。[①] 由于期刊订购费用的增加和多数图书馆预算的收紧，多数图书馆减少了期刊的订购。学术信息的获取和使用自然受到了限制。

在过去的四十年中，期刊订阅价格的涨幅远远超过通货膨胀率和图书馆的经费增长率。[②] 不断上涨的期刊价格也将潜在的消费者排除在外。商业出版者为谋求利润最大化，不断地收购和兼并小型出版机构（比如，2005 年 Kluwer 被 Springer 合并、2006 年 Blackwell 被 John Wiley 合并），从而形成了大型商业出版商垄断出版市场的局面。在国际期刊市场份额方面，前 4 位的出版商 Reed Elsevier,Wolters Kluwer,Springer,Thomson 共占 50% 的销售额；前 15 位出版商占 78%。[③] 非营利性的出版机构发行的期刊所占市场份额极其有限，无力与商业出版者竞争。学术作品因其独创性而不易被替代，期刊的价格将会接近出版商的最高利润额。学术期刊每年的市场销售总额约为 70 亿美元到 100 亿美元，然而少数大型出版商占据了市场支配地位。例如，2009 年，两个最大的出版商 Elsevier 与 Wolters Kluwer 分别赚取了 30 亿美元和 10 亿美元的收入，其利润率均在 30% 以上。[④] 从微观经济学的角度来看，当企业处于垄断地位时，企业收取垄断价格而垄断价格大大高于生产这种产品的边际成本（边

---

① 胡德华等:《开放存取期刊研究》，中南大学出版社 2013 年版，第 5 页。

② ［美］彼得・萨伯:《开放存取简编》，李武译，海洋出版社 2015 年版，第 22 页。

③ 曾湘琼:《开放获取理论与实践》，湘潭大学出版社 2011 年版，第 24 页。

④ Jorge L. Contreras,CONFRONTING THE CRISIS IN SCIENTIFIC PUBLISHING: LATENCY, LICENSING, AND ACCESS,53 Santa Clara L. Rev. 504,2013.

际成本即额外一单位产量所引起的总成本的增加)。[①] 综上，学术期刊价格的持续上涨导致了期刊订阅数量锐减，影响了学术信息的传播和获取。必须注意的是，价格危机不仅存在于传统期刊，而且存在于电子期刊。

(二)学术期刊许可危机

随着互联网技术的发展和数字出版[②]方式的出现，学术信息的传播、获取更加便捷、高效、低成本化，且不受地域的限制。在电子环境下，图书馆的采购方针已由购买印刷本转变为通过协议获得许可或购买电子期刊使用权的模式。[③] 基于此，在线出版的电子期刊被认为是解决学术期刊价格危机的一剂良药。

然而，当作者将作品提交出版前，出版商通常要求作者转让著作权或者授予其专有使用许可。著作权的转让，是指著作权作为一项财产权，其中的一项或几项权能或全部著作财产权，从一个民事主体转移到另一个民事主体支配下的行为。著作权一经转让，出让人便失去了该权利。[④] 也即著作权转让是财产权的转移，并且人身权不可转让。专有使用权是一种独占的和排他的权利，是指著作权人将许可使用的著作权授权给被许可人之后，在合同有效期内，既不

---

① 参见，[美]曼昆:《经济学原理：微观经济学分册(第6版)》，梁小民、梁砾译，北京大学出版社2012年版，第316页。

② 数字出版是指用数字化的技术从事的出版活动。数字化技术的本质是二进制技术(0，1)，其最小单位是比特(bit)。参见，张立:《数字出版相关概念的比较分析》，载《中国出版》2006年第12期，第14页。

③ 翟建雄:《信息开放存取中的版权问题及图书馆的对策》，载《法律文献信息与研究》2006年第4期，第8页。

④ 刘春田:《知识产权法(第4版)》，高等教育出版社2010年版，第122页。

能将上述权利再授权给第三人使用，自己也不能使用。[①] 显然，著作权的转让或专有许可使得出版商对于作品的复制、发行与传播等享有排他的控制权，自然包括网络发行和传播的权利。即便是原创作者及其所属机构，也应获得出版商的许可支付使用费。在巨大的商业利益驱动下，传统出版商大规模介入，且日益垄断电子期刊出版市场，他们通过设置密码、付费浏览和限量下载等经济技术手段来限制电子期刊的获取、使用和传播。美国的开放存取专家 Peter Suber（彼得·萨伯）称之为许可危机。[②] 学术期刊许可危机是由法律和技术障碍引起的。法律障碍产生于著作权法和许可协议；技术障碍由数字权利管理信息、技术保护措施[③]、软件和有关的硬件设施引起。也即许可危机由多种因素引起，包括法律、合同、软件和硬件设施。简言之，出版商依据受让的著作权或作者授予的专有许可，并通过技术手段限制学术作品的著作权许可，进而引发了学术期刊的许可危机。

（三）学术研究受阻

众所周知，科研人员从事科研活动的一个基本条件是获取和阅

---

① 宁立志：《知识产权法》，武汉大学出版社 2011 年版，第 129 页。

② Peter suber,Removing the Barriers to Research: An Introduction to Open Access for Librarians. [EB/OL] .http://www.earlham.edu/~peters/writing/acrl.htm，visited on 4 Oct 2016.

③ 技术保护措施包括接触控制措施和版权保护措施。接触控制措施是指防止他人未经许可接触作品的技术措施。版权保护措施则是防止他人未经许可以复制、传播等方式利用作品，侵犯版权专有权的技术措施。参见，王迁：《版权法保护技术措施的正当性》，载《法学研究》2011 年第 4 期，第 87 页。

读大量的期刊论文，了解同行的研究情况和学科的发展动态。[①] 易言之，科学研究以现有的研究成果为基础。科研人员可获取的学术作品越丰富、越新颖，越有利于持续的学术创新和社会发展。

只不过学术期刊的价格危机和许可危机限制了学术信息的获取和传播，阻碍了学术研究和学术交流的进行。科研人员无法获取最新的研究成果，故只能在有限的研究成果基础上进行研究和学术交流。具体而言，价格危机和许可危机对于学术研究的影响表现在：价格危机意味着图书馆或其他使用人必须为获取期刊支付不能承受的价格；许可危机则意味着即使支付了费用，图书馆或其他使用人也受到许可协议和技术措施的限制，不能以使用传统期刊的方式自由、全面地使用电子期刊。即使图书馆向著作权人支付了电子期刊的订购费，也并未获得数字复制件的所有权，只享有特定期限的使用权。概言之，价格危机和许可危机严重阻碍了科学研究的进行，不仅图书馆和科研人员受其影响，而且研究所产生的公共收益也受到了影响，如医疗技术、环境保护、经济发展和公共安全领域的研究。对于发展中国家的使用人而言，囿于期刊价格障碍和许可限制，学术信息的获取、学术研究的进行和学术交流的开展更加有限，不利于发展中国家经济、社会、文化和教育的发展，发展中国家和发达国家间的知识鸿沟、数字鸿沟将继续扩大。

（四）著作权强保护情形下著作权人与使用人的利益失衡

《与贸易有关的知识产权协定》（Agreement on Trade-related

---

① 李武：《开放存取的两种实现途径研究：OA 期刊和 OA 知识库》，上海交通大学出版社 2012 年版，第 5 页。

Aspects of Intellectual Property Rights，以下简称 TRIPS 协定）明确了著作权的私权性质，并提出了著作权的保护和实施以利益平衡为目标。[①] 而版权史向来是一部对技术发展作出立法反应的历史。[②] 版权法的演进与版权作品出版、复制以及传播技术的发展密不可分。伴随着数字技术和传播技术的发展，作品的表达方式多元化、传播途径多样化，著作权的客体和内容得以扩展加之技术保护措施的合法化，著作权人的权利进一步扩张。[③] 技术措施保护导致原有的许多安全阀（思想与表达的二分法、合理使用、著作权的限制和例外）失去了应有的平衡作用。公众不仅难以合理使用版权作品，甚至接触和利用不受版权保护的信息亦受到威胁。[④] 公共领域因著作权权利的扩张和强保护而相应缩减。随着公共领域的缩减和更多的知识被财产化，进行热点领域研究的成本必定增加。[⑤] 此外，TRIPS-plus 条款[⑥] 提高了著作权的保护标准。其来源包括双边或者区域自由贸易协

---

① See Article 7 of AGREEMENT ON TRADE-RELATED ASPECTS OF INTELLECTUAL PROPERTY RIGHTS.［EB/OL］.https://www.wto.org/english/docs_e/legal_e/27-trips.pdf, Visited on 5 Oct.2016.

② 何贵忠:《版权保护与表达自由：法理、制度与司法》, 人民出版社 2011 年版，第 166 页。

③ 焦海洋:《谷歌数字图书馆案中著作权合理使用问题研究》，载《西安电子科技大学学报（社会科学版）》2016 年第 26 卷第 3 期，第 61 页。

④ 蔡祖国:《知识产权保护与信息自由的冲突与协调》，知识产权出版社 2016 年版，第 80 页。

⑤ William van Caenegem,Intellectual Property Law and Innovation,published by Cambridge University Press 2007,p.19.

⑥ TRIPS-plus 条款是旨在提高知识产权权利保护水平和扩展权利保护范围的、高于或者超出 TRIPS 协定最低保护标准的任何要求和条件，或旨在缩减权利限制和例外的范围、削弱 TRIPS 协定弹性条款的措施。参见，杨静、朱雪忠:《中国自由贸易协定知识产权范本建设研究——以应对 TRIPS-plus 扩张为视角》，载《现代法学》2013 年第 35 卷第 2 期，第 149 页。

定、投资协定、WIPO 体制内缔结的新协定（如《世界知识产权组织版权条约》《世界知识产权组织表演和录音制品条约》）和部分国家的国内立法。与之相对应，使用人的义务不断增多，且使用人对学术信息的获取、使用受到了更多的限制。因此，著作权人和使用人的利益出现了失衡的现象。

具言之，著作权客体范围（如数据库、计算机软件被纳入著作权的客体）和著作权人权利范围（如信息网络传播权、出租权被纳入著作权的权项）的扩展，以及保护标准的提高（如著作权权利管理信息、技术保护措施的合法化、美国与欧盟版权保护期限的延长），强化了著作权人对于作品出版、发行和使用的控制。不可否认，著作权的强保护在网络和数字环境下有其必要性和现实性。然而，著作权的强保护产生了利益失衡的后果。在受让著作权或者获得专有许可后，出版商享有了对于作品出版、发行和使用的排他控制权。在著作权强保护的情形下，出版商对作品出版、发行和使用的控制得以强化。出版商对于学术出版物的价格控制和许可限制亦随之增强，使用人获取知识的成本和难度进一步加大，使得基于知识学习的生存发展以及言论、表达自由都会受到威胁[①]。不仅如此，提高著作权保护，就可能减少了由某一给定作品所产生的福利性收益（消费者剩余加上生产者剩余）。[②]质言之，著作权的强保护不但会引起著作权人和使用人的利益失衡、私人利益与公共利益的失衡，还将减少公共福利。

综上所述，学术信息的开放存取是在学术期刊危机的背景下出

---

① 冯晓青、胡梦云:《动态平衡中的著作权法"私人复制"及著作权问题研究》，中国政法大学出版社 2011 年版，第 18 页。

② ［美］威廉 · M. 兰德斯、理查德 · A. 波斯纳:《知识产权法的经济结构》，金海军译，北京大学出版社 2005 年版，第 101 页。

现的新的出版方式，有其紧迫性和必要性。学术信息的开放存取是在著作权人和使用人、私人利益与公共利益失衡的情形下出现的新的学术信息传播模式，有其现实性及重要性。其重要性体现在：开放存取使得各种类型的图书馆能够获取更多的作品，从而减少图书馆期刊订购方面的支出，并使学术作品的长期保存成为可能；开放存取使得研究人员免受期刊的价格和许可限制而获取所需学术文献以完成研究工作，尤其是对于发展中国家的研究人员而言；开放存取使得读者无障碍地获取学术文献，允许教师在课堂上讲授最新的研究成果；此外，开放存取能够令作者从中获益，即作品的传播范围更广、读者更多，作者的影响力和知名度可进一步得到提升。开放存取亦能使科学研究和学术交流更加高效。[①] 一言以蔽之，学术信息的开放存取对于图书馆、研究人员、社会公众和作者均具有益影响，学术信息的开放存取有利于促进知识的获取和传播、有益于消减知识鸿沟和数字鸿沟、有助于平衡私人利益和公共利益。

四、学术信息开放存取的演进

开放存取不是由官方发起的，而是自下而上进行的。开放存取运动的兴起通常被认为与20世纪90年代互联网的出现相关，即越来越多的人认识到科研成果能够通过互联网以更低的成本和更快的速度共享。[②] 而互联网只是为开放存取提供了技术条件，开放存取出

---

① David Solomon，Developing Open Access Journals :A practical guide,published by Chandos Publishing,2008,p.16.

② Jorge L. Contreras,CONFRONTING THE CRISIS IN SCIENTIFIC PUBLISHING: LATENCY，LICENSING，AND ACCESS，53 SANTA CLARA LAW REVIEW.525 ,2013.

现的直接原因是“学术期刊危机”。开放存取经历了萌芽阶段、形成阶段和发展阶段。

（一）萌芽阶段

开放存取运动始于 20 世纪 60 年代，其标志主要是人类所倡导的信息自由的基本人权制度逐渐从法律理念范畴进入具体的实践范畴。[①] 一般认为，美国教育部下属的教育研究与提高办公室和国家教育图书馆合作在 1966 年创办的教育资源信息中心（Education Resources Information Center,ERIC）是开放存取最早的发端，[②] 另有部分学者认为开放存取运动可追溯到 1963 年超链接文本的首次出现。[③]

具体而言，开放存取的萌芽阶段主要经历了以下事件。1987 年，美国雪城大学（Syracuse University）Kellogg 项目创办了《成人教育新视野》（New Horizons in Adult Education），其作为早期的免费、联机、同行评议的期刊开始接近开放获取的理念，成为早期免费的联机同行评议期刊。[④]1991 年 arXiv（http://arXiv.org/）[⑤] 的建立，是

---

① 曾湘琼：《开放获取理论与实践》，湘潭大学出版社 2011 年版，第 19 页。

② 张惠：《开放存取理论建构服务》，机械工业出版社 2013 年版，第 16 页。

③ Pamela Bluh, “OPEN ACCESS,” LEGAL PUBLISHING, AND ONLINE REPOSITORIES, 34 J.L. Med. & Ethics.1,2006.

④ 初景利、李麟：《国内外开放获取的新发展》，载《图书馆论坛》2009 年第 26 卷第 6 期，第 83 页。

⑤ arXiv 是世界上最成功的开放存取电子预印本资源库之一，是 Pual Ginsparg（美国洛斯阿拉莫斯国家实验室的物理学家）于 1991 年 8 月创建的物理学电子预印本资源库；2001 年，arXiv 资源库被迁移至康奈尔大学图书馆，由康奈尔大学图书馆维护和运行。现在 arXiv 改变了物理学诸多领域的学术交流方式，并对数学、计算机科学、定量生物学、计量金融学和统计学领域科研成果的流动和快速传播发挥着越来越重要的作用。See What is arXiv? http://arxiv.org/help/support/faq#1A［EB/OL］, visited on 23 Sept.2016.

开放存取发展的里程碑，标志着学术资源开放存取知识库的形成。1998 年，“自由扩散科学成果运动”（又称为“自由科学运动”）提出具有开放获取倾向的倡议，它要求对于科学文献要减少版权条约中的限制条款，反对将作品复制权转让给出版商。同年，Sep-temper98 论坛建立，开始就在线免费提供科学信息问题进行全面探讨。[①] 而在 2000 年 10 月许多科学家开始传播一封支持《科学公共图书馆》（Public Library of Science,PLoS）的公开信，到 2002 年，182 个国家的约 31000 名科学工作者在这封公开信上签了名。[②] 可见，学术信息开放存取在学界产生了广泛共识，越来越多的人开始认识到开放存取的重要性。只不过开放存取的概念、条件及其方式尚缺乏明确的规定。易言之，开放存取理念只是体现在不同的事件中，并没有形成完整的概念体系。

（二）形成阶段

2002 年到 2003 年，开放存取的内涵、方式得以明确，始自 2002 年的“布达佩斯开放存取倡议”，发展于 2003 年的“贝塞斯达开放存取出版宣言”和“柏林宣言”。开放存取的界定对于开放存取运动的发展起到了重要的推动作用。

“布达佩斯开放存取倡议”首次阐明了开放存取的内涵，首次提出了实现开放存取的行动计划，首次概括了为在所有学科和国家实

---

① 贾佳:《从信息自由看开放获取的发展》，载《高校图书情报论坛》2007 年第 6 卷第 3 期，第 48 页。

② 张旻浩、华威伟:《从学术期刊编辑的角度看开放获取》，载《科技情报开发与经济》2008 年第 18 卷第 27 期，第 93 页。

现开放存取的要求。[①] 截至2018年7月18日，全世界已有6110位个人和1106家机构签署了“布达佩斯开放存取倡议”。“贝塞斯达开放存取出版宣言”首次以条件的方式界定开放存取出版，并提出了向开放存取出版快速、有效转变的必要步骤。“柏林宣言”则重申了“贝塞斯达开放存取出版宣言”中规定的开放存取条件，并进一步提出了促进开放存取的5种措施。具体措施如下：鼓励我们的研究人员或受资助人员按照开放存取的原则出版作品；鼓励文化遗产的所有人将其资源提供到互联网以支持开放存取；发展评估开放存取出版物和期刊的方式以维持质量标准和良好的科研实践标准；提倡把开放存取出版纳入职称评价体系，倡导对开放存取基础设施所做贡献的内在价值予以承认，贡献包括软件工具开发、内容提供、元数据生成或个人论文的出版。[②] 总之，“布达佩斯开放存取倡议”“贝塞斯达开放存取出版宣言”和“柏林宣言”明确了开放存取的内涵、方式、条件和实现措施，自此开放存取形成了完整的概念体系。然而，开放存取并未停留在概念层面，各高校图书馆、各研究机构、各国政府和相关国际组织等均采取了促进开放存取的措施。

（三）发展阶段

当前，开放存取已成为一项国际化运动，其目标是确保受公共基金资助的科研成果在世界范围内通过互联网无障碍或无限制的获

---

① See Prologue: The Budapest Open Access Initiative after 10 years. [EB/OL]. http://www.budapestopenaccessinitiative.org/boai-10-recommendations，visited on 18 Jul. 2016.

② See Berlin Declaration on Open Access to Knowledge in the Sciences and Humanities. [EB/OL]. https://openaccess.mpg.de/Berlin-Declaration，visited on 24 Sept.2016.

取。[①]而开放存取运动的国际化体现在参与主体的多元化、涵盖地域的广泛性。另开放存取的向度呈现双重化，即自下而上与自上而下相结合。

2002年8月，英国联合信息系统委员会（Joint Information Systems Committee，JISC）同时启动了Eprints、SHERPA和RoMEO 3个开放存取项目的实践建设工作。[②]2004年，昆士兰科技大学要求完全受公共基金资助的，以及学校科研人员的科研文献存储在昆士兰科技大学知识库中。2008年，哈佛大学法学院经匿名投票通过了强制性开放存取政策。该政策要求法学院的每个教职人员将其学术期刊论文提交到开放存取知识库。继此之后，肯尼迪政治学院、麻省理工学院、斯坦福大学教育学院和哈佛教育学院均制定了开放存取政策。[③]2005年，美国国家卫生研究院（National Institute of Health，简称NIH）要求受机构基金资助的科研成果存储在PubMed Central开放存取知识库中以供自由获取。2006年12月，澳大利亚两个主要的公共研究资助机构——澳大利亚研究委员会（the Australian Research Council）和国家卫生与医学研究会（the National Health and Medical Research Council）宣布对受公共基金资助的科研论文和数据适用开放存取准则，并于2008年生效。与此同时，部分国际组织逐步关注科学知识的获取问题。比如，2005

---

① Faddliza Mohd Zaki，Wan Ab. Kadir Wan Dollah，Current Status of Open Access Institutional Repository: A Case Study in Universiti Teknologi Mara（UiTM），vol3（3）Journal of Emerging Trends in Computing and Information Sciences.427,2012.

② 张惠：《开放存取理论建构服务》，机械工业出版社2013年版，第19页。

③ Anne Fitzgerald,Open access policies，practices and licensing: a review of the literature in Australia and selected jurisdictions,published by Elect Print，Canberra 2009,p.215.

年9月21日至22日，世界卫生组织（WHO）在巴西萨尔瓦多召开了“面向发展中国家的开放获取国际研讨会”，23日发表了《开放获取萨尔瓦多宣言：发展中国家的观点》。2006年12月，欧洲研究委员会（European Research Council，简称ERC）发布了《欧洲研究委员会科学委员会开放获取宣言》。2007年，经济合作与发展组织（OECD）公布了《OECD关于公共资金资助科研数据获取的原则和指南》。2016年5月11日，联合国教育、科学及文化组织（UNESCO）发布了《科学知识的获取：经验与通向可持续发展议程2030之路》的报告。截至2018年7月18日，世界范围内已有716个研究机构对学术出版物实施了强制性的开放存取政策。而实施强制性开放存取政策的机构总数（包括资助机构、资助及研究机构、多元研究机构、研究机构和附属研究机构）达941家。① 除此之外，部分国家通过制定或修改法律的方式纳入了开放存取条款。例如，2011年的《西班牙科学、技术与创新法》第37条规定主要受国家预算资助的研究人员必须及时将学术期刊已出版最终内容的电子版通过开放存取知识库发行，但不得迟于自作品正式发表之日起12个月。②2013年10月1日，德国修订了著作权法第38(4)条，规定了作者的二次发表权。2013年10月7日，意大利通过了《关于文化产品价格限定的法案》，该法案要求研究机构采取促进开放存取的政策。2013年，美国白宫科技办公室颁布了《促进联邦资助的科研成果获取的行政指令》。2014年修订的《荷兰版权法》新

---

① ROARMAP,Registry of Open Access Repositories Mandatory Archiving Policies，ROARMAP.［EB/OL］.http://roarmap.eprints.org/，visited on 18Jul.2018.

② Ignasi Labastida I.Juan,COPYRIGHT ISSUES RELATED TO THE IMPLEMENTATION OF OPEN ACCESS POLICIES，42 Int'l J. Legal Info. 3,2014.

增了与开放存取有关的第 25fa 条。简言之，开放存取从英、美主导扩展到多国普遍参与，从科研机构促进发展到政府推动，由政策引导演进为法律调整。

综上所述，开放存取的演进经历了萌芽期、形成期和发展期三个阶段，现已进入快速发展阶段。截至 2015 年 1 月，开放存取期刊目录列明的最权威的索引期刊和经同行评议的期刊达 10190 种，期刊分布于 136 个国家，共有论文 180 万篇。[①]

开放存取在中国也经历了上述三个发展阶段。萌芽阶段，2002 年“中国科学数据共享”会议上，徐冠华、孙鸿烈等院士提出要打破信息存取的壁垒，实现学术信息合理的开放存取。[②] 形成阶段，2003 年 12 月 9 日，中国科学院院长路甬祥院士代表中国科学院签署了“柏林宣言”。2005 年 6 月 22 日至 24 日，“科学信息开放获取战略与政策国际研讨会”在北京召开，研讨会专门就科技信息开放获取的政策、运行模式、支持机制、相关法律与技术等问题进行了探讨。[③] 发展阶段，2005 年 7 月 8 日，50 余所高校的图书馆馆长在武汉大学举办的“中国大学图书馆馆长论坛”上签署了《中国大学图书馆合作与资源共享宣言》。宣言明确支持《布达佩斯开放存取倡议》，并在其“行动方向”中提出：“开放存取是网络环境下学术信息

---

① Julie L. Kimbrough，Laura N. Gasaway,PUBLICATION OF GOVERNMENT–FUNDED RESEARCH，OPENACCESS,AND THE PUBLIC INTEREST,18Vand.J.Ent.&Tech. L.277,2016.

② 查丽华：《开放存取——开启学术信息交流的快捷之门》，载《国家图书馆学刊》2007 年第 1 期，第 79 页。

③ 田芳：《科学信息开放获取战略与政策国际研讨会在京召开》，载《情报资料工作》2005 年第 5 期，第 12 页。

交流的新模式，是信息自由共享的新形式。我们鼓励并积极参与学术信息的开放存取。”2010 年 10 月，“第八届《柏林宣言》开放存取会议”在北京召开，也是《柏林宣言》会议第一次在欧洲以外的城市召开。可见，开放存取在中国有了一定程度的发展。然而，当前中国的开放存取仍以自下而上的方式推进，尚缺乏国家政策支持和法律制度保障。

五、学术信息开放存取的途径

2002 年的“布达佩斯开放存取倡议”（BOAI）提出了学术期刊资源开放存取的两种方式，即自存档（Self-archiving）和开放存取期刊（Open access journal）。2003 年的“贝塞斯达开放存取出版宣言”和“柏林宣言”则将自存档作为开放存取的条件之一，即所要求的开放存取实现方式为自存档。当然，学术信息开放存取的方式不限于此，还包括个人网页、博客、维基、数据库、电子书、视频、音频、论坛、网络播放、RSS 种子、P2P 网络共享[①]。而自存档和开放存取期刊是两种主要的开放存取方式。

（一）自存档

自存档又被称为开放存取的绿色之路（Green road to open access）。自存档一般指经过同行评议的文献在发表之后应当立即存

① Peter Suber，Open Access Overview.［EB/OL］.http://legacy.earlham.edu/~peters/fos/overview.htm，visited on 6 Oct.2016.

储到可供自由获取的数字知识库（学科、机构或其他知识库）。[1]文献必须是完整的，依据文献在最终出版之前所经历的不同阶段，自存档文献的复印件可分为两类（如下表所示）：预印本（同行评议及发表前的版本）和后印本（经同行评议通过的最终版本）。自存档的主要特征是：开放存取知识库不进行同行评议，只是使其存储内容供世界范围的使用人自由获取；开放存取知识库是文献的网络数据库，包含预印本、后印本或两者兼而有之（如期刊文章、学位论文、课程材料、部门数据库、音频和视频等数字文件的预印本和后印本）。

绿色开放存取资料的类型

<table>
<tr><th>所经阶段</th><th>描述</th><th>专业术语</th><th>类别</th></tr>
<tr><td>研究论文</td><td>上传到预印本知识库的研究文档</td><td></td><td rowspan="2">预印本</td></tr>
<tr><td>提交初稿</td><td>发送到期刊的文本</td><td>作者最初的文稿</td></tr>
<tr><td>审核通过</td><td>同行评议之后，最终校对和排版之前的文本</td><td>经审核通过的，且为作者提供的最终版本</td><td rowspan="2">后印本</td></tr>
<tr><td>出版</td><td>所发表论文的复制件</td><td>出版的文本、发表的期刊论文</td></tr>
</table>

世界范围内的开放存取知识库因组建标准的差异可区分为学科知识库（如物理学知识库 ArXiv、生物医学知识库 PubMed、经济学知识库 RePEc “Research Papers in Economics”）、机构知识库（如哈佛大学的知识库 DASH “Digital Access to Scholarship at Harvard”、英国南安普敦大学知识库、瑞典隆德大学知识库）、混合型知识库（部分子知识库的文献汇集）、政府知识库（政府数据的存储库）和其他

① WALT CRAWFORD，OPEN ACCESS WHAT YOU NEED TO KNOW NOW，published by AMRICAN LIBRARY ASSOCIATION，2011,p.16.

知识库。目前，预印本服务组织 ArXiv.org 提供多达 141 万篇物理学、数学、计算机科学、定量生物学、计量金融学，以及统计学方面的文献。[①]PubMed 包括了多达 280 万个来自 MEDLINE（美国国家医学图书馆建立的国际性综合生物医学信息书目数据库，是当前国际上最权威的生物医学文献数据库）、生命科学杂志和网络图书中有关生物医学资料的索引。[②]RePEc 知识库提供多达 140 万篇研究文献的免费在线获取。[③] 而除哈佛大学、南安普敦大学和隆德大学外，加利福尼亚大学、麻省理工学院、墨尔本大学、奥克兰大学等高校图书馆和其他研究机构均建立了开放存取知识库。截至 2018 年 7 月 18 日，世界范围内共有 3519 个开放存取机构知识库，遍布于北美洲、南美洲、中美洲与加勒比海地区、大洋洲、欧洲、亚洲和非洲。开放存取知识库数量所占比重排名世界前 9 的国家分别是美国、英国、日本、德国、西班牙、意大利、法国、巴西和波兰（如图所示）。[④]美国、英国、日本、德国、西班牙、意大利、法国、巴西和波兰所拥有的开放存取知识库数量分别是 501 个、257 个、217 个、204 个、133 个、126 个、125 个、99 个和 95 个。而截至 2018 年 7 月 18 日，中国共有开放存取知识库 104 个（包括香港和台湾），其中内地（大陆）40 个，香港地区 4 个、台湾地区 60 个，所占世界上开放存取知识库总数的比重分别为 1.14%、0.14%、1.71%。相比之下，美国、英国、日本、德国现有的开放存取知识库数量远高于中国开放存取知识库的总和。

---

① See https://arxiv.org/，visited on 18 Jul.2018.

② See https://www.ncbi.nlm.nih.gov/pubmed/，visited on 18 Jul.2018.

③ Marc Scheufen,Copyright Versus Open Access，published by Springer International Publishing Switzerland，2015,p.66.

④ See http://www.opendoar.org/countrylist.php，visited on 18 Jul.2018.

由此可见，中国开放存取的发展并不均衡，且发展水平滞后于世界上主要的发达国家。

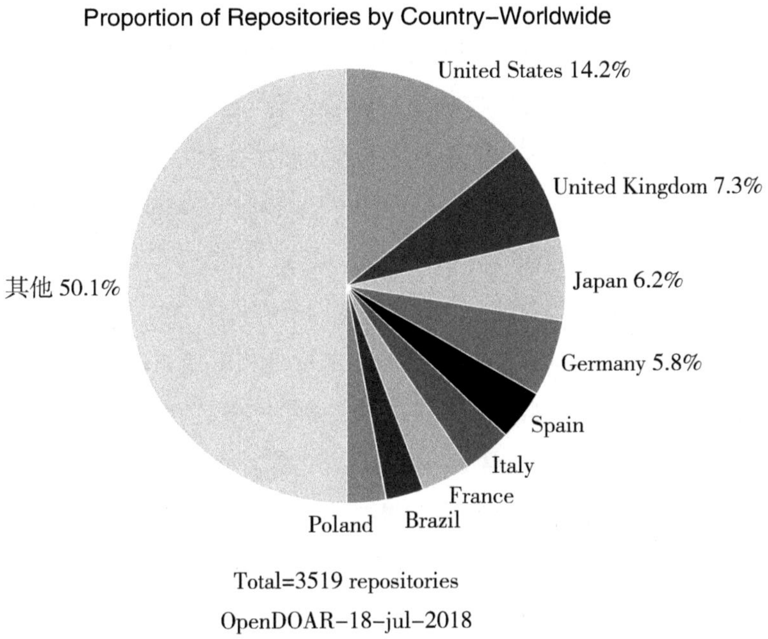

世界各国开放存取知识库所占比重图[①]

虽然自存档方便和快捷，但有其限制性。最显著的限制是技术设施和作者所属机构的性质。从著作权的角度来看，在作者和学术期刊出版者签订出版合同之前，作者享有自由存储预印本的权利。然而，当作者向出版者转让著作权或授予其专有许可之后，出版者就享有了控制作品发行的排他性权利，如复制权和信息网络传播权。作者未经许可将其作品的数字件存储于开放存取知识库的行为构成著作权

---

① See http://www.opendoar.org/find.php?format=charts,visited on 18 Jul.2018.

法意义上的信息网络传播行为。因此，若作者欲存储已发表论文的复制件至其所属机构的知识库，则必须获得出版者的许可。也即自存档除受到技术设施和机构政策限制外，还受到著作权法的制约。为此，某些知名的研究型高校和其他组织，如美国大学与研究图书馆协会（ACRL）、美国学术出版与学术资源联合会（SPARC）自 2005 年起就鼓励作者在出版合同中使用所谓的作者附加条款。作者附加条款保留了作者在作品出版之后自存档预印本的权利。①而部分出版者同意有限的自存档，如 2003 年的调查显示 42% 的出版合同允许某种形式的自存档，且数量在增加。②典型的限制条件是限制后印本存储到个人网页或机构的网站，禁止使用出版作品的 PDF 或 HTML 版。另有部分出版者要求延迟自存档，即在出版后经过特定期间，通常是 6 个月到 12 个月或者更长的时间。虽然部分出版者允许预印本的自存档，但与后印本相比，预印本存在质量差异和引用上的限制。就此而论，自存档对于学术信息开放存取的实现是不充分的。

（二）开放存取期刊

开放存取期刊亦被称为开放存取的金色之路（Gold road to open access）是指期刊自身及时向读者免费提供作品完整文本的在线获取。即开放存取期刊直接自著作权人受让了权利或者获得了许可，无须获得出版商的许可。金色开放存取要求开放存取期刊对于经同行评议的文献提供及时的、免费的在线获取。不同于自存档，开放

① Jorge L. Contreras.CONFRONTING THE CRISIS IN SCIENTIFIC PUBLISHING: LATENCY, LICENSING, AND ACCESS,53 Santa Clara L. Rev.527,2013.

② Robert C. Denicola, Copyright and Open Access:Reconsidering University Ownership of Faculty Research,85（2）Neb. L. Rev.367,2006.

存取期刊进行同行评议，并且随即将审核通过的内容免费向世界范围内的使用人开放。①

开放存取期刊与传统期刊的差别不在于载体的不同，而在于访问方式和权限的差异。传统期刊采取的是付费订购模式，若使用人没有付费，则无权获取期刊论文。开放存取期刊由作者付费出版而向使用人提供全文免费的、无限制的访问且免除了大部分许可限制的获取。开放存取期刊因访问权限的不同可分为完全开放存取期刊、部分开放存取期刊和延时开放存取期刊（如下图 1-1 所示）。完全开放存取期刊是指期刊论文一经发表，读者即可免费访问全文的期刊。部分开放存取期刊和延时开放存取期刊是完全开放存取期刊的过渡形式，使用人的访问方式和权限受到了一定的限制。②而开放存取期刑并非没有费用产生，开放存取期刊的费用包括同行评议费、编辑费和保存费。开放存取期刊每篇文章的作者出版费用通常为 1000 美元到 5000 美元，有时可达 10000 美元。③不同于传统期刊，开放存取期刊采用作者付费模式，实际上大多数开放存取期刊（70%）没有向作者收取费用。④另研究人员所属机构一般负责支付以上费用，并且越来越多的研究机构表明愿为其资助的研究支付作者出版费用。换言之，开放存取期刊的发展受费用的限制有限。2009 年的一项研

① WALT CRAWFORD，OPEN ACCESS WHAT YOU NEED TO KNOW NOW，published by AMRICAN LIBRARY ASSOCIATION，2011,p.18.

② 参见李武：《开放存取的两种实现途径研究：OA 期刊和 OA 知识库》，上海交通大学出版社 2012 年版，第 19 页。

③ Maria Leptin，Open Access--Pass the Buck，335 Science. 1279 ,2012.

④ Peter Suber，Open Access Overview. [EB/OL] .http://legacy.earlham.edu/~peters/fos/overview.htm，visited on 10 Oct.2016.

究发现约 20 万篇经过同行评议的论文发表在 4769 种开放存取期刊中，占同年发表的经同行评议学术文献总数的 6%–8%。① 截至 2018 年 7 月 18 日，开放存取期刊目录（Directory of Open Access Journal，简称 DOAJ②）公布的开放存取期刊来自 128 个国家，共有 11812 种、共有论文 3199435 篇。③ 影响较大的开放存取期刊有科学公共图书馆（Public Library of Science，PLoS）期刊，和生物医学中心（Bio Med Central，简称 BMC）期刊等。④ 而 DOAJ 的成员包括世界各国的图书馆、图书馆协会、社团、高校和研究中心。其中来自中国的成员机构只有西交利物浦大学图书馆，来自美国的成员机构有 54 个，来自瑞典的有 15 个，来自挪威的有 14 个，来自德国的有 14 个，来自加拿大的有 11 个，来自英国的有 8 个。可见，中国开放存取期刊的发展水平有待进一步提高。

图 1–1　开放存取期刊（OAJ）的类别

类　型	子类及描述	示　例
完全 OA 期刊	1. 作者支付费用、读者免费访问	PLoS
	2. 作者免费出版、读者免费访问	D-Library
部分 OA 期刊	1. 作者自主决定其作品是否开放存取	Springer-“open choice”政策

① Mikael Laaski et al.,The Development of Open Access Journal Publishing from 1993 to 2009，6 PLoS ONE. 1,2011.

② DOAJ 于 2003 年 5 月由瑞典隆德大学图书馆设立。DOAJ 是一个集体管理的在线目录，提供高质量的、开放存取的、经同行评议的期刊索引与获取服务。See See https://doaj.org/，visited on 10 Oct.2016.

③ See https://doaj.org/，visited on 18 Jul.2018.

④ 何琳:《开放存取——数字时代学术信息交流新模式》，现代教育出版社 2008 年版，第 20 页。

续表

类　型	子类及描述	示　例
部分 OA 期刊	2. 对论文的部分内容实施免费访问	部分 BMC 期刊
	3. 对部分国家或地区实施免费访问	OUP 期刊
延时 OA 期刊	自出版后经特定期间可免费访问	部分 HWP 期刊

总体而言，开放存取期刊和自存档存在两个方面的根本区别。开放存取期刊自行组织同行评议，而自存档一般不进行同行评议；开放存取期刊直接自权利人处获得所需权利或许可，自存档则要求作者自行获得所需权利或许可。由此，开放存取期刊相比于自存档，其优势在于不必受学术期刊出版商的限制，自行组织同行评议且更为及时。自存档与开放存取期刊相比，其优势在于费用更低，可被强制且不损害学术自由，内容更为丰富（预印本和后印本）。基于此，开放存取期刊和自存档各具优势、具有互补性。开放存取期刊和自存档对于开放存取的实现而言不可或缺。

第二节　学术信息开放存取的正当性

学术信息开放存取以知识的无障碍获取为目标。开放存取通过促进知识的无障碍获取将增进受公共资助科学研究的公共福利、提高透明度、开放度和研究的公众参与、密切研究和创新的联系、提高研究的效率、增加研究投资的收益，并创设了学术交流的新模式。即从功能角度来看，开放存取具备充足的理由。另从价值层面来看，开放存取具有充分的理据。开放存取是信息自由与信息公平的题中之义，是公共产品的本质特征，是公共利益的体现和实现的内在要求，是包容性信息社会建设的必然选择与知识经济持续发展的现实需要。

一、信息自由的题中之义

从法学理论角度分析，信息自由就是行为人有传播信息的权利和获取信息的权利，而这一权利表现为行为的自由。① 联合国 1946 年第 59（I）号决议把信息自由定义为基本人权。②1948 年《世界人权宣言》第 19 条明确提出："人人有权享有主张和发表意见的自由；此项权利包括持有主张而不受干涉的自由，和通过任何媒介和不论国界寻求、接受和传递消息和思想的自由。"③ 即每个人都享有表达自由和信息自由，信息自由不受媒介和地域的限制。而《世界人权宣言》第 27 条第 1 款进一步提出："人人有权自由参加社会的文化生活，享受艺术，并分享科学进步及其产生的福利。"④ 也即每个人都享有文化活动的自由，包括学术信息自由即分享科研成果及其产生的福利。《公民权利和政治权利国际公约》第 19 条提出人人享有表达自由，表达自由包括信息自由，信息自由不受国界、形式或媒介的限制。⑤

---

① 刘素华:《信息自由与网络监管的法理分析》，载《现代法学》2012 年第 34 卷第 2 期，第 78 页。

② UN ,Calling of an International Conference on Freedom of Information A/RES/59（I），http://www.un.org/en/ga/search/view_doc.asp?symbol=A/RES/59（I）,visited on 12 Oct.2016.

③ UN，Universal Declaration of Human Rights（General Assembly resolution 217A），Art19.

④ UN，Universal Declaration of Human Rights（General Assembly resolution 217A），Art27（1）.

⑤ See UN,International Covenant on Civil and Political Rights（General Assembly resolution 2200AXXI），Art19（2）.

《经济、社会及文化权利国际公约》第 15 条重申了《世界人权宣言》第 27 条第 1 款的规定，并提出了，本公约缔约各国承担尊重进行科学研究和创造性活动所必不可缺少的自由。[①] 诚然，任何科学研究和创新都建立在既有的研究成果基础之上，知识的再利用和共享至关重要。故此，信息自由对于科学研究和创新而言是必不可少的。而 2015 年的联合国大会决议——《变革我们的世界：2030 年可持续发展议程》提出的可持续发展目标之一即为："根据国家立法和国际协定，确保公众获得各种信息、保障基本自由。"[②] 足见信息自由的重要性，其不仅是基本人权，而且是实现可持续发展的内在要求。

承前所述，学术信息开放存取以科研成果的传播与信息的无障碍获取为目标。此目标与信息自由的要义相契合。信息自由是指行为人有传播和获取信息的权利。然而，著作权具有专有性和排他性。著作权人对于信息的获取、利用和传播享有一定的控制权，从而制约了行为人对于信息的获取、利用和传播。开放存取实际上让使用人享有了著作权人专有的部分财产权利。具体而言，通过自存档和开放存取期刊，使用人能无障碍地获取和使用科研作品（包括阅读、下载、复制、传播、创作派生作品和少量打印等）。毋庸置疑，科研作品的无障碍获取和使用能够促进信息的传播和利用，推动科学研究和创造性活动，增加社会信息总量，促进可持续发展目标的实

---

① UN,International Covenant on Economic，Social and Cultural Rights（General Assembly resolution 2200AXXI）,Art15（3）.

② UN,Transforming our world: the 2030 Agenda for Sustainable Development，（General Assembly resolution A/70/L.1）.［EB/OL］.adopted on 25 Sept,2015，http://www.un.org/ga/search view_doc.asp?symbol=A/RES/70/1&referer=http://www.un.org/sustainabledevelopment /sustainable-development-goals/&Lang,visited on 13 Oct.2016.

现。总之，开放存取是信息自由的内在要求，是信息自由实现的必要方式。

二、信息公平的内在要求

公平的内涵包括：社会地位平等和社会财富的分配上公平合理。公平可分为起点公平、过程公平和结果公平。①信息是主要的生产要素，当属社会财富的范畴之内。诚如，美国卡内基梅隆大学（Carnegie Mellon University）的罗伯特·艾雷斯（R.Ellis）所言"财富主要是知识或积累起来的信息"，②因此，信息的分配应当符合公平原则。约翰·罗尔斯在《正义论》中提出了"作为公平的正义"理论。他的正义理论以无知之幕的假设作为条件。故"正义的原则是一种公平的协议或契约的结果"。③可见，公平是正义的前提。李龙教授认为"公平是社会制度的首要价值"④。足见公平价值的重要性。而价值都是相对于主体而言的，都是主体需要的满足。没有主体的需要，就无所谓价值。⑤满足人的需要是价值存在的前提。人类的生存和发展固然离不开信息的获取和传播，同时信息自由属于基本人权。此外，哈耶克在《法律、立法与自由》中提出了："如果这些人能够拥有信

---

① 陆树程、刘萍：《关于公平、公正、正义三个概念的哲学反思》，载《浙江学刊》2010年第2期，第199页。

② 谢俊贵：《公共信息学》，湖南师范大学出版社2004年版，第10页。

③ 刘晓靖：《公平、公正、正义、平等辨析》，载《郑州大学学报（哲学社会科学版）》2009年第42卷第1期，第15页。

④ 徐显明：《法治与社会公平》，山东人民出版社2007年版，第3页。

⑤ 卓泽渊：《论法的价值》，载《中国法学》2000年第6期，第25页。

息并接受教育的话，那么这完全有可能对其他人产生助益。”[①] 即信息的获取具有正外部性。概言之，信息分配公平是公平价值的应有之义、信息公平是人类的需要、信息公平是公平的组成部分。特别是在信息社会，信息公平的重要性愈加凸显。

2003 年，美国加利福尼亚大学的学者 Leah A.Lievrouw 和 Sharon E.Farb 发表的《信息与公平》一文把信息公平界定为：“信息在个人、群体、地区、族群以及其他社会组织之间的公平合理分配，使所有人在生活中都有机会获得对他们来说至关重要及有意义的所有信息。”[②] 国内学者范并思认为，信息公平是一种理想，信息公平不同于信息平等。[③] 肖希明和水亮提出：“信息公平主要是指不同阶层和群体的社会成员都能自由平等地获取各种信息，包括公平地享有社会文化资源、文明成果和知识信息。”[④] 周明华和谢春枝认为，信息公平的内涵体现在三个方面：获取机会的公平；技术手段使用的公平；应用机会的公平。[⑤] 结合以上学者的观点来看，信息公平应包括权利平等、机会公平、分配公平。其中权利平等是基础，即每个人都享有信息自由；机会公平是前提，即每个人都有获取信息的机会；分配公平是保障，即信息的分配应符合公平原则、分配的过程和分配的结果均应符合公平原则。然而，学术期刊的价格上涨和许可限制妨碍

---

① ［英］弗里德利希·冯·哈耶克著：《法律、立法与自由》，邓正来等译，中国大百科全书出版社 2000 年版，第 357 页。

② 唐思慧：《电子政务信息公平研究》，中国出版集团世界图书出版公司 2011 年版，第 5 页。

③ 参见，范并思：《论信息公平的制度选择》，载《图书馆》2007 年第 4 期，第 1 页。

④ 肖希明、水亮：《和谐社会中的信息公平制度》，载《图书馆论坛》2006 年第 26 卷第 6 期，第 66 页。

⑤ 周明华、谢春枝：《和谐社会中的信息公平与图书馆服务》，载《图书馆理论与实践》2006 年第 2 期，第 13 页。

了学术信息的获取，使得部分主体失去了获取信息的机会，尤其是对于发展中国家的使用人而言。质言之，学术期刊危机造成了信息获取机会的不公平，信息的分配自然出现了不公平的结果。而开放存取以信息的无障碍获取为目的，并通过自存档和开放存取期刊实现信息的免费和自由获取，有助于信息公平的实现，体现了信息公平的内在要求。

三、公共产品的本质特征

“公共产品”一词最早由瑞典人林达尔（Lindahl，1919）在其博士论文《公平税收》中正式提出。他分析了两个消费者共同纳税分担一件公共产品的成本问题，指出每人在总税额中应纳份额应与他从该公共产品消费中所享有的效用价值相等。①然而，林达尔并没有界定公共产品。萨缪尔森在《公共支出的纯理论》一文中明确区分了公共产品和私人产品。公共产品是指每个人对于产品的消费不会导致任何其他人对于同一产品消费的减少。私人产品是指产品在不同个体之间的分配遵循如下关系，每个人增加一单位产品的消费将减少一单位的私人产品数量。②即公共产品是具有消费的非排他性和非竞争性等特征的产品。③反之，私人产品具有排他性和竞争性。

---

① 王爱学、赵定涛：《西方公共产品理论回顾与前瞻》，载《江淮论坛》2007 年第 4 期，第 39 页。

② Paul A. Samuelson，THE PURE THEORY OF PUBLIC EXPENDITURE,36（4）The Review of Economics and Statistics.387,1954.

③ 秦颖：《论公共产品的本质——兼论公共产品理论的局限性》，载《经济学家》2006 年第 3 期，第 77 页。

会的共识、是人本化和可持续发展的必然要求，开放存取是建设包容性信息社会的必要措施。

包容性信息社会建设面临的挑战之一就是数字鸿沟和知识鸿沟的存在。信息技术的发展并没有缩减数字鸿沟，反而扩大了数字鸿沟。在发达国家和发展中国家之间或社会内部，信息技术发展带来的益处分配不均。其中就包括信息和知识获取和使用机会的不平等、创造与传播能力的不平等。而开放存取免除了信息获取、使用与传播的价格障碍和许可限制，使得信息能够被更多的使用人获取和使用，使得信息能够在更广的范围内传播。发展中国家的研究人员以及发达国家经费不足的高校和研究机构都将从学术文献的无障碍获取中获益。[①] 简言之，开放存取提供了纠正所谓的核心国家和边缘国家之间知识壁垒固有的不平等和不公正的机会。[②] 开放存取可以弥合数字鸿沟，应对数字鸿沟对于包容性信息社会建设带来的挑战。开放存取既是建设包容性信息社会的必然要求，又是包容性信息社会建设的必要措施。一言以蔽之，开放存取对于包容性信息社会的建设必不可少，是包容性信息社会建设的必然选择。

六、知识经济持续发展的现实需要

世界近代最著名的经济学家阿尔弗雷德 · 马歇尔早在 19 世纪末

---

① Gary Hall,Digital This Book!The Politics of New Media,or Why We Need Open Access Now,published by the University of Minnesota Press,2008,p.50.

② Jes ú s Lau et al.,Libraries Driving Access to Knowledge，published by International Federation of Library Associations and Institutions，The Hague The Netherlands，2012,p.347.

就提出，知识是生产中最有力的发动机。[①]而新增长理论和内生增长理论将创新和知识视为经济发展的内生要素，不再仅仅将其视为外生变量。两种内生要素之间并非毫无关联，创新和知识互相促进。知识是创新的基础，创新则能增加知识的供给，进而创新得以在更多的知识基础上进行。同时，知识生产所需的知识资源总量愈加丰富。在知识经济时代，知识是生产过程的产出。因此，知识构成了财富产生和经济增长的基础。与此同时，知识也是知识生产和财富产生的必要投入。为期高效运转，知识生产要求信息和知识大量地、无限制地流动以满足产生于数字技术环境下新的知识生产模式对知识不断增加的需求。[②]知识供给的不足当然不利于知识生产的进行和知识经济的持续发展。除此之外，知识作为一种创新要素，其合理、优化配置无疑能够促进创新和知识经济的发展。然而，在发达国家和发展中国家，一国的经济发达地区和欠发达地区，高收入群体与低收入群体之间，知识资源的分布并不均衡，难言配置优化。

毋庸置疑，学术信息开放存取能够促进知识的共享。而知识的共享有利于知识资源在更广泛的地域范围内和更普遍的主体间进行配置，以弥补市场资源配置的不足。知识的共享有助于知识资源的充分利用，以克服交易成本对于知识资源获取与利用的限制。知识的共享有益于减少为获取知识所支付的交易成本，以提升资源利用的效率。易言之，知识共享能够带来经济利益。知识共享的潜在经

---

① 钟惠波、雷家骕、连建辉：《知识经济学范式：一个演进的视点》，载《科学学与科学技术管理》2005 年第 7 期，第 20 页。

② Dana Beldiman,Access to Information and Knowledge,published by Edward Elgar，2013,p.194.

济利益主要有：知识共享的规模经济、范围经济和联结经济。[①]不仅如此，知识共享能够促使更多的主体参与创新活动并共享创新成果，推动包容性创新和包容性发展。

综上所述，学术信息的开放存取是信息自由的题中之义、信息公平的内在要求、公共产品的本质特征、公共利益的重要体现、包容性信息社会建设的必然要求和必要措施，以及知识经济持续发展的需要。而从本质上来看，信息具有公共产品属性。另外，学术信息的开放存取能够增进社会福利。一项新的经济分析显示，由纳税人资助的科学研究成果的开放存取将在30年内为美国创造高达10亿美金的利润。[②]此外，信息具有时效性，尤其是学术信息。若信息所有人没有及时公布、使用人不能及时获取或利用，则信息很可能失去效用。

第三节　学术信息开放存取的法律属性及特征

学术信息开放存取以著作权人的许可为前提，实质上是著作权人的权利处分行为。而学术信息开放存取显著区别于传统的学术信息传播模式和学术出版方式。基于此，学术信息开放存取所涉的法律关系具有特殊性。另作为学术信息开放存取的两种不同方式所涉

① 任志安：《知识共享与规模经济、范围经济和联结经济》，载《科学学与科学技术管理》2005年第10期，第119页。

② 科技论文的免费获取可为美国带来10亿利润 .［EB/OL］.http://oa.paper.edu.cn/xw_13.jsp，访问时间2016年10月6日。

的法律关系亦存有差异。

一、学术信息开放存取的法律性质

著作权法赋予了权利人控制其作品销售、复制和发行的合法垄断权。权利人不仅有权决定作品的价格，而且有权决定作品的使用人、使用的范围及其使用方式。而不特定的使用人通过开放存取有权免费获取和无限制地使用版权作品。具体而言，“布达佩斯开放存取倡议”“贝塞斯达开放存取出版宣言”与“柏林宣言”中提出的使用行为包括：阅读、下载、复制、传播、创作和传播派生作品以及为个人使用打印少量作品。由此可见，不特定的使用人享有了著作权人专有的部分经济权利。相应地，著作权人专有权的行使范围受到了一定限制。

与其言其果，毋宁究其因。著作权是一个权利束，包括人身权和财产权。而人身权和财产权均包含不同的权项。《伯尔尼保护文学和艺术作品公约》（Berne Convention for the Protection of Literary and Artistic Works，以下简称《伯尔尼公约》）规定作者享有的人身权包括署名权、修改权和保护作品完整权。[①]TRIPS 协定直接纳入了《伯尔尼公约》第 1 条至第 21 条的规定，但是对于第 6 条之 2，TRIPS 协定规定成员国在 TRIPS 协定项下既不享有权利，也不承担义务。[②]

---

① See Art 6 bis of Berne Convention for the Protection of Literary and Artistic Works，http://www.wipo.int/wipolex/en/treaties/text.jsp?file_id=283693，visited on 4 Nov.2016.

② See Art 9（1）of AGREEMENT ON TRADE-RELATED ASPECTS OF INTELLECTUAL PROPERTY Rights,https://www.wto.org/english/docs_e/legal_e/27-trips.pdf，visited on 4 Nov.2016.

权是私权，具有专有性；著作权是对世权，具有排他性。著作权法为著作权人规定的各项权利，如复制权、发行权、表演权和翻译权等权利，都属于“排他权利”或“专有权利”。[①]在传统的学术出版方式中，出版合同中通常约定作者向期刊出版者转让作品的著作权或授予其专有许可。基于此，学术期刊出版者受让了作者的部分，甚至全部的著作财产权或者获得了大部分使用权。申言之，著作权的转让或专有许可赋予了出版者对作品复制、传播、发行完全和排他的控制权。在此种情形下，作者并未放弃著作财产权，只是向出版者转让或授予了财产性权利，也即权利的享有或行使主体发生了变化，受著作权法保护的权利范围并未受到影响。相反，在学术信息开放存取中，著作权人向不特定的使用人无条件让与了部分财产权利，进而放弃了该部分权利的行使。故此时著作权人的权利是不完整的，著作权法对著作权人权利的保护范围也是有限的。

综上，学术信息开放存取是著作权人的权利处分行为。开放存取涉及不同的法律关系，主要是著作权许可合同关系和著作权侵权法律关系。而作为开放存取的两种方式自存档与开放存取期刊关涉的法律关系存有差异。另相比于传统的学术出版方式，开放存取适用于数字环境中，著作权人的授权许可、开放存取知识库和开放存取期刊出版者的相关行为均发生在数字环境中；与此同时，在学术信息开放存取的情形下，著作权法对于著作权人专有权的保护范围相应缩减。

---

① 王迁:《著作权法》，中国人民大学出版社 2015 年版，第 13 页。

本章小结

学术信息开放存取是内容的开放存取，区别于开放源代码。“布达佩斯开放存取倡议”“贝塞斯达开放存取出版宣言”和“柏林宣言”分别界定了开放存取。其中，“贝塞斯达开放存取出版宣言”和“柏林宣言”均从条件的角度定义开放存取，只要不符合其中任何一个条件，就不是开放存取。开放存取产生于互联网时代，适用于数字环境中。

开放存取是一种新的信息传播模式和出版方式，不同于传统的学术信息传播模式及出版方式。具体而言，开放存取具有以下特征：信息传播网络化、信息的获取、使用免除了价格障碍与大部分许可限制、作者付费出版，以及著作权人无偿许可不特定的使用人获取、使用、传播其作品。换言之，使用人通过开放存取享有了著作权人的部分财产权利。而开放存取并非一蹴而就，其经历了萌芽期、形成期和发展期。开放存取萌芽于20世纪60年代，形成和发展于21世纪初。开放存取产生于学术期刊危机的背景之下，具体表现为：学术期刊价格高涨、学术期刊的许可受限、学术交流和研究受阻。此外，在著作权强保护的情形下，著作权人与使用人之间的利益失衡。开放存取则通过自存档和开放存取期刊实现学术信息的无障碍获取、使用和传播，并凭此矫正著作权强保护造成的著作权人和使用人之间，以及私人利益与公共利益的失衡。除却利益平衡，开放存取亦为信息自由和信息公平的应有之义，公共产品的本质体现、公共利益实现的内在要求、包容性信息社会建设的必要措施和知识经济持续发展的现实需要。概言之，学术信息开放存取符合现实需要，且有充分的理据。而学术信息开放存取实质上是著作权人的权利处分行为。开放存取涉及不同的法律关系，即合同关系和著作权侵权法律关系。不同的开放存取方式，法律关系也不同。相同之处在于自存档和开放存取期刊均以知识的共享为目标，都具备学术信息开放存取的特殊性。另需注意的是，学术信息开放存取及其相关行为均适用于数字环境中，且在学术信息开放存取的情形下，著作权人受著作权法保护的权利范围相对有限，即著作权人自行限制了专有权的行使。

值的活动，并假定没有版权的保护，知识产品的生产和传播将不会达到最优水平。原因在于作品的生产成本较高，一旦出版很可能即刻被复制。版权旨在通过提供激励以鼓励作品的创作和传播，进而克服“市场失灵”。[①] 若无著作权法的保护，则作者在作品出版后就失去了对其作品使用和传播的控制。这会抑制作者创作的积极性、减少知识产品的供应。总之，洛克的劳动理论和黑格尔的人格权理论都是从权利本原的角度论证著作权的正当性。报偿理论是以公平理念为基础分析著作权的正当性。而激励理论是从功能的角度阐释著作权的正当性。虽然上述理论并非尽善尽美，但是均构成了著作权正当性的依据，都突出了私权保护的重要性。

综上可知，开放存取的目标和著作权法的目标存在冲突。冲突的原因在于两者体现和促进的利益属性相悖。开放存取体现了公众获取知识的普遍需求，并促进公众对于知识的无障碍获取。其以公共利益的实现为目标。《著作权法》则以对著作权人利益的保护为基础，并赋予著作权人对其作品的合法垄断权。其以私益的实现为目标。另外，两者的理论依据存在较大差异。不同的理论所推崇的利益也不同。

二、著作权转让或专有许可对于开放存取的制约

在传统出版模式下，出版者通常要求作者向其转让所有的著作权权利或授予其专有许可（因人身权具有不可转让性，故此处转让

---

① Lionel Bently，Brad Sherman，Intellectual Property Law 4th Edition,published by OXFORD UNIVERSITY PRESS,2014,pp.37–38.

或许可的权利是指著作财产权）。当作者向出版者转让所有的著作权权利或授予其专有许可时，作者同时向出版者转让了开放存取的决定权。

在作品出版之前，出版者一般通过与作者签订著作权转让合同或专有许可合同的方式获得作品发行、使用和二次使用的全部控制权。处于弱势的作者为了使其研究成果能够在正式科学评价体系中得以确认，往往会选择将版权全部转让给出版商。[①] 故而，作品的获取和使用取决于出版者的许可。位于美国康涅狄格州的科学中心（Science HuB[②]）就因向公众提供数以百万篇已发表学术期刊论文的非法获取，而被学术期刊出版商起诉侵权。[③] 即使是作者自存档，也要获得出版者的许可。在向出版者转让作品的著作权或授予专有许可后，作者未经许可的自存档可能构成著作权侵权行为，[④] 除非自存档构成著作权的限制或例外。即自存档不仅应当符合“三步测试法”，而且应符合作品所属国或被请求保护国著作权法中的相关规定。虽然不同成员国或缔约国国内法规定的著作权的限制或例外有所差别，但是均会纳入“三步测试法”。原因在于“三步测试法”规定于《伯尔尼公约》、TRIPS 协定和 WCT 中，是条约义务。依据《维也纳条约法公

① 江向东、傅建秀:《基于开放存取的机构库版权协议问题研究》，载《图书与情报》2010年第 2 期，第 64 页。

② 科学中心是全球性的科学和技术出版商，并向科研团体免费提供科研论文和最新科研信息的无障碍获取。See https://scihub.org/about-us/，visited on 28 Oct .2016.

③ Mikael Laakso，Juho Lindman,Journal copyright restrictions and actual open access availability: a study of articles published in eight top information systems journals（2010－2014），109 Scientometrics.1170,2016.

④ Robert C.Denicola,Copyright and Open Access:Reconsidering University Ownership of Faculty Research，85（2）Neb. L. Rev.365,2006.

约》(Vienna Convention on the Law of Treaties)的规定，各当事国必须善意履行对其有效的条约，并且不得以援引国内法的规定为由不履行条约。[①]然而，自存档不符合“三步测试法”。因为自存档既超出了特定情形的要求，又会不合理地损害著作权人的合法利益。具体而言，自存档允许使用人免费地获取作品。商业出版者要求作者转让著作权或者授予专有许可的目的是通过对于作品发行和使用的控制，收回成本并赚取利润。著作权被部分出版者用于确保从传统到数字出版方式的转变不会减少其学术出版的利润率，并且尽可能地增加其利润率。[②]自存档明显构成了出版者出版作品的市场替代，出版者的收益会相应减少。基于此，在作者向出版者转让著作权或授予专有使用许可之后，自存档应当获得出版者的许可。引申言之，当出版者不同意开放存取时，自存档就受到了限制，开放存取亦是如此。当然，若作者保留了授权开放存取的权利，则开放存取的决定权仍属于作者。而保留权利的作者并没有侵犯出版者所享有的权利，只是防止出版者获得开放存取的权利。在此种情形下，出版者没有获得所有的著作权权利。当保留权利的作者将其作品自存档时，出版者不能主张开放存取侵犯了其享有的权利。因为开放存取是由作者授权的。只不过作者权利的保留仍要获得出版者的同意。易言之，出版者有权拒绝出版保留权利作者的作品。此时出版者依据的不是著作权，而是独立的基于任何理由拒绝任何作品出版的权利。由此可见，著作权的转让或专有许可会在一定程度上限制自存档。

---

① Art 26,27 of Vienna Convention on the Law of Treaties，https://treaties.un.org/doc/Publication/UNTS/Volume%201155/volume-1155-I-18232-English.pdf，visited on 28 Oct.2016.

② John Willinsky,The Access Principle The Case for Open Access to Research and Scholarship,published by The MIT Press,2006,p.47.

作为开放存取另一种实现方式的开放存取期刊是否也受到了同样的限制呢？答案是否定的。当作者选择在开放存取期刊发表其作品时，许可问题便迎刃而解。作者享有著作权和开放存取的决定权。作者或向开放存取期刊的出版者授予必要的许可，或向其转让相关的著作权权利。开放存取期刊与传统期刊的做法一致，即通过与作者签订出版合同获得所需的著作权权利或许可。不同的是，开放存取期刊不保护期刊的销售收入，因此，开放存取期刊无须禁止作品的复制和传播。相反，开放存取期刊与作者在提高期刊影响力方面具有共同利益（期刊影响力的提高意味着作品和作者影响力的增强），方式就是扩大作品的传播范围并促进作品的再利用。由此，开放存取期刊相比于付费订购期刊向作者要求更少的权利，并允许用户对期刊作品更多的使用。[①] 简言之，开放存取期刊不利用著作权限制其所出版文献的获取和使用。相反，开放存取期刊利用著作权确保使用人对于其出版的所有文献永久地获取。[②] 通过上述分析可知，开放存取期刊无须获得传统出版商的许可，但是传统出版商一般会抵制开放存取期刊。最直接的做法就是不采取开放存取的出版方式，期刊的作品不免费向公众在线提供。此外，科研人员缺乏对开放存取出版的了解是开放存取期刊面临的问题之一。即使是对开放存取期刊有一定了解的作者，出版费用仍然是一个主要问题，特别是缺乏公共基金资助的科学研究。而开放存取期刊的影响因子普遍低于传统期刊，科研人员更倾向于在传统期刊出版作品。基于此，开放存

---

① PETER SUBER，OPEN ACCESS，published by The MIT Press，2012,p.129.

② IGNASI LABASTIDA I. JUAN，Copyright Issues Related to the Implementation of Open Access Policy，42（1）INTERNATIONAL JOURNAL OF LEGAL INFORMATION.136,2014.

取期刊并不能替代传统期刊，并且开放存取期刊存在不同障碍，故开放存取期刊不能解决开放存取面临的许可限制问题。

一言以蔽之，开放存取和著作权法的目标之间存在冲突。开放存取的理念是合作、共享、奉献，目的就是让更多的人共享，实现最大限度的自由使用。[①] 开放存取通过知识的自由共享促进使用人的利益。而著作权法的基本价值目标是保护著作权人的利益。除此之外，传统出版商通常要求著作权人转让所有的著作权权利或授予专有许可，从而控制作品的发行、使用和传播。从这个层面来看，著作权的转让或专有许可会在一定程度上限制自存档，进而限制开放存取。虽然作者可采取保留权利的方式实现开放存取，但是权利的保留必须经出版者同意。质言之，作者保留权利并不是解决许可限制的最有效办法。

三、著作权归属对于开放存取的影响

著作权转让或许可是著作权的行使，属于权利的转移。其前提就是著作权归属的明确。著作权权属的不同使得开放存取的决定权归属于不同主体。然而，不同权利人追求的利益存在差别，对于开放存取的态度也不同。就此而论，权属的不同会在一定程度上增加开放存取的复杂性。

著作权一般属于作者（不限于自然人，还包括法人或其他组织）。作者是最初的著作权所有人，也是权利最完整的著作权人。必须注意的是，作者身份不可等同于所有人身份。在著作权法律制度中，

---

① 王丽萍等：《探讨开放存取期刊的版权问题》，载《传播与版权》2015年第2期，第171页。

作者身份和所有人身份具有不同的作用。作者身份用以表明和保护作者的人身权；所有人身份主要用来保护著作财产权。另外，作者身份和所有人身份既存在重合的现象，又相互分离。职务作品或委托作品的著作权不一定属于作者。《伯尔尼公约》、TRIPS 协定和 WCT 均未就职务作品或委托作品的著作权归属作出规定，而是由各成员国或各缔约国的国内法予以规定。例如，美国《1976 年版权法》规定，除非双方签订的书面合同中另有明确约定，雇主或作为被提供作品方的其他人被视为作者，享有雇佣作品所有的著作权权利。[①] 显然，该条款包含职务作品和委托作品的权属规定。即以雇主或作为被提供作品方的其他人享有作品的著作权为原则，作者享有著作权为例外。而英国《版权法》第 11（2）条规定，如果文字、戏剧、音乐和艺术作品是由雇员在受雇期间创作的，则除非合同中有相反约定，否则雇员的雇主为该作品的原始版权人。[②] 日本《著作权法》第 15 条规定，只要职务作品创作时的合同、工作规章没有特别规定，则该法人等为该作品的作者。[③] 俄罗斯《联邦民法典》第 1295 条规定，职务作品的专有权属于雇主，但雇主与作者之间的劳动合同或其他合同有不同规定的除外。[④] 概言之，根据上述法律规定，职务作品的专有权以雇主享有为一般情形，以作者享有为例外。而中国《著作权法》分别对职务作品和委托作品的权属作出了规定。对于职务作品，除法定情形或合同另有约定外，著作权由作者享有，但法人或

---

① 17 U.S.C.A. § 201. Ownership of copyright（a）.

② 王迁：《著作权法学》，北京大学出版社 2007 年版，第 154 页。

③ 李杨译：《日本著作权法》，知识产权出版社 2011 年版，第 15 页。

④ 张建文译：《俄罗斯知识产权法——〈俄罗斯联邦民法典〉第四部分》，知识产权出版社 2012 年版，第 45 页。

其他组织在业务范围内享有优先使用权。对于委托作品，著作权的归属先由委托人和受托人约定，未约定或约定不明的由受托人享有著作权。[①]可见，中国《著作权法》在尊重意思自治的前提下侧重保护作者的权利。值得注意的是，在部分国家，政府雇员创作的作品适用不同的版权法规则。例如，美国《版权法》规定美国政府的任何作品均属于公共领域，不受版权法的保护。[②]中国《著作权法》则把法律、法规，国家机关的决议、决定、命令和其他公文，及其官方正式译文排除在《著作权法》的适用范围之外。[③]也即政府作品不受著作权法的保护。总之，不同成员国或缔约国关于职务作品和委托作品著作权归属的法律规定存在差异。当著作权归属于作者之外的法人、其他组织或委托人时，法人、其他组织或委托人享有了职务作品或委托作品的著作权，进而享有了对于作品使用和传播的控制权，以及开放存取的决定权。

开放存取以科研作品为客体。科研人员通常受雇于科研机构或高校或接受其他法人或非法人组织的委托，并且双方签有雇佣或委托合同。合同约定的著作权所有人通常是机构，而非个人。[④]在科研机构、高校或委托人不同意开放存取的情况下，开放存取就无法实现。即使科研机构、高校或委托人同意开放存取，开放存取也可能受到格式出版合同的限制。如前所述，传统出版商通常以著作权人向其转让著作权或授予专有许可作为同意作品出版的条件。另绝大

---

① 参见《中华人民共和国著作权法》第16条、第17条。

② 17 U.S.C.A. § 105.Subject matter of copyright: United States Government works.

③ 参见《中华人民共和国著作权法》第5条。

④ Graham P Cornish,Copyright and Open Access–contradictory or complementary?,16（4）Logos.189,2005.

多数的传统出版商不同意出版在先发表过的作品。英国拉夫堡大学情报学系对 80 家学术期刊出版商出版合同的研究发现，90% 的出版合同要求转让版权，并且 69% 的出版合同要求在审稿之前转让版权（5% 的出版合同要求授予专有许可）；75% 的出版合同要求作者保证其作品没有在先发表。[①] 即便是预印本的自存档，也可能构成在先发表，更何况是开放存取期刊。简言之，职务作品或委托作品的著作权归属可能构成对开放存取的制约。由于开放存取以著作权人的许可为前提，在职务作品或委托作品的著作权人不同意的情况下，开放存取就无法实现。

综上所述，学术信息开放存取和著作权保护存在冲突。首先，两者的目标相抵触；其次，著作权的转让或专有许可会限制开放存取；再次，著作权的归属也可能制约开放存取。归根结底，开放存取和著作权法保护的利益，以及理论基础不同。而作者、出版商、使用人和其他著作权人的利益存在差别，甚至会出现冲突。比如，使用人要求无障碍地获取、使用科研作品。然而，学术期刊的出版商则需要通过对作品发行、使用的控制收回成本并获取收益。

第二节　学术信息开放存取与著作权保护的互补性

开放存取免除了著作权法对于作品获取和使用的大部分限制，

① Elizabeth Gadd，Charles Oppenheim & Steve Probets，RoMEO Studies 4-An Analysis of Journal Publishers' Copyright Agreements，16（4）LEARNED PUB. 1,2003.

当然以著作权的保护为前提。不受著作权法保护的作品处于公共领域，自然没有开放存取的必要。此外，著作权人的许可是开放存取的前提，著作权人的许可又以著作权的保护为基础。简言之，著作权保护是开放存取的制度基础。而开放存取能够促进知识的获取、利用和传播，有助于著作权法公益目标的实现。

一、著作权保护是开放存取的制度基础

著作权，亦称版权，是指作者或其他著作权人依法对文学、艺术或科学作品所享有的各项专有权利的总称。[①] 著作权有广义和狭义之分。狭义的著作权是指作者对作品依法享有的专有权，包括著作人身权和财产权。广义的著作权还包括相关权（英美法系称之为邻接权）即作品传播者依法享有的权利，主要是指表演者、录音录像制品制作者和广播组织的权利。著作权有禁止和使用两个层面，所谓禁止是指未经著作权人的许可，其他任何人不得使用其作品，著作权的限制或例外情形除外；使用是指著作权人有权自己使用或者授权其他任何人使用其作品。著作权属于无形财产权，此处的无形是指客体的无形性。作为知识产权客体的智力成果，一般均表现为一定的信息。[②] 信息的无体性决定了著作权相对于有形财产权的特殊性。对于有形财产而言，所有人买卖其财产（如房屋、汽车）的合同关系中标的和客体是有形物本身。此外，有形财产的所有人通过对有形物的占有或其他安全措施（如房屋四周的围墙、汽车的防盗锁）

① 吴汉东:《知识产权法》，法律出版社 2007 年版，第 33 页。

② 郑成思:《知识产权法》，法律出版社 2002 年版，第 10 页。

排除了其他人同时占有或使用的可能，保护了财产权。不同于有形财产，著作权转让或许可的合同关系中标的是权利本身，作品的买卖并不意味着著作权的转让。例如，当画家出售他的一幅油画作品并完成交付时，买主只取得了该作品原件的所有权和展览权。买主没有取得其他著作权权利，除非获得了该画家的许可。换言之，物权的变更不影响著作权的归属。而由于客体的无形性，著作权人无法通过对客体的实际占有而保护其权利，著作权主要通过法律赋予作者或其他权利人一系列可实施的权利进行保护。著作权的不保护或者保护不充分会导致知识产品的供给不足。作品一经作者创作完成，只要符合著作权法规定的条件（因知识产权具有地域性，此处的著作权法不特指某一国的法律，而是作品来源国或被请求保护国的法律），就自动获得了著作权法的保护。即《伯尔尼公约》中规定的自动保护原则。[①] 因此，作者通常是最初的著作权所有人。著作权具有专有性和排他性，属于绝对权。如果著作权不具有专有性和排他性，那么法律对作者和其他权利人的保护无异于形同虚设，因为第三人可能享有相同的权利。毋庸置疑，除著作权的限制或例外情形外，著作权人的许可是作品使用的前提。

《伯尔尼公约》最早提出了成员国法律中规定著作权限制应当符合的 3 个条件（即限制仅限于特定情形、不得与作品的正常利用相冲突、不得不合理地损害作者的合法利益），而限制只适用于复制权。[②] 以上 3 个条件被称为“三步测试法”。TRIPS 协定第 13 条与

---

① See Art 5（2）of Berne Convention for the Protection of Literary and Artistic Works,http://www.wipo.int/wipolex/en/treaties/text.jsp?file_id=283693， visited on 21Oct.2016.

② See Art 9（2）of Berne Convention for the Protection of Literary and Artistic Works,http://www.wipo.int/wipolex/en/treaties/text.jsp?file_id=283693， visited on 21Oct.2016.

WCT 第 10 条也都规定了限制和例外应遵循的 3 个条件，与《伯尔尼公约》规定的条件基本相同。所不同的是 TRIPS 协定第 13 条将限制和例外扩展适用于著作权的所有内容（该条款未把限制和例外局限于复制权，并把利益主体从作者扩展为权利人）。[①]WCT 则把限制和例外延伸适用于数字环境中。[②] 依据“布达佩斯开放存取倡议”“贝塞斯达开放存取出版宣言”和“柏林宣言”，任何使用人均有权免费获取和使用其科研作品，该权利是永久的和不可撤销的，即免费获取和使用具有普遍性。显然，开放存取不符合“三步测试法”中著作权的限制和例外仅限于特定情形之要求。故此，学术信息的开放存取只能以著作权人的许可为前提。若未经著作权人许可或授权而使用版权作品，并且使用不属于著作权的限制和例外，则使用人的行为构成了著作权侵权行为。例如，2008 年，3 个出版商（牛津大学出版社、赛奇出版公司和剑桥大学出版社）向美国佐治亚州北部地区法院提起了版权侵权之诉。3 个出版商要求佐治亚州立大学停止对其出版作品持续的侵权行为。多年以来，佐治亚州立大学允许所有受版权保护的课程阅读材料转变为数字格式，并向所有学生提供。可是，佐治亚州立大学并未就课程材料的使用寻求出版商的授权或许可。鉴于该诉讼，佐治亚州立大学修改了现行的版权政策，并实施了新的版权政策旨在修正引起诉讼的行为。法院认定，佐治亚州立大学新的版权政策也构成版权侵权。此外，法院指出被告方的版权政策没有将未经授权的复制限定为少量段落；没有禁止对同一部作

---

① See Art13 of AGREEMENT ON TRADE-RELATEDASPECTS OF INTELLECTUALPROPERTY Rights,https://www.wto.org/english/docs_e/legal_e/27-trips.pdf，visited on 21 Oct.2016.

② See Art 10（2）of World Intellectual Property organization Copyright Treaty，http://www.wipo.int/wipolex/en/treaties/text.jsp?file_id=295157，visited on 22 Oct.2016.

品多数章节未经许可的使用行为，并且没有向教职工充分说明大量复制对学术出版商收益的潜在不利影响。法院驳回了佐治亚州立大学的抗辩，并明确了公共和私人机构必须同等尊重版权的重要性。[①]

值得注意的是，著作权并非单一的权利，而是一个权利束，包含著作人身权和财产权。著作人身权专属于作者，不得转让或继承；著作财产权包含了不同的权项（如复制权、发行权、改编权、公开表演权、向公众传播权等），而权项之间是可分的。著作权所有人[②]有权处分自己的权利，通过转让或许可或法律规定的其他方式使得第三人（包括自然人、法人或其他组织）享有全部或者部分的著作权权利。相应地，第三人通过受让或许可或者法律规定的其他方式成为著作权的继受人，当然有权处分其权利。依据"布达佩斯开放存取倡议""贝塞斯达开放存取出版宣言"和"柏林宣言"，任何使用人均有权免费获取、阅读、下载、复制、传播、创作和传播派生作品，以及为个人使用打印少量作品。毫无疑问，以上权利专属于著作权人。如果未经著作权人许可，那么任何使用人均无权免费获取、下载、复制和传播其作品，法定的限制或例外情形除外。然而，开放存取不符合"三步测试法"，不构成著作权的限制或例外。故著作权人的许可是开放存取的前提和依据。与此同时"布达佩斯开放存取倡议""贝塞斯达开放存取出版宣言"和"柏林宣言"均要求使用人尊重作者的署名权和保护作品的完整权。即使用人尊重作者的

---

① See AAP Statement on Georgia State University Lawsuit Ruling. [EB/OL] .http://publishers.org/news/aap-statement-georgia-state-university-lawsuit-ruling，visited on 28Nov.2016.

② 作者一般被视为最初的著作权所有人，然而也存在例外，首要的例外就是雇佣作品（又称职务作品）。Lionel Bently，Brad Sherman，Intellectual Property Law 4th Edition,published by OXFORD UNIVERSITY PRESS,2014,p.133.

人身权，是其获取和使用作品的要件。著作权的保护亦为著作权人享有和行使权利的基础、激励创作的必然要求。如果著作权人的作品不再受《著作权法》的保护，那么使用人有权免费、自由获取和使用该作品。在此种情形下，使用人无须获得著作权人的许可。概言之，开放存取并非否定著作权的保护，而是强调对于著作权的保护。著作权的保护是学术信息开放存取的制度基础。

二、学术信息开放存取促进著作权法目标的实现

著作权法的价值目标具有双重性、私益性和公益性。私益性不言自明；公益性主要是指著作权法促进的不特定人的利益或增进的公共福利。《伯尔尼公约》间接体现了著作权法促进公共利益的目标。详言之，《伯尔尼公约》第 9 条规定了成员国法律可允许特殊情况下的复制行为，但应符合“三步测试法”。该规定实质上是对作者复制权的限制，恰能促进使用人的利益。中国学者张今教授提出：“在制度构成上，权利的限制制度是公共利益在版权法上的直接体现。”[①] 而“三步测试法”是对权利限制的限制，有利于平衡使用人和作者之间的利益。第 10 条规定了两种合理使用情形，在一定条件下的引用和教学。[②] 出于引用和教学目的的合理使用显然能够促进研究和教育的发展，研究和教育的发展无疑符合公共利益，并能增进社会福利。TRIPS 协定则明确提出了：“知识产权的保护与权利行使应以有

---

① 张今：《版权法中私人复制问题研究——从印刷机到互联网》，中国政法大学出版社 2009 年版，第 99 页。

② See Art 10 of Berne Convention for the Protection of Literary and Artistic Works，http://www.wipo.int/wipolex/en/treaties/text.jsp?file_id=283693，visited on 22Oct.2016.

利于经济和社会福利的方式促进技术知识生产者和使用人的相互利益，以及权利义务的平衡。”[①] 该条款表明知识产权的保护和行使不是最终目的。知识产权的保护和权利行使旨在使全社会获益，不仅仅是私权的保护。著作权的保护和权利行使自然也应促进作者和使用人的相互利益，以及利益平衡。著作权保护和行使的方式应有利于经济和社会福利。故从目的和手段来看，著作权的保护和权利行使具有公益性和共益性。WCT 序言强调了维持《伯尔尼公约》所体现的作者权利和公共利益，尤其是教育、研究以及信息获取之间平衡的必要性。[②] 从中不难看出，WCT 认可并以维持私益与公共利益的平衡为目标，突出了教育、研究和信息获取的重要性。此外，成员国的国内法中亦明确规定了著作权法的公益目标。例如，美国联邦宪法授予国会以下权力：“通过确保作者和发明人分别对其作品和发明有限时间内的专有权，来促进科学和实用艺术的发展。”[③] 该条款即为美国联邦宪法中的知识产权条款。在 Lawrence GOLAN，et al.，Petitionersv.Eric H. HOLDER，Jr.,Attorney General,et al. 案中，美国联邦最高法院认为：“根据版权和专利条款，国会的版权权力与科学进步相关；其专利权权力与实用技术的进步相关。”[④] 显然，美国联邦宪法中的知识产权条款既是授权条款，又是限制条款。该条款授权国会赋予作者和发明人以专有权，然而专有权是具有时间限制的，且

① Art7 of AGREEMENT ON TRADE-RELATED ASPECTS OF INTELLECTUAL PROPERTY Rights，https://www.wto.org/english/docs_e/legal_e/27-trips.pdf，visited on 22 Oct.2016.

② See Preamble of World Intellectual Property organization Copyright Treaty，para5，http://www.wipo.int/wipolex/en/treaties/text.jsp?file_id=295157，visited on 22 Oct,2016.

③ U.S.C.A. Const. Art. I § 8，cl. 8.

④ 132 S.Ct. 873（2012）.

专有权的赋予只是手段，目的在于促进科学和实用艺术的进步。又如，中国《著作权法》第1条规定，除保护作者的著作权和著作权相关权益外，著作权法的目标还包括鼓励作品的创作和传播、促进社会主义文化和科学事业的发展与繁荣。总之，著作权保护的价值目标不是单一的，具有公共利益属性。

承前所述，学术信息开放存取是在学术期刊危机的背景下出现的。学术期刊订阅价格的高涨和许可限制增加了知识获取的成本，妨碍了使用人对科学知识的获取，尤其是对于大多数知识产品依赖进口的发展中国家的使用人而言。开放存取以促进知识的无障碍获取为目标。开放存取恰似无偿赋予了所有使用人往来知识殿堂的通行证，使用人只要遵守通行证上所列明的规则即可（规则包括使用人的目的应合法，并应尊重作者的人身权）。毋庸置疑，开放存取有利于使用人免费获取知识。获取知识有利于促进创新，获取的知识越多、越有利于创新。[①] 而创新可以增加国际社会的知识产品总量，满足公众对知识产品的需求。此外，开放存取有利于促进信息自由、信息公平、包容性信息社会的建设、知识经济的可持续发展。易言之，开放存取能够促进人权的实现和国际社会的发展。例如，相关科学知识的无障碍获取能够向位于温哥华的减贫组织、悉尼的原住民组织和印度尼西亚的健康组织提供最新的调查结果、历史图表、可靠的方法。这将推进它们的工作，并提高工作质量。[②] 综上所述，开放存取的目标和著作权法的目标均具有公益性。人权和知识财产权是

---

① Michael A. Gollin,DRIVING INNOVATION INTELLECTUAL PROPERTY STRATEGIES FOR A DYNAMIC WORLD,published by Cambridge University Press，2015,p.46.

② John Willinsky,The Access Principle The Case for Open Access to Research and Scholarship,published by The MIT Press,2006,p.112.

共存的，各具其合法性。[①] 开放存取能够促进使用人的利益、增加公共知识、促进人权的实现和增进公共福利，有利于著作权法目标的全面实现。

第三节　学术信息开放存取与著作权保护的协调

学术信息开放存取和著作权保护既存在冲突，又具有互补性。两者均具有公共利益目标。学术信息开放存取又能促进著作权法公共利益目标的实现。毫无疑问，公共利益目标的实现有利于社会福利的增加。也即学术信息开放存取与著作权保护存在协调的理论基础。协调的实现则需著作权法律制度的相应完善。

一、协调的理论基础

福利是福利经济学的重要概念之一。福利经济学的创始人庇古将福利视之为人的心理状态并寓于人的满足之中，其大小可通过货币衡量。而不同学科、不同学者对于福利的界定不同。社会学认为福利是指人和社会的健全、和谐和发展的状况。由此可见，福利不但指个人福利，还含有社会福利之意。美国政策学者詹姆斯·米奇

---

① Frederick M.Abbott&Thomas Cottier,Francis Gurry,INTERNATIONAL INTELLECTUAL PROPERTY IN AN INTEGRATED WORLD ECONOMY, published by Wolters Kluwer Law&Business,2011,p.114.

利（James Midgley）把社会福利定义为，当社会问题得到控制，人类需要得到满足以及社会机会最大化时，人类政策存在的一种情况或状态。[①] 即人类需要的满足是社会福利的要素之一。人是社会人，人类的需要是多重的，包括物质生活层面和精神生活层面。申言之，福利包含经济福利、政治福利和文化福利。罗尔斯将社会福利描述为，社会福利是由社会中处境最差的人决定的。只有当社会中处境最差的人处境得到改善时，社会福利才会增长。[②] 即社会福利的增长取决于社会中境况最差的人。美国学者威廉姆 H · 怀特科（Willianm H.Whitaker）认为："社会福利是指社区或社会的满意状况。"[③] 显然，社会福利意指社会整体利益。新福利经济学也提出，社会福利取决于组成社会的所有个人的福利；如果至少有一个人的境况好转，而没有一个人的境况坏下去，那么整个社会的境况就好了起来。[④] 此种情形下，社会福利达到了帕累托最优。综上可知，社会福利是社会整体利益达致优化和人类需要得到满足的状态。

诚然，学术信息开放存取以知识的无障碍获取为目标，每个社会成员均有获取和利用知识的机会，不论其国籍、收入和职业。同时学术信息开放存取以著作权的保护为制度基础，即权利人的权利并未因学术信息开放存取而受损。著作权法则具有社会本位法特征。著作权法赋予著作权人专有权具有如下社会目的：首先，著作权用以

---

① 黄晨熹：《社会福利》，格致出版社 2009 年版，第 7 页。

② 胡象明：《广义的社会福利理论及其对公共政策的意义》，载《武汉大学学报（社会科学版）》2002 年第 55 卷第 4 期，第 427 页。

③ 周沛：《社会福利理论：福利制度、福利体制及福利体系辨析》，载《国家行政学院学报》2014 年第 4 期，第 81 页。

④ 高鸣放：《社会福利学》，湖北人民出版社 2004 年版，第 47 页。

克服市场失灵、鼓励作者提供更多的作品；其次，著作权的权利行使和保护期是有限的，保证在特定情形下或一定期限后使用人对于作品的获取和使用；最后，著作权保护的最终目标为促进科学、文化的发展。显而易见，著作权法在保护私权的同时，也强调社会的整体利益。就此而论，学术信息开放存取和著作权保护均体现了社会福利理论的要求，并能够增进社会福利。

二、协调的制度安排

承前所述，著作权保护在一定程度上制约学术信息的开放存取。具言之，在学术期刊出版者受让著作权或者获得专有使用许可的情形下，开放存取便由出版者决定。学术期刊的出版者通常不同意其出版作品的开放存取。而著作权的不同归属亦会影响开放存取的进程。与此同时，开放存取将构成学术期刊出版者出版作品的市场替代。毋庸置疑，学术信息开放存取和著作权保护的协调不会自动实现，而须由相关的法律制度予以调整。

不言而喻，制度协调应有的放矢。针对学术信息开放存取所受制约，著作权法可对著作专有权进行相应限制或赋予作者相关权利以实现开放存取。对于著作权人权益所受开放存取之影响，著作权法可规定开放存取的条件。简言之，法律制度的协调具有双向性，并应当兼顾著作权人和使用人的利益。当然，为协调学术信息开放存取和著作权保护，著作权法律制度的完善应当建立在比较分析现有法律规定的基础之上。首先，检视现有的著作权限制和例外能否为开放存取提供依据。其次，在现有的著作权限制和例外不符合开放存取要求的情形下，分析是否可新增著作权限制和例外。诚然，新增的著作权限制和例外必须符合已生效的与版权保护相关国际知识产权条约的规定。再次，若不能通过新增著作权限制和例外的方式促进开放存取，则应考量是否可通过向作者赋权的方式促进开放存取。总之，学术信息开放存取和著作权保护的法律协调须遵循利益平衡原则，并应审慎地鉴别、全面地分析现有的法律规定（包含不同国家的相关法律规定）。

本章小结

学术信息开放存取和著作权保护之间既彼此冲突，又相互补充。著作权是私权，具有专有性和排他性。未经著作权人许可，任何人不得复制、发行、向公众传播和改编作品等。而开放存取使得不特定的使用人在一定程度上享有了著作权人专有的部分经济权利。显然，开放存取是以著作权人的许可为前提。著作权人许可的基础是其权利受到著作权法的保护。试想一下，如果 1 篇医学领域的学术论文过了著作权法的保护期，那么该论文就进入公共领域。任何人都可以自由地获取和使用，也即没有开放存取的必要。质言之，著作权保护是开放存取的制度基础。开放存取并非消除著作权的保护，而是以著作权的保护为前提。另，开放存取和著作权法的目标都具有公共利益属性。开放存取能够促进著作权法公益目标的实现，以及私人利益和公共利益之间的平衡。因此，开放存取和著作权保护具有互补性。

事物都具有两面性。开放存取和著作权保护之间也存在冲突。一方面，开放存取和著作权法的目标相抵触。开放存取以促进使用人无障碍地获取和使用科研作品为目的。著作权法则以保护作者的著作权为基本价值目标。保护方式即为赋予作者对其作品以特定期间的专有权。著作权属于对世权，义务人不特定。使用人未经著作权人的许可不得使用其作品。另一方面，作品著作权的转让或专有许可，以及著作权的归属都会影响开放存取。学术期刊的出版者通常要求著作权人转让作品的著作权或授予专有许可，进而控制作品的发行、使用和传播。此种情形下，开放存取须经出版者许可，即使是作者自存档也需要出版者的许可。虽然作者可以保留相关权利，但是权利的保留仍须出版者的同意。此外，作品著作权的不同归属会在一定程度上影响开放存取。对于职务作品或委托作品而言，《伯尔尼公约》、TRIPS 协定和 WCT 均未对职务作品或委托作品的归属作出规定，而是由各成员国的国内法予以规定。各成员国的法律规定不尽相同。例如，美国和英国的《版权法》规定，雇佣作品或委托作品的版权由雇主或委托人享有，除非合同中另有约定。中国的《著作权法》则规定，在无法定情形或合同未另有约定的，职务作品的著作权由作者享有；委托作品的著作权在无合同约定或约定不明的情形下，属于受托人。由此可见，作者并不一定是著作权所有人。开放存取的决定权不一定属于作者。在著作权所有人不许可开放存取，或著作权所有人为将作品出版而向期刊出版者转让著作权或授予专有许可时，而出版者又拒绝许可开放存取时，开放存取便受到了限制。在此种情形下，开放存取和著作权保护之间存在冲突。与此同时，两者存在互补性，且均能增进公共利益。开放存取和著作权保护均体现了社会福利理论的内在要求，具有协调的理论可能性。然而，两者协调的实现需要著作权法律制度的相应完善。著作权法律制度的调整应当遵循利益平衡原则，并应当兼顾著作权人和使用人的利益。

第三章

学术信息开放存取与著作权的限制和例外

学术信息开放存取和著作权法的价值目标都具有公共利益属性。著作权的限制和例外被普遍视为国际版权法中的弹性条款，有利于实现公共利益和私人利益之间的平衡，以及成员国国内著作权法的目标。故开放存取与著作权限制和例外的目标具有一致性。然而，开放存取显著区别于著作权的限制和例外。开放存取不构成著作权限制，不属于著作权例外。开放存取亦不符合著作权限制和例外的“三步测试法”。

第一节　学术信息开放存取与著作权限制的适用范围不同

著作权限制是对著作专有权的约束，有广义和狭义之分。与版权保护相关的国际知识产权条约、各国的版权法中均规定了著作权限制。然而，著作权限制不符合开放存取的需要。著作权限制不能作为开放存取的依据。不仅如此，在著作权强保护的情形下，著作权限制的利益平衡作用受到了限制。

一、著作权限制的内涵及外延

著作权限制有广义和狭义之分。广义的著作权限制涉及约束著作权及相关权的主体、客体、权利内容、权利保护期和行使范围的规范。狭义的著作权限制仅涉及约束著作权和相关权行使的规范。[①]广义的界定是一种学理上的解释，依据的是规范的效果。然而，主体、客体、内容是著作权的构成要素，属于权利的内在限制，而非外在约束。时间性则为知识产权的基本特征。故狭义的著作权限制更为恰当。著作权的限制包括合理使用、法定许可和强制许可等约束专有权行使的法律规范。而法律规范不限于国内法，还包括与版权保护相关的国际知识产权条约。

《伯尔尼公约》是最早的关于版权保护的国际条约。由于版权具有地域性而知识产品具有流动性，并且各国的版权保护标准不一，为统一版权的保护标准并更有效地保护版权，英国、法国、德国、意大利、瑞士等 10 国于 1886 年 9 月的第三次外交会议上通过了《伯尔尼公约》。关于著作权限制，《伯尔尼公约》除规定一定条件下引用的合理使用外（条件包括作品合法地公开发表、符合合理使用、不得超出目的正当需要的范围），授权成员国通过立法限制复制权和允许有线广播已经发表的时事文章和作品，并授权成员国通过国内立法或签订特别协定的方式规定教学的合理使用，前提是在目的正

① 王清:《著作权限制制度比较研究》，人民出版社 2007 年版，第 12-13 页。

当需要范围内使用。[①] 可见，《伯尔尼公约》规定的著作权限制寥寥无几，且多为任择性规范。之所以如此，是因为《伯尔尼公约》旨在协调各成员国的版权保护标准以一致地保护版权。不难理解，相比于条约义务的承担，权利的享有能促使更多的国家加入并批准《伯尔尼公约》。申言之，版权保护标准能在更多的成员国之间达成一致，版权能在更广的地域范围内得到保护。另外《伯尔尼公约》第 10 条并未界定合理使用和正当目的，引用和教学解说是否符合相应条件需要逐案分析。实际上，引用的长度是构成合理使用与否的决定因素之一。例如，美国《1976 年版权法》第 107 条规定合理使用判断因素之一，即为相比于整部版权作品，使用的作品数量所占比重和使用内容的实质性。[②] 而 TRIPS 协定要求成员国遵守《伯尔尼公约》第 1 条至第 21 条的规定（对于第 6 条之 2，成员国在 TRIPS 协定项下既不享有权利也无须承担义务）。简言之，TRIPS 协定直接纳入了《伯尔尼公约》中的著作权限制，没有新增著作权限制。WCT 是《伯尔尼公约》第 20 条项下的专门协定。WCT 同样要求缔约方遵循《伯尔尼公约》第 1 条至第 21 条和附件的规定，并规定不减损任何其他条约的任何权利和义务。[③] 显而易见，WCT 纳入了《伯尔尼公约》中的著作权限制，并认可 TRIPS 协定中的著作权限制。此外，WCT 允许缔约国国内法中与《伯尔尼公约》相符的著作权限制延伸适用

---

① See Art10,10 bis of Berne Convention for the Protection of Literary and Artistic Works，http://www.wipo.int/wipolex/en/treaties/text.jsp?file_id=283693，visited on 6 Nov.2016.

② 孙新强、于改之译：《美国版权法》，中国人民大学出版社 2002 年版，第 13 页。

③ See Art1（1）of World Intellectual Property organization Copyright Treaty，http://www.wipo.int/wipolex/en/treaties/text.jsp?file_id=295157，visited on 7 Nov.2016.

于数字环境。[①] 然而，WCT 没有新增著作权限制，只是延伸了著作权限制的适用环境。综上，上述条约中著作权限制仍以《伯尔尼公约》中的规定为准。必须注意的是，上述条约只是授权成员国或缔约方通过国内法规定著作权限制。成员国或缔约方有权不作出相关规定。也即上述条约的缔约方或成员国国内法中的著作权限制会存有差异，而上述条约中的著作权限制均不能涵盖开放存取。

成员国或缔约国国内的版权法规定的著作权限制也不包括开放存取。成员国或缔约国关于著作权限制和例外的立法模式主要有两种即列举式或概括加列举式。欧盟穷尽式地列举了著作权限制和例外的具体情形。例如，2001 年的《欧盟信息社会版权指令》（2001/29/EC）第 5 条列举了关于复制权和发行权例外和限制的具体情形，并规定例外和限制应符合“三步测试法”。[②] 除列举的情形外，任何其他对著作权的限制和例外都为法律所禁止。然而，《欧盟信息社会版权指令》第 5 条并未规定开放存取。美国则采取有限地列举和灵活地合理使用条款相结合。美国《1976 年版权法》规定了著作权限制和例外的 10 种情形，其中第 107 条规定了判断合理使用的 4 个因素，即使用的目的和性质；版权作品的性质；相比于整部版权作品，使用的作品数量所占比重和使用内容的实质性；使用对作品的潜在市场或

① See footnote9 of World Intellectual Property organization Copyright Treaty，http://www.wipo.int/wipolex/en/treaties/text.jsp?file_id=295157，visited on 7 Nov.2016.

② See Art5 of DIRECTIVE 2001/29/EC OF THE EUROPEAN PARLIAMENT AND OF THE COUNCIL of 22 May 2001 on the harmonisation of certain aspects of copyright and related rights in the information society，http://eur-lex.europa.eu/legal-content/EN/TXT/PDF/?uri=CELEX:32001L0029&rid=3，visited on 14 Nov.2016.

价值所产生的影响。[①] 而美国《1976年版权法》规定的版权限制和例外的情形中不包括开放存取。开放存取也不构成合理使用。因为根据开放存取，使用人能够使用完整的作品、使用的作品数量和内容均不受限制。基于此，开放存取至少不符合美国《1976年版权法》第107条所规定的判断构成合理使用与否的第3个因素。中国《著作权法》第22条则穷尽式地列举了著作权限制的12种情形，其中不包含开放存取。另外，中国《信息网络传播权保护条例》第6条和第7条规定的限制只适用于特定情形下通过网络提供他人作品的行为（使用目的和使用行为是特定的、使用范围和使用的作品数量都是有限的），并且作者通过事先声明能够排除部分限制的适用。第8条和第9条规定的限制除符合规定的条件之外，使用人应向著作权人支付报酬。显然，《信息网络传播权保护条例》中规定的著作权限制条款亦无法适用于开放存取。综上可知，无论是与版权保护相关的国际知识产权条约，还是成员国或缔约方版权法中的版权限制均不包含开放存取。

二、学术信息开放存取与著作权限制的区别

承前所述，开放存取是著作权人的自我权利限制。著作权限制也是对著作权人专有权行使的限制。质言之，知识产权权利限制是对已取得的知识产权专有权的减损性划界。[②] 就此而论，开放存取与

---

① See 17 U.S.C.A. § 107.

② 胡滨斌：《知识产权权利限制的若干理论问题》，载《南京农业大学学报（社会科学版）》2008年第8卷第2期，第71页。

著作权限制的作用相同即限制著作权人权利的行使。开放存取与著作权限制的目标也具有一致性，即促进知识传播、增进公共利益和社会福利。总之，开放存取和著作权的限制均构成了对著作权人权利行使的限制，两者的作用相同，并且目标具有一致性。

必须注意的是，开放存取与著作权限制和例外存在显著差异。首先，两者的依据不同。开放存取基于著作权人的意思自治，是著作权人对其权利行使的自我设限。著作权限制出自国际知识产权保护条约或者国内版权法的相关规定，是对于著作权人权利行使的法定限制。其次，两者的限制程度有别。开放存取的使用人是不特定的，使用人对版权作品享有更广泛的使用权，且无须向著作权人支付费用。相应地，著作权人对其权利作出了更大程度的限制。著作权限制则不然。使用人先应符合著作权限制规定的适用条件，并且应当在限定的范围内使用版权作品。原因在于两者的理论基础不同，著作权限制是以利益平衡为目的。利益平衡的根本原因在于知识产品同时具有私人产品与公共产品的双重属性。而著作权限制只是在利益平衡的限度内。著作权限制的条件性、范围的特定性恰恰符合激励理论的要义。激励理论的主要观点是著作权的保护能够为作品的创作提供激励，著作权的保护标准越高、越有利于激励创作。相反，著作权的弱保护有碍于作品的创作。开放存取则以促进使用人无障碍地获取和利用版权作品为目的，体现了公共利益的内在要求。再次，两者的实效性有异。在著作权权利扩张或者著作权保护标准进一步提高的情形下，著作权限制的作用实际上受到了限制，特别是版权权利管理信息和技术保护措施的合法化。著作权人的权利处分却不因上述情形而受限。然则，著作权人为开放存取作出的权利限制实效性更强。

三、著作权强保护对著作权限制的影响

TRIPS 协定和 WCT 不但没有增加著作权限制，反而新增了著作权权利，合法化了技术保护措施和权利管理信息，进一步提高了著作权保护的实体标准。在著作权保护标准提高的情形下，著作权限制的作用实际上受到了限制。

首先，著作权限制并未因著作权人专有权的增加而相应增加。比如，TRIPS 协定规定了计算机程序和电影作品的出租权和相关权（相关权是指表演者、录音制品制作者和广播组织者的权利）。WCT 则增加了作者通过有线或无线方式向公众传播的权利。其次，著作权限制因著作权人对作品控制的强化而作用受限。例如，WCT 允许作者为行使权利而使用技术措施，并允许著作权人附加权利管理信息[①]。缔约国有义务制止规避技术措施，未经许可故意去除或改变任何权利管理信息，未经许可发行、为发行进口、广播或向公众传播明知已被去除或改变权利管理信息作品原件或复制件的行为。[②] 与 WCT 同时通过的《世界知识产权组织表演和录音制品条约》（WIPO Performances and Phonograms Treaty，WPPT）也要求各缔约方保护用于表演和录音制品的技术措施以及权利管理信息。[③] 虽然 WCT 和

---

① “权利管理信息”是指附加于作品的复制件或作品向公众传播过程中出现的用以识别作品、作品的作者、对作品享有任何权利的所有人或关于作品使用条款和条件的信息，和代表以上信息的数字或代码。参看《世界知识产权组织版权条约》第 12（2）条。

② See art11，art 12（1）of World Intellectual Property organization Copyright Treaty，http://www.wipo.int/wipolex/en/treaties/text.jsp?file_id=295157，visited on 8 Nov.2016.

③ See art 18 of WIPO Performances and Phonograms Treaty，http://www.wipo.int/wipolex/en/treaties/text.jsp?file_id=295477，visited on 8 Nov.2016.

WPPT 均要求缔约方制止规避技术措施的行为，但对于何种行为构成规避行为并没有说明。规避行为有狭义和广义之分，狭义的规避行为是指直接规避行为，广义的规避行为还包括提供规避手段的行为。但是，无论如何理解两个条约中的相关用语，目前根据两条约完成修法的国家除法定例外情形外，均禁止提供规避手段的行为。[①]故而在数字环境下，著作权人能够更加有效地控制作品的获取、使用和传播。比如，著作权人通过对其数字作品加密，使得任何使用人在没有获得密钥的情况下都无法打开、下载、传播其作品。在此种情形下，使用人需要和著作权人协商以获取密钥，即便使用人的行为符合《伯尔尼公约》中的引用或教学的合理使用。另外，WCT 和 WPPT 均未规定技术保护措施的限制。

总之，在著作权强保护的情形下，著作权人专有权的范围得以扩展、专有权的保护标准得以提高，著作权人对作品的控制得以强化，著作权人的垄断地位得以增强。而知识财产的垄断通常会增加社会成本，因为知识产品的垄断价格通常高于竞争价格。权利人的垄断收益会随之增加。知识产品的生产性使用却受到了限制。经济学家将知识财产垄断的负外部效应称之为静态的无效率，即总体福利的短期损失。[②]除静态的无效率外，也存在动态的无效率。知识是进行知识生产的一项投入。现有知识使用的限制会增加新知识生产的长期成本。学术期刊危机就是由传统出版商不断提高期刊的订购价格，并对电子期刊施加许可限制导致的。然而，TRIPS 协定、WCT 均未增加著作权

---

① 王迁:《论提供规避技术措施手段的法律性质》，载《法学》2014 年第 10 期，第 32 页。

② Nagla Rizk，Lea Shaver，ACCESS TO KNOWLEDGE IN EGYPT,published by Bloomsbury Academic，2010,p.3.

限制的具体情形。质言之，现有的著作权限制不仅不能满足开放存取的需要，而且在著作权强保护的情形下，其作用受到了限制。

第二节　学术信息开放存取与著作权例外的法律性质相异

著作权例外实际上确立了自由获取和利用作品的公共领域。而学术信息开放存取是对著作权行使的限制，其对象是版权作品。故著作权例外与开放存取截然不同，不能涵盖开放存取。除此之外，在著作权客体范围扩展的情形下，著作权例外的功能实现受到了限制。

一、著作权例外的内涵及外延

著作权例外即著作权保护的例外，即明确地将特定作品或者信息排除在客体范围之外。例如，不具有独创性或未固定的智力成果、新闻、数据或思想等。申言之，不构成作品的智力成果或特定信息的获取和利用不受著作权法的限制。

《伯尔尼公约》除规定日常新闻或纯属报刊性质的社会新闻不受保护外，授权成员国通过国内立法规定著作权的例外。具体为：《伯尔尼公约》授权成员国通过立法规定未经固定的作品或官方文件及其译本、政治演说或诉讼中发表的言论是否受著作权法保护。[①]TRIPS

---

① See Art2（2）,2 bis of Berne Convention for the Protection of Literary and Artistic Works, http://www.wipo.int/wipolex/en/treaties/text.jsp?file_id=283693，visited on 6 Nov.2016.

协定则要求成员国遵守《伯尔尼公约》第 1 条至第 21 条的规定（对于第 6 条之 2，成员国在 TRIPS 协定项下既不享有权利也无须承担义务）。易言之，TRIPS 协定直接纳入了《伯尔尼公约》中著作权保护的例外。不仅如此，TRIPS 协定提出版权的保护应及于表达，而不及于构思、程序、操作方法或数学概念本身。也即版权的保护应区分表达和思想。WCT 是《伯尔尼公约》第 20 条项下的专门协定，旨在回应数字技术和网络发展对版权制度带来的挑战。WCT 同样要求缔约方遵循《伯尔尼公约》第 1 条至第 21 条和附件的规定，并规定不减损任何其他条约的任何权利和义务。[①] 可见，WCT 纳入了《伯尔尼公约》中的著作权例外，并认可 TRIPS 协定中的著作权例外。另外 WCT 允许缔约国国内法中与《伯尔尼公约》相符的著作权例外延伸适用于数字环境。[②] 质言之，WCT 并未增加著作权的例外，只是扩展了例外的适用范围。

成员国或缔约方的版权法也都规定了版权例外。比如，美国《版权法》第 102（b）条规定版权保护不延及思想、程序、过程、系统、操作方法、概念、原理、发现。德国《著作权法》第 5 条规定法律、法规、官方的命令、公告与裁判不受著作权保护。日本《著作权法》第 13 条规定宪法和其他法令、国家或地方公共团体、独立行政法人发布的告示、指示、通知，法院的判决、决定、命令及行政厅按准司法程序作出的裁决、决定，国家、地方公共团体、独立行政法人或地方行政法人对前三项内容的翻译或汇编不属于权利客体。中国

① See Art1（1）of World Intellectual Property organization Copyright Treaty，http://www.wipo.int/wipolex/en/treaties/text.jsp?file_id=295157，visited on 7 Nov.2016.

② See footnote9 of World Intellectual Property organization Copyright Treaty，http://www.wipo.int/wipolex/en/treaties/text.jsp?file_id=295157，visited on 7 Nov.2016.

《著作权法》第 5 条规定了著作权例外的 3 种具体情形，法律、法规等官方文件及其官方正式译文；时事新闻；历法、通用数表、通用表格和公式。由此可见，虽然不同国家法定的著作权例外不尽相同，但均未超出上述条约所允许的著作权例外的范围。上述条约中著作权的例外仍以《伯尔尼公约》和 TRIPS 中的规定为据。而开放存取是对于权利行使的限制，当然不属于著作权例外。除此之外，开放存取的对象是版权作品。显然，开放存取不是著作权例外。

二、学术信息开放存取与著作权例外的差异

承上所述，开放存取和著作权例外泾渭分明。首先，两者的性质不同。开放存取是著作权人的权利处分行为，属于权利行使的限制。著作权例外是将部分客体排除在著作权保护的范围之外，并非直接限制权利行使行为。其次，两者的依据不同。开放存取是著作权人的意思自治。著作权例外来自国际知识产权条约或国内版权法的规定。再次，两者的理论基础不同。开放存取直接体现了公共利益的内在要求。著作权例外则出于思想和表达的二分法。思想是无形的且每个人都可能具有相同的思想，思想不应被专有。表达是对于思想的表达和固化。当然只有独创性的表达，才是《著作权法》保护的对象。创造是思想向表达转化的桥梁。从作者与公众的关系角度来看，思想和表达的二分法侧重的是表达的私有和公众接触信息间的不同向度，构成了版权法与信息自由间紧张关系的安全阀。[①]

---

① 李雨峰：《思想 / 表达二分法的检讨》，载《北大法律评论》2007 年第 8 卷第 2 辑，第 440 页。

最后，两者的效果不同。开放存取因是著作权人的权利处分行为，故不受著作权强保护的影响。著作权例外则不然。原因在于著作权客体范围的扩展会缩减公共领域的范围，著作权例外安全阀的作用亦会受到影响。

与此同时，开放存取和著作权例外具有相同之处。两者的目标和作用具有一致性。两者均以促进使用人对于信息的获取为目的，并能够促进使用人获取和利用信息。然而，开放存取不属于著作权例外。著作权例外不能作为开放存取的依据。

三、著作权强保护对著作权例外的影响

伴随数字技术的发展，作品的表达形式多样化，著作权的客体范围进一步扩展。例如，TRIPS 协定将计算机程序、数据或其他材料汇编纳入了保护范围。即原处于公共领域的信息被纳入私人领域。权利人的私域范围得以扩张，相应地公共领域的范围进一步缩减。

公共领域在版权法上的最初含义是权利保护期届满的状态。此后，帕特森 Patterson）和林伯格（Lin-berg）认为，公共领域是一个概念，如同为人的生命所必需的阳光、空气和水等属于对每个人都是自由的东西。[①] 李特曼（Jessica Litman）提出了一个不同的定义。她认为，保护期届满的作品、版权不予保护的作品只是公共领域中最不重要的部分；版权作品中不受保护的内容才是最重要的，如思想、方法、系统等。[②] 综上可知，公共领域应当包括保护期届满的

① 黄汇：《版权法上的公共领域研究》，载《现代法学》2008 年第 30 卷第 3 期，第 47 页。

② 李雨峰：《版权法上公共领域的概念》，载《知识产权》2007 年第 5 期，第 4–5 页。

作品、版权法不予保护的作品、版权作品中不受版权法保护的内容。显然，著作权例外确立了不受著作权法保护的公有领域。公有领域对发展教育、促进民主、自由竞争、文化多样性、创造和创新等多方面公共利益具有重要作用。[①]而著作权的强保护如同著作权保护领域的“圈地运动”。越来越多的信息被纳入著作专有权的控制范围，公众能够免费和自由获取的信息相应减少。由此，著作权例外功能的实现实际上受到了限制。

第三节 学术信息开放存取与著作权限制和例外的“三步测试法”

“三步测试法”是检验著作权限制和例外的条约标准。成员国或缔约方通过立法规定著作权的限制和例外必须符合“三步测试法”。诚然，开放存取不构成著作权限制、不属于著作权例外。为促进开放存取，成员国或缔约方若通过立法将开放存取规定为著作权的限制和例外，则必须符合“三步测试法”。经过分析可知，开放存取与“三步测试法”不符。

一、“三步测试法”的演进

“三步测试法”是防止著作权限制和例外侵蚀著作权的一般保障，最早规定于《伯尔尼公约》。TRIPS 协定、WCT 和 WPPT 先后规定

---

① 薛虹:《十字路口的国际知识产权法》，法律出版社 2012 年版，第 242–243 页。

了“三步测试法”。TRIPS 协定将“三步测试法”扩展适用于著作权的所有权利。WCT 和 WPPT 把“三步测试法”延伸适用于数字环境。

《伯尔尼公约》第 9（2）条授权成员国通过国内立法规定复制权的例外，但应符合 3 个标准（例外仅限于特殊情形、不损害作品的正常利用、不得不合理地损害作者的合法利益）。[①] 该 3 个标准是累加适用的，每个标准都是必须满足的独立要求。因此，第 9（2）条实际上提出了限制专有权须遵循的 3 个步骤，被称为“三步测试法”。1967 年，斯德哥尔摩的修订会议将该条款纳入《伯尔尼公约》。在斯德哥尔摩修订会议之前，《伯尔尼公约》中没有复制权的一般例外条款。必须注意的是，该条款仅适用于复制权，且为授权性条款。然而，TRIPS 协定要求：“成员方应该将各专有权的限制或例外限定为特殊情形，且不得与作品的正常利用相冲突、不得不合理地损害权利人的合法利益。”[②] 由此可见，TRIPS 协定不仅把“三步测试法”扩展适用于著作权的所有专有权利，而且把“三步测试法”上升为成员方的义务，权衡的利益从作者的合法利益扩展至权利人的合法利益。表面上看来，TRIPS 协定扩充了弹性条款的范围，限制了作者在《伯尔尼公约》项下的权利。那么，两者之间是否存在冲突呢？事实上，冲突不会出现。因为《伯尔尼公约》中的著作权限制和例外条款不是义务性的规定。TRIPS 协定的限制和例外条款只适用于《伯尔尼公约》中被 TRIPS 协定纳入的权利和 TRIPS 协定中新增的版权人的

---

① See Art 9（2）of Berne Convention for the Protection of Literary and Artistic Works，http://www.wipo.int/wipolex/en/treaties/text.jsp?file_id=283693，visited on 10 Nov.2016.

② See Art 13 of AGREEMENT ON TRADE-RELATED ASPECTS OF INTELLECTUAL PROPERTY Rights,https://www.wto.org/english/docs_e/legal_e/27-trips.pdf，visited on 10 Nov.2016.

权利。而 TRIPS 协定的限制和例外条款并不适用于《伯尔尼公约》中未被 TRIPS 协定纳入的权利，如作者的精神权利。也即作者的精神权利不会受到限制。另据 TRIPS 协定第 9（1）条，各成员应当遵守《伯尔尼公约》第 1 条至第 21 条，以及附录（第 6 条之 2 除外）。TRIPS 协定第 2（2）条也提出，协定第一部分至第四部分的任何规定不得减损各成员按照《伯尔尼公约》应当承担的义务。进言之，TRIPS 协定中任何专有权的限制和例外都应符合《伯尔尼公约》第 1 条至第 21 条之规定。同时各成员应全面履行《伯尔尼公约》项下的义务。可见,TRIPS 协定并未减少作者在《伯尔尼公约》项下的权利。相反，TRIPS 协定把“三步测试法”规定为成员方的义务，把权衡的利益从作者扩展为权利人的合法利益。除作者外，其他著作权权利人也被纳入成员方应当权衡的利益范围。例如，表演者、录音录像制品制作者和出版者等。简言之，TRIPS 协定要求成员方关于著作权限制和例外的法律规定必须符合“三步测试法”，并且强化了对权利限制的限制。第 13 条的适用缩小了成员国根据《伯尔尼公约》所享有的实施限制或例外的自由裁量权。[①] 基于此，TRIPS 协定实际上限缩了著作权限制和例外的适用范围。在欧共体诉美国《版权法》第 110（5）节案中专家组提出：“首先需要注意的是第 13 条的效力是有限的。该条款的目的和《伯尔尼公约》第 9（2）条相一致。除具有有限性特征的限制或例外，该条款不以提供其他例外或者限制为目的。”[②] 可见，专家组认为 TRIPS 协定第 13 条规定的限制和例外

---

① 黄晖:《知识产权的国际保护例外研究》，法律出版社 2015 年版，第 61 页。

② Report of the Panel United States — Section 110（5）of US Copyright Act（DS160）, para 6.97，https://www.wto.org/english/tratop_e/dispu_e/cases_e/ds160_e.htm，visited on 10 Nov.2016.

是有限的，并没有扩充著作权限制和例外的具体情形。

WCT 和 WPPT 也专门规定了著作权的限制和例外条款。WCT 第 10 条第 1 款授权缔约方的国内法对 WCT 条约项下作者的权利规定限制或例外，但应符合“三步测试法”；即缔约方通过国内立法规定著作权的限制和例外时有义务遵循“三步测试法”。不过，因为 WCT 第 1（2）条规定条约的内容不得减损缔约方依《伯尔尼公约》已承担的义务，所以第 10 条第 1 款的适用范围受到了限制。它不能适用于《伯尔尼公约》规定的权利，只适用于 WCT 新授予的权利。[①] 第 2 款规定缔约方在适用《伯尔尼公约》时，应对该公约所规定权利的任何限制和例外遵循“三步测试法”。此外，关于第 10 条的议定声明提出第 10 条的规定允许缔约方将国内法中被《伯尔尼公约》认可的限制和例外适当地延伸到数字环境中。即缔约方有权制定数字环境下著作权的限制和例外，但应当在《伯尔尼公约》规定的著作权限制和例外的范围内。换言之，WCT 的缔约方不得新增数字环境下著作权的限制和例外。关于第 10 条的议定声明第二部分也明确提出，第 10 条第 2 款既不缩小也不扩大《伯尔尼公约》允许的著作权限制和例外的可适用范围。而开放存取是数字环境下的学术信息传播模式和数字出版方式。如果开放存取属于数字环境下著作权的限制和例外，那么开放存取无须获得著作权人的许可，也不会受到著作权转让或专有许可或者著作权不同归属的影响。如前所述，开放存取不是《伯尔尼公约》、TRIPS 协定和 WCT，以及部分国家国内法规定的著作权限制和例外的具体情形。那么开放存取是否构成一

---

① 朱理：《著作权的边界——信息社会著作权的限制与例外研究》，北京大学出版社 2011 年版，第 91 页。

般例外呢？这取决于开放存取是否符合“三步测试法”（仅限于特定情形、不得与作品的正常利用相冲突、不得不合理地损害权利人的合法利益）。然而，《伯尔尼公约》、TRIPS 协定、WCT 并没有对该 3 个条件的具体标准予以说明。WPPT 亦未对 3 个条件的内涵予以说明。其第 16 条第 1 款授权缔约方通过国内立法对表演者和录音制品制作者的保护规定限制或例外，但要与国内法中文学和艺术作品版权保护的限制或例外相同。第 2 款要求缔约方对于 WPPT 所规定权利的任何限制或例外遵循“三步测试法”。[①] 此外，关于第 16 条的议定声明提出第 16 条允许的例外适用于数字环境。即 WPPT 仅规定了缔约方规定限制或例外时遵循“三步测试法”的义务。总而言之，“三步测试法”被普遍作为版权限制和例外合乎上述知识产权条约规定与否的检验标准。“三步测试法”的适用范围和适用环境相应扩展，但其具体标准依然不明确。

二、“三步测试法”释义

承前所述，《伯尔尼公约》、TRIPS 协定、WCT 和 WPPT 均没有对“三步测试法”的内涵予以说明。3 个标准的真正含义具有不确定性。在司法实践中，世界贸易组织（World Trade Organization）专家组在欧共体诉美国“版权法第 110（5）节”案中对于“三步测试法”进行了解释。

美国《1976 年版权法》第 110 节规定了版权人专有权的限制（特

---

① See art16 of WIPO Performances and Phonograms Treaty,http://www.wipo.int/wipolex/en/treaties/text.jsp?file_id=295477, visited on 11 Nov.2016.

定表演和播放行为的例外)。1998 年 10 月 27 日通过的《音乐公平许可法》修改了《1976 年版权法》第 110(5)节。修订后的第 110(5)节 B 项允许餐饮服务企业和零售企业播放广播音乐作品而无须获得版权人的许可和支付费用,只要建筑面积在限定的范围内。该条款也允许建筑面积超出限定范围的机构不经版权人许可而免费播放广播音乐作品,只要满足对于设备的限定条件。[①] 欧共体主张美国《版权法》第 110(5)节允许特定条件下在公共场所(酒吧、商店和餐厅等)免费播放广播和电视音乐作品。欧共体认为该条款与美国在 TRIPS 协定第 9(1)条项下的义务不符,即成员方应遵守《伯尔尼公约》第 1 条至第 21 条。

案件争议的焦点在于美国《版权法》第 110(5)节规定的两种豁免是否符合 TRIPS 协定第 13 条规定的"三步测试法"。[②] 本案的专家组指出"特定"的通常含义是已知的和特别的。牛津英语字典对"特定"的解释为"确定的、固定的、不变的;明确的、准确的、精确的"。[③] 换言之,依据第 1 个条件,成员国国内立法中的例外或限制必须被清楚地界定。"特定"暗含个别或有限的适用或者目的、细节和例外的程度。此外,限制或例外的适用范围必须是有限的,即

---

① See 17 U.S.C.A. § 110.

② See Summary of the dispute to date:United States — Section 110(5) of US Copyright Act (DS160), https://www.wto.org/english/tratop_e/dispu_e/cases_e/ds160_e.htm, visited on 11 Nov.2016.

③ The New Shorter Oxford English Dictionary ("Oxford English Dictionary"), published by Oxford,1993, p.364.

限制或例外在数量或质量层面是有限的。[①] 该解释与 TRIPS 协定成员方促进对知识产权有效和充分保护的愿望相一致。[②] 举例来说，对于一本受著作权保护的教材的复制，复制的"特定"性取决于复制的内容占整本书的比重。而对于一本受著作权保护的计量经济学数学与统计学基础的教材，书中的每个段落旨在使读者理解后续内容。书中的大部分内容通过公式和数字来解释。即使复制其中的 1 页，也如同复制了书的重要内容。因为每个公式或每 1 页本身都比较重要。又如，在美国"哈珀和罗出版公司诉《国家》杂志案"中，虽然被告所引用的字数只有三四百字，仅占被引用作品的 1/20，但该部分被认为是被引用作品的精华，该引用对原告的市场收入产生了直接的不利影响，因此，美国最高法院判决被告侵权。[③] 另，专家组认为商业性的豁免不符合"特定情形"的要求。因为绝大多数的餐饮企业和近一半的零售企业都会被该例外所涵盖。[④] 可见，使用的目的、使用的作品数量和内容的实质性是认定构成特定情形与否的要素。对于第 2 个标准，专家组认定，如果版权所包含却构成例外或者限制的使用行为，与权利人从版权中获取经济利益的正常方式出

---

① Report of the Panel United States — Section 110（5）of US Copyright Act（DS160），para 6.108,6.109,https://www.wto.org/english/tratop_e/dispu_e/cases_e/ds160_e.htm，visited on 11 Nov.2016.

② See preamble of AGREEMENT ON TRADE-RELATED ASPECTS OF INTELLECTUAL PROPERTY Rights,https://www.wto.org/english/docs_e/legal_e/27-trips.pdf,para.1.visited on 11 Nov.2016.

③ 黄玉烨：《著作权合理使用具体情形立法完善之探讨》，载《法商研究》2012 年第 4 期，第 22 页。

④ Report of the Panel United States — Section 110（5）of US Copyright Act（DS160），para 6.133，https://www.wto.org/english/tratop_e/dispu_e/cases_e/ds160_e.htm，visited on 11 Nov.2016.

现经济竞争，并因此剥夺了权利人重要的或实质的商业利益，那么国内法中专有权的限制或例外就和作品的正常利用相冲突。① 可见，使用行为对于权利人基于著作权获取经济收益的影响程度，是认定限制或例外是否符合第 2 个标准的重要因素。第 3 个标准的关键点在于损害的程度。因为任何限制都会给权利人带来不同程度的损害，主要的问题是损害是否是不合理的。在认可条约文本允许著作权人的利益受到某种损害的同时，专家组认定，如果某个限制或例外导致或者具有导致版权所有人收益不合理损失的可能，那么损害就是不合理的。② 当然损害是否不合理需要进行个案分析。由上可知，"三步测试法"实际上是著作权限制和例外应当满足的条件。如果某人认为"三步测试法"仅仅为促进适当的平衡而提供指引，那么他可以主张国家，特别是发展中国家能够用其平衡权利人的保护以及知识的获取。事实并非如此，"三步测试法"不是基于公共利益对于专有权的限制。相反，它是对成员国能够促进作品在国内获取和传播范围的限制。③ 质言之，"三步测试法"是对于权利限制的限制。

三、开放存取与"三步测试法"的标准不符

由于"三步测试法"要求 3 个标准同时满足，开放存取只要不

① Ibid，para 6.183.

② Report of the Panel United States — Section 110（5）of US Copyright Act（DS160），para 6.229，https://www.wto.org/english/tratop_e/dispu_e/cases_e/ds160_e.htm，visited on 11 Nov.2016.

③ SUSAN ISIKO ŠTRBA,International Copyright Law and Access to Education in Developing Countries: Exploring Multilateral Legal and Quasi-Legal Solutions,published by MARTINUS NIJHOFF PUBLISHERS,2012,p.79.

满足其中任意一个标准，就不符合“三步测试法”。通过上述分析得出，第 1 个标准要求限制或例外的范围是特定的。使用目的、使用的作品数量是有限的，且作品内容具有非实质性。第 2 个标准要求基于限制或例外的使用行为不得影响权利人为获取经济收益的正常利用。第 3 个标准要求限制或例外不得造成权利人经济利益的不合理损失或潜在的不合理损失。可见，第 2 个标准和第 3 个标准联系紧密。第 2 个标准是对基于限制或例外的使用行为的要求，第 3 个标准则是对行为结果的要求。

依据“布达佩斯开放存取倡议”“贝塞斯达开放存取出版宣言”和“柏林宣言”，使用人的使用行为是免费的、自由的，且不限于非商业性使用。使用人的使用行为是广泛的，包括阅读、下载、复制、传播、创作和传播派生作品，以及为个人使用而打印少量作品。而通过开放存取，使用人可以免费、自由地获取和使用完整的科学作品，使用的数量和内容都不受限制。显然，开放存取超出了特定情形，即开放存取不符合“三步测试法”的第 1 个标准。而第 2 个标准和第 3 个标准均侧重于限制或例外对于权利人经济利益影响的考量。这也是基于激励创作的目的。在《伯尔尼公约》第 9（2）条起草过程中，研究小组在其向专家组提交的报告中指出，具有或可能具有相当经济价值或实用价值的作品利用的所有方式，必须归作者享有。[①] 从中不难看出，在“三步测试法”拟订之初，研究小组就注意到了使用方式对于作者经济利益的重要性。如前所述，开放存取

---

① Records of the Intellectual Property Conference of Stockholm, 1967 (Document s/1:Berne Convention; Proposals for Revising the Substantive Copyright Provisions Articles1–20), Prepared by the Government of Sweden with the assistance of United International Bureau for the Protection of Intellectual Property.

的使用人无须支付对价，即可获取、使用和传播受著作权法保护的科研作品。复制权和传播权是著作权人主要的经济权利。然而，通过开放存取使用人可以免费、自由地复制、传播，甚至于创作和传播派生作品。使用人的行为无疑与著作权人为获取经济收益的正常使用方式相竞争。毋庸置疑，开放存取会在一定程度上剥夺权利人获取经济收益的机会。基于此，开放存取不符合“三步测试法”的第 2 个标准。诚然，相比较于付费订阅的学术期刊，使用人自然倾向于免费获取开放存取的科研作品。尤其是对相同作品而言，开放存取会在一定程度上构成对刊载该作品的学术期刊之市场替代。因此，开放存取也不符合“三步测试法”的第 3 个标准。通过上述分析可知，开放存取不符合“三步测试法”。开放存取不属于著作权的一般限制和例外。一言以蔽之，著作权的限制和例外不能作为开放存取的法定依据。

本章小结

依据“布达佩斯开放存取倡议”“贝塞斯达开放存取出版宣言”和“柏林宣言”，使用人享有免费获取和无限制地使用开放存取作品的权利。使用行为包括：阅读、下载、复制、传播、创作和传播派生作品，以及为个人使用而打印少量作品。换言之，使用人通过开放存取享有了专属于著作权人的部分权利。开放存取在一定程度上限制了著作权人的专有权利。只不过该限制不是来自法律的规定，而是源自著作权人的许可。

不同于开放存取，著作权的限制和例外是对专有权限制的法定情形。著作权的限制和例外可被区分为：著作权保护的例外和著作权人权利的限制。《伯尔尼公约》、TRIPS 协定、WCT 均规定了著作权限制和例外。《伯尔尼公约》通过授权的方式允许成员国规定著作权的限制和例外，但应符合相关条件。TRIPS 协定纳入了《伯尔尼公约》第 1 条至第 21 条的规定，但是第 6 条之 2 除外。缔约方有义务遵守《伯尔尼公约》中有关著作权限制和例外的规定。此外，TRIPS 协定明确了思想和表达的二分法，但并未新增著作权限制和例外的具体情形。WCT 同样要求各缔约方遵循《伯尔尼公约》第 1 条至第 21 条和附件的规定。不过 WCT 允许缔约方将国内法中为《伯尔尼公约》所认可的著作权限制和例外适用于数字环境。WCT 也没有新增著作权的限制和例外。然而，学术信息开放存取超出了著作权限制和例外的具体情形。除著作权限制和例外的具体情形外，《伯尔尼公约》第 9（2）条规定了各成员国通过立法限制复制权应当符合的 3 个标准。该 3 个标准被称为"三步测试法"。TRIPS 协定则将"三步测试法"扩展适用于所有的著作专有权，并且规定各成员方应当遵循"三步测试法"。WCT 把"三步测试法"延伸适用于数字环境中。"三步测试法"实际上是对权利限制的限制。然而，《伯尔尼公约》、TRIPS 协定、WCT 以及 WPPT 均未解释 3 个标准的内涵。

WTO 专家组在欧共体诉美国"版权法第 110（5）节"案中对于 3 个标准进行了解释。通过前述分析可知，开放存取不符合"三步测试法"。申言之，成员国或缔约方不能通过立法规定新的著作权限制和例外促进开放存取。因此，著作权限制和例外不能作为开放存取的法定依据。学术信息开放存取应当获得著作权人的许可。在著作权人拒绝许可的情形下，开放存取便受到了制约。进言之，著作权限制和例外、著作权限制和例外的"三步测试法"不能够消解开放存取可能面临的许可限制。

第四章

学术信息开放存取与著作权侵权责任

侵权是债发生的原因之一。著作权是无形财产权、属于民事权利，故著作权侵权行为本质上是民事侵权行为。而学术信息开放存取适用于数字环境中。学术信息开放存取相关的著作权侵权行为因之发生于网络环境中，具有特殊性。另根据侵权行为人或构成要件的不同，开放存取相关的著作权侵权行为可被区分为不同类别。

第一节　学术信息开放存取中著作权侵权行为的类型

学术信息开放存取中著作权侵权行为具有广域性、隐蔽性和复杂性。而著作权侵权行为包括不同的类别，分别是开放存取作品的著作权人、开放存取知识库或开放存取期刊出版者，以及使用人的著作权侵权行为；著作权侵权行为根据构成要件不同可被区分为直接侵权与间接侵权行为。

一、学术信息开放存取中著作权侵权行为的特征

学术信息开放存取是数字化的出版方式，适用于网络环境。不言而喻，学术信息开放存取过程中的著作权侵权行为发生于网络环境中。

换言之，学术信息开放存取中的著作权侵权行为属于网络版权侵权行为。网络版权侵权是指未经网络上传播的作品的版权人许可，而从事了法律授权版权人所控制、限制或禁止的那些活动。[①] 学术信息开放存取中的著作权侵权行为无非限定了行为主体和行为对象，侵权人仅涉学术信息开放存取的参与人（著作权人、开放存取知识库或开放存取期刊出版者、使用人）、侵权行为对象只是开放存取的版权作品。

除此之外，学术信息开放存取中的著作权侵权行为有如下特点：（1）侵权行为的隐蔽性。开放存取的作品是数字化的，版权作品中的信息是以二进制数字编码 0 和 1 的不同组合形式存在，而不以纸张或其他有形介质为载体。行为人对作品的改动不留任何痕迹。不仅如此，开放存取的作品是通过网络传播的，故侵权行为不易被发现、查证。（2）侵权行为的广域性。广域性又称全球性或无国界性。互联网的出现打破了国与国之间的界限、扩展了信息传播的地域范围、提高了信息传播的效率和质量。在学术信息开放存取中，数字化的版权作品通过网络进行传播，使用人不特定且分布于世界各地。侵权行为自然具有地域广泛性的特征。（3）侵权行为的复杂性。侵权行为的隐蔽性和广域性无疑造成了侵权行为的复杂化。复杂化不仅表现为侵权方式的多样化，而且体现在侵权救济的困难化，如侵权性质难以界定、取证愈加困难。另外，在开放存取中，著作权人（为了避免混淆，以下称其为开放存取作品的提供者）、开放存取知识库或开放存取期刊出版者、使用人都可能成为著作权侵权人。而使用人是不特定的，侵权人更加难以确定。概言之，学术信息开放存取中的著作权侵权行为属于网络版权侵权行为，其具有隐蔽性、广域

① 丛立先：《网络版权问题研究》，武汉大学出版社 2007 年版，第 156 页。

性和复杂性。

二、学术信息开放存取中著作权侵权行为的种类

学术信息开放存取中的著作权侵权行为依侵权人的不同可被区分为 3 类，分别是开放存取作品提供者的著作权侵权行为、开放存取知识库或开放存取期刊出版者的著作权侵权行为、使用人的著作权侵权行为。具体来说，当开放存取作品提供者并非开放存取作品的真正权利人或开放存取的作品是合作作品，而开放存取未经真正的权利人或其他作者同意的情形下，开放存取作品提供者的行为可能构成著作权侵权。与此同时，使用人对于开放存取作品的使用行为因未获得真正著作权人的许可或未获得所有著作权人的许可，亦可能构成著作权侵权责任。另，即便使用人获得了真正的著作权人或所有著作权人的许可，使用人超出许可使用范围的使用行为、违反许可合同中许可使用条款的行为也可能构成著作权侵权责任。

除此之外，著作权侵权行为根据构成要件的不同可被区分为直接侵权与间接侵权。中国《著作权法》和《信息网络传播权保护条例》均未采用以上术语，而是规定了“著作权侵权”及“共同侵权”的概念。直接侵权与间接侵权只是学理上的界分。没有许可或法律依据实施一个专有权控制的行为就是对专有权的直接侵权。[①] 直接侵权行为不以行为人的主观过错为条件。间接侵权则不同，间接侵权以行为人具有主观过错为要件，并且以直接侵权行为的存在为前提。

① 王迁、[荷] Lucie Guibault:《中欧网络版权保护比较研究》，法律出版社 2008 年版，第 65 页。

间接侵权是指没有实施“直接侵权”，但故意引诱他人实施“直接侵权”，或在明知或应知他人即将或正在实施“直接侵权”时为其提供实质帮助，及特定情形下“直接侵权”的准备和扩大其侵权后果的行为。[①]结合开放存取来看，开放存取作品的提供者若非开放存取作品的著作权人或在其他合作作者不同意的情形下将作品上传至向公众开放的服务器，就会使公众能够在其选定的时间和地点以在线欣赏或下载的方式获得作品。显然，未经许可上传他人作品会构成对“信息网络传播权”[②]的直接侵权。[③]使用人对开放存取作品的使用也可能因未获得真正著作权人的许可或非所有著作权人的许可、超出许可使用的范围或违反许可合同中的许可使用条款而构成著作权直接侵权。因为使用人对开放存取作品的使用属于著作权人专有权的控制范围。开放存取知识库和开放存取期刊出版者则不然。开放存取知识库和开放存取期刊出版者是基于权利人的授权，而为著作权人与使用人提供相应的网络服务。当权利人并非真正的著作权人或其侵犯了他人的著作权时，开放存取知识库和开放存取期刊出版者的行为才具备构成著作权侵权的可能。因此，开放存取知识库和开放存取期刊出版者的行为只可能构成著作权间接侵权。

综上可知，开放存取相关的著作权侵权行为依据主体和构成要件的不同可被区分为不同的类别。必须予以区分的是，著作权侵权行为不等同于著作权侵权责任。著作权侵权责任的承担除以行为人的行为构成著作权侵权为要件外，取决于行为人的行为是否具有法

① 王迁:《网络环境中的著作权保护研究》，法律出版社 2011 年版，第 146 页。

② 信息网络传播权是指以有线或无线方式向公众提供作品，使公众可以在其个人选定的时间和地点获得作品的权利。参见，中国《著作权法》第 10 条第 1 款第 12 项。

③ 王迁:《网络环境中版权直接侵权的认定》，载《东方法学》2009 年第 2 期，第 12 页。

定的免责事由。

第二节　学术信息开放存取中著作权直接侵权责任的构成及豁免

著作权直接侵权责任的构成不以行为人的主观过错为主观要件，而是以行为人是否未经许可实施了受著作专有权控制的行为作为客观要件。当然，行为人构成著作权直接侵权行为并不意味其必定承担侵权责任。若侵权人的行为符合法定的免责条件，则其无须承担著作权侵权责任。

一、著作权直接侵权责任的构成条件

承前所述，只要行为人未经著作权人许可且无法定的豁免情形而实施了专有权控制范围内的行为，就应承担著作权侵权责任，不论行为人是否具有过错。在普通法系的《版权法》中，行为人是否具有主观过错，只影响损害赔偿金额或救济方法，并不影响对行为构成直接侵权的认定。[①]中国《著作权法》亦对著作权直接侵权行为的认定采取严格责任原则[②]。其第47条和第48条共列举了构成著作

---

① 王迁：《网络环境中的著作权保护研究》，法律出版社2011年版，第5页。

② 严格责任原则指行为人主观无过错而致害于人，在无免责事由的情况下，仅根据其行为造成的客观存在的损害结果承担法律责任的原则。刘大洪、张剑辉：《论产品严格责任原则的适用与完善——以法和经济学为视角》，载《法学评论》2004年第3期，第107页。

权侵权行为的18种情形。简言之，著作权直接侵权的认定不以行为人的主观过错为条件。

例如，在王某诉世纪某通讯技术有限公司案中，王某创作的文学作品《坚硬的稀粥》于1989年发表在《中国作家》第2期。1998年4月，被告成立“灵波小组”并在其网站建立了“小说一族”栏目。栏目所涉文学作品是“灵波小组”成员从其他网站上下载后存储在其计算机系统内并通过WWW服务器在国际互联网上传播。联网主机用户只要通过拨号上网方式进入被告的网址主页之后，点击“小说一族”栏目，进入“书香飘远”页面，在该页面中点击“当代中国”页面后，点击原告的作品，即可浏览或下载该作品的内容。王某以被告的行为侵权为由，于1999年5月31日向北京市海淀区法院提起诉讼。受限于科学技术，当时的《著作权法》（1991年）中著作权人的使用权并不包括通过互联网传播作品。法院认为《著作权法》第10条第5项所明确的作品使用方式中，并未穷尽使用作品的其他方式存在的可能。伴随科学技术的发展，新的作品载体出现、作品的使用范围得以扩张。故应认定作品在国际互联网上传播是使用作品的一种方式。作品传播方式的不同不影响著作权人对其作品传播的控制。法院判定被告在国际互联网上对原告的作品进行传播，是未经著作权人许可的侵权行为。[①]另在北京某文化传播有限公司诉北京某饭店有限公司案中，原告享有涉案电影《大话股神》在中国大陆地区的信息网络传播权。被告未经原告许可，且未支付报酬，在其酒店客房内提供涉案电影的HVO有偿播放服务。法院认定被告提供的视频点播系统，入住用户可根据需要选择点播系统所提供的节

① 参见北京市海淀区人民法院民事判决书（1999）海知初字第57号。

目，因此，被告提供的点播服务行为属于信息网络传播行为。被告宝辰饭店有限公司未经原告许可使用涉案电影，侵犯了原告的信息网络传播权。[①]

就开放存取而言，开放存取作品的提供者若非著作权人，且未经著作权人许可或未经其他合作作者的同意而将作品上传至开放存取知识库或通过开放存取期刊出版者发表作品的行为构成著作权直接侵权，除非开放存取作品提供者的行为符合法定的免责事由。而开放存取作品使用人的下述行为亦构成著作权直接侵权，除非具有法定的豁免情形。第一，使用人未经著作权人许可下载、复制、传播、创作和传播派生作品、打印作品；第二，使用人超出著作权人许可使用的范围使用作品或违反了许可合同中的相关条款；第三，使用人侵犯了著作权人的署名权或保护作品完整权。如前所述，开放存取的使用人应当尊重作者的著作人身权，即使其使用行为获得了著作权人的许可且在许可使用的范围内。概言之，著作权直接侵权以行为人未经著作权人许可实施了受专有权控制的行为作为构成要件。在学术信息开放存取中，开放存取作品的提供者和使用人的行为均可能构成著作权直接侵权。而承担侵权责任与否应视著作权人和使用人的侵权行为是否符合法定免责事由而定。

二、著作权直接侵权责任的免责条件

著作权限制和例外、合理使用和法定许可是对于著作专有权的限制，是对著作权侵权责任的排除。承前所述，开放存取整体上超

① 参见北京市东城区人民法院民事判决书（2009）东民初字第06901号。

出了著作权限制的范围、不属于著作权例外、不符合合理使用以及著作权限制和例外的“三步测试法”。然而，当行为人的特定行为符合法定的免责条件时，行为人无须承担著作权侵权责任。必须予以明确的是，法定许可因其有偿性不适用于开放存取。另外，开放存取不属于著作权例外。而“三步测试法”是对于权利限制的限制，并非著作权侵权责任的免责条件。著作权直接侵权的免责条件因之从著作权限制与合理使用的角度加以分析。

经过上述分析可知，《伯尔尼公约》除规定一定条件下引用的合理使用外（条件包括作品合法地公开发表、符合合理使用、不得超出目的正当需要的范围），授权成员国立法规定著作权的限制情形（复制权、有线广播和教学的合理使用），但须符合相应条件。可见，《伯尔尼公约》规定的限制仅适用于特定的著作财产权。TRIPS 协定要求各成员遵守《伯尔尼公约》第 1 条至第 21 条及其附录之规定（第 6 条之 2 除外），包括著作权限制和例外。另 TRIPS 协定第 13 条规定各成员对专有权的限制和例外应符合“三步测试法”，并增加了对计算机程序和电影作品的出租权及相关权的保护。申言之，各成员可规定出租权与相关权的限制和例外，但应当符合“三步测试法”。WCT 明确其为《伯尔尼公约》第 20 条项下的专门协定[①]，并要求缔约各方遵守《伯尔尼公约》第 1 条至第 21 条和附件的规定，当然包括著作权限制和例外。另 WCT 授权缔约方在遵守“三步测试法”的前提下，立法规定 WCT 条约授予作者的权利规定限制或例外（WCT

① 《伯尔尼公约》第 20 条允许成员国政府保留在它们之间签订的特别协议的权利，但是特别协议应当给予作者比《伯尔尼公约》所规定权利更多的权利，或者特别协议不违反《伯尔尼公约》的其他条款。

增加了作者的向公众传播权），并将《伯尔尼公约》项下的著作权限制和例外延伸适用于数字环境中。简言之，缔约各方能够在符合“三步测试法”的条件下，立法规定数字环境下的著作权限制和例外，但须遵守《伯尔尼公约》项下的义务。而著作权限制和例外除《伯尔尼公约》规定的具体情形外，还包含计算机程序和电影作品出租权和相关权、向公众传播权的限制和例外。进言之，数字环境下的著作权限制能为开放存取作品提供者和使用人提供版权直接侵权责任的豁免。而开放存取作品提供者和使用人版权直接侵权行为的表现形式不同。当然，较之于开放存取，依据著作权限制的构成要件，使用人对版权作品的使用将受到更多限制。

首先，就开放存取作品的提供者而言，开放存取作品提供者若非著作权人或未经其他合作作者的同意而将作品上传至开放存取知识库或通过开放存取期刊出版者发表的行为直接侵犯了权利人的向公众传播权。另，如果作品是未公开发表的，那么开放存取作品提供者的行为侵犯了作者的发表权。毫无疑问，不同国家版权法中所规定的著作权限制不同。比如，美国《1976 年版权法》既规定了专有权利的一般限制（合理使用），又列举了专有权限制的具体情形。其规定的专有权限制的具体情形不适用于开放存取作品提供者的行为。合理使用则不同。依第 107 条之规定，合理使用版权作品的，不构成侵权，包括教学、学术和研究等目的。在具体案件中，判断某行为是否构成合理使用应当考虑以下 4 个因素，使用的目的和性质；版权作品的类型；相比于整部版权作品，使用作品数量所占的比重和使用内容的实质性；该使用对版权作品的潜在市场或价值所产生的影响。作品未发表的事实不妨碍合理使用的认定。由此可见，合理使用的对象不限于已经发表的作品，而构成合理使用与否取决于法院的判定。初步分析可知，开放存取作品提供者将作品上传或发表的行为是非营利性的且以知识共享为目的的，作品的类型是科研论文而非艺术作品、开放存取的作品是完整的，且开放存取作品的获取和使用是免费的、使用人是不特定的，开放存取的作品将影响版权作品的潜在市场或价值。显然，开放存取作品提供者的行为不构成合理使用，除非开放存取作品提供者仅上传或者发表了作品少量的非实质内容。此种情形下，使用人使用的只能是作品的少量以及非实质内容。德国《著作权法》第 52a 条允许的网络传播行为只适用于教育机构基于教学目的，向特定有限的教学参与者网络传播已发表作品的小部分。据此，行为人只能将作品上传至学校或者相关教育机构的内部网，并采取技术措施防止其他人获取作品。中国《信息网络传播权保护条例》第 6 条至第 8 条则允许特定情形下通过信息网络提供他人作品。然而，只有下述 2 种情形可适用于开放存取作品的提供者，为说明某一问题，在向公众提供的作品中适当引用已发表作品；为学校课堂教学或科学研究，向少数教学、科研人员提供少量已发表作品。总之，开放存取作品的提供者无法在符合法定免责条件的前提下，兼顾开放存取的目标。

其次，就开放存取作品的使用人而言，使用人侵犯作者署名权或保护作品完整权的行为无法定的免责事由。《伯尔尼公约》、TRIPS 协定和 WCT 均未规定对于精神权利的限制。精神权利属于绝对权，具有不可转让性和永久性。根据《伯尔尼公约》第 6 条之 2 规定，精神权利的享有和行使不受作者经济权利的影响。即使是经济权利的转让，也不影响作者的精神权利。而对于使用人未经真正的著作权人许可或者超出许可使用范围使用开放存取作品的行为只有符合法定的免责条件，才能免于承担著作权侵权责任。诚然，《伯尔尼公约》、TRIPS 协定和 WCT 对于使用人不具有直接的法律效力。使用人的侵权行为能否被豁免取决于各成员国或缔约各方国内法的规定。例如，美国《1976 年版权法》第 107 条的合理使用允许合理使用版权作品，但使用人的行为构成合理使用与否取决于法院的判定。德国《著作权法》则穷尽式列举了著作权限制的 21 种情形。其中，引用和为私人使用的复制能够适用于开放存取作品的使用人。第 51 条允许为引用目的复制、发行和公开再现已发表作品，但是使用应在引用的目的范围内。第 53 条准许自然人为私人使用而个别地复制作品于任何载体，但复制必须不直接也不间接服务于营利目的，并且没有使用明显违法制作或网络传播的样本。据此，使用人可在特定条件下复制、发行开放存取作品。中国《著作权法》第 22 条也封闭式列举了著作权限制的 12 种情形。其中，个人使用、适当引用、课堂教学和科学研究使用可作为使用人的免责事由。详言之，在指明作者姓名、作品名称且没有侵犯著作权人依法享有的其他权利的前提下，为个人学习或研究或者欣赏，使用他人已发表作品；为介绍、评论某一作品或说明某一问题，在作品中适当引用他人已发表作品；为课堂教学或科学研究，翻译或少量复制已发表作品供教学或科研人员使用，但不得出版发行。从中不难看出，使用人的目的和使用范围都是特定的，并且不得侵犯著作权人依法享有的其他权利（包括经济权利和精神权利）。显而易见，使用人的使用行为较之于开放存取受到了更多的限制。综上所述，不同国家国内法规定的著作权限制不尽相同。相同之处在于开放存取作品的提供者和使用人必须符合特定条件，方可免于承担版权侵权责任。与此同时，开放存取知识共享目标的实现受到了限制。

第三节　学术信息开放存取中著作权间接侵权责任的构成及豁免

在学术信息开放存取中，网络服务提供者是必不可少的主体，其居间提供开放存取作品的存储、搜索、链接和传输等技术服务。而开放存取以著作权人的许可为前提。网络服务提供者亦因著作权人的许可享有提供存储、搜索、链接和传输等服务的权利。当开放存取作品的提供者并非真正的权利人或其侵犯了他人的著作权时，著作权人的许可不能作为网络服务提供者提供开放存取相关服务的合法依据。此种情形下，开放存取网络服务提供者（如开放存取知识库、开放存期刊出版者）存在被诉著作权侵权的法律风险。另外，当使用人通过开放存取网络服务提供者提供的服务侵犯了他人的著作权时，网络服务提供者也存在被诉侵权的风险。因使用人是不特定的和世界范围的，其真实信息难以获取、赔偿能力有限，且分别向不同的使用人提起诉讼的成本过高，著作权人通常选择向网络服务提供者追责。故开放存取网络服务提供者的侵权责任构成和责任免除对于开放存取网络服务的持续提供、著作权人权益的保护，以及利益平衡而言至关重要。

一、著作权间接侵权责任的构成要件

通过前述分析可知，开放存取网络服务提供者的行为构成著作权侵权行为与否，首先取决于开放存取作品的提供者是否侵犯了他人的著作权。也即开放存取网络服务提供者只能作为著作权的间接侵权人。申言之，开放存取网络服务提供者构成著作权侵权责任与否取决于其行为是否符合著作权间接侵权责任的构成要件。

毋庸置疑，著作权直接和间接侵权责任的归责原则以及构成要件不同。试想一下，倘若《著作权法》对于网络服务提供者适用严格责任原则、全然不考量网络服务提供者是否具有主观过错，势必会引发寒蝉效应，进而抑制网络服务的提供和互联网产业的发展，且有失公允。在网络出现之前，美国《版权法》没有区分直接侵权行为和间接侵权行为。美国法院在长期的司法实践中确立了版权间接侵权责任的构成要件。联邦第2巡回法院在 Gershwin Publishing Corp v.Columbia Artists Management Inc 一案中提出，知晓一行为构成版权侵权行为，并且引诱、促成或实质性帮助他人实施侵权行为的行为人作为帮助侵权人可能承担侵权责任。① 而在 Screen Germ-Columbia Music,Inc.v.Mark Fi Records,Inc 一案中，美国纽约州南部地区法院判定，如有证据证明其已知晓或合理地知晓唱片是侵权产品，广告代理商为侵权唱片投放了广告（广告本身不侵权）、电台播放了此广告、包装商运输了侵权唱片，那么广告代理商、电台和包装商分别作为帮助侵权人承担侵权责任。② 由此可见，网络服务提供者构成间接侵权的要件之一即为主观过错，实际知道或推定知道。

中国的司法实践中也有对网络服务提供者版权间接侵权责任的构成作出相近认定的案例。在北京慈文影视制作有限公司诉广州数

---

① Gershwin Publishing Corp v.Columbia Artists Management Inc.443F.2d 1159（1971）,www.wextlaw.com,visited on 12 Nov.2016.

② Screen Germ-Columbia Music,Inc.v.Mark Fi Records,Inc.256 F.Supp.399（1966）,www.westlaw.com,visited on 12 Nov.2016.

联软件技术有限公司信息网络传播权纠纷案中，二审法院（广东省高级人民法院）经审理认定，网络用户未经原告许可将原告依法享有版权的作品《七剑》存储到自己电脑终端的“共享区”，使其他网络用户得以通过 POCO 网站直接连接到存储人的电脑上进行下载的行为构成直接侵权。被告在客观上实施了帮助网络用户完成《七剑》作品数据交换的行为。被告作为一个理性、专业、谨慎的网络服务提供商，数联公司应当知道点对点（P2P）软件的效用、其 POCO 网站上的宣传用语以及网络用户对作品类型、时间的需求三者相结合，容易引发未经许可传播他人作品的行为发生。因此，被告主观上为应当知道，具有过错。因此，被告的行为构成帮助侵权。[①] 另中国相关成文法或司法解释中也明确规定，对于网络服务提供者的侵权责任认定适用过错责任原则。具言之，依据中国《侵权责任法》第 36 条之规定，网络服务提供者的侵权责任以过错为要件。下述情形方可认定网络服务提供者具有过错：网络服务提供者或接到被侵权人的通知或明知或应知网络用户利用其网络服务实施侵权行为。《信息网络传播权保护条例》中规定的网络服务提供者的著作权侵权责任也以其具有过错为主观要件。而最高人民法院于 2012 年 12 月公布的《关于审理侵害信息网络传播权民事纠纷案件适用法律若干问题的规定》第 8 条第 1 款提出，人民法院应当根据网络服务提供者的过错，确定其是否承担教唆或帮助侵权责任。

综上，主观过错是网络服务提供者间接侵权责任的构成要件之一，即网络服务提供者未尽到其应尽的注意义务。即对于他人的版

① 广东省高级人民法院（2006）粤高法民三终字第 355 号民事判决书，http://www.pkulaw.cn/case/PFnl_1970324837146174.html，访问时间 2016 年 11 月 12 日。

权侵权行为，网络服务提供者主观上是明知或应知的状态。应知应当指向特定的作品，前提是侵权事实非常明显，且网络服务提供者对他人利用其服务所实施的行为是否侵权不负有事先主动审查、监控的义务。[①]DMCA 第 512（m）条明确提出，免责条款的适用不以网络服务提供者监控其服务或积极发现侵权活动相关事实为条件。欧盟《电子商务指令》第 15 条也作出了相应规定，成员国不得要求网络服务提供者在提供第 12 条至第 14 条所述服务时，承担监督其所传输、存储的信息，以及积极发现非法活动相关事实之义务。[②] 最高人民法院《关于审理侵害信息网络传播权民事纠纷案件适用法律若干问题的规定》第 8 条第 2 款也提出，网络服务提供者未对网络用户侵害信息网络传播权的行为主动进行审查的，人民法院不应据此认定其具有过错。因此，网络服务提供者不因上述不作为而被认定具有过错。此外，行为人客观上必须实施了教唆、引诱或帮助他人侵犯著作权的行为。与此同时，他人所实施的行为必须构成了著作权侵权行为。如果他人的行为并未侵犯著作权人的权利或其行为构成了法定的免责事由，那么开放存取网络服务提供者的行为不可能构成著作权侵权行为。北京市高级人民法院 2010 年 5 月颁布的《关于审理涉及网络环境下著作权纠纷案件若干问题的指导意见（一）》（试行）第 15 条明确规定："提供信息存储空间、搜索、链接、P2P（点对点）等服务的网络服务提供者构成侵权应当以他人实施了直接侵权行为为前提条件……"易言之，开放存取网络服务提供者的著作

---

① 陈锦川：《网络服务提供者过错认定的研究》，载《知识产权》2011 年第 2 期，第 58–59 页。

② Directive on electronic commerce（DIRECTIVE 2000/31/EC）,http://eur-lex.europa.eu/legal-content/EN/TXT/PDF/?uri=CELEX:32000L0031&rid=1,visited on 16 Feb.2017.

权侵权责任以他人行为直接侵犯了著作权人的权利为前提，并应当同时符合著作权间接侵权责任的主、客观要件。

二、著作权间接侵权责任的免责事由

毫无疑问，侵权责任的免责事由本质上区别于侵权责任的构成要件。免责事由是免于承担侵权责任的法定情形，是判定承担责任与否的标准。构成要件则是侵权责任成立的法定条件，是界定行为性质的要素。网络服务提供者的行为只有符合版权间接侵权行为的构成要件，才有适用免责事由的可能与必要。而网络服务提供者的免责事由规定于避风港规则。

（一）避风港规则的源起

避风港规则源自美国1998年《千禧年数字版权法》（Digital Millennium Copyright Act，以下简称为DMCA）第512条之规定。该条款规定了四类网络服务（信息传输、系统缓存、信息存储、信息定位工具）提供者免于承担赔偿责任的情形与非营利性教育机构的免责情形。[①]必须加以明确的是，免于承担赔偿责任并不等同于不构成版权侵权责任，也不意味着免除其他责任。继此之后，2000年的欧盟《电子商务指令》（Directive on Electronic Commerce,2000/31/EC）第12条至第14条也规定了三类网络服务（传输通道、缓存、虚拟主机）提供者的免责条件。2005年5月生效的日本《特定电气

① § 512.DIGITAL MILLENNIUM COPYRIGHT ACT，https://www.copyright.gov/legislation/pl105-304.pdf，visited on 12 Feb.2017.

通信提供者损害赔偿责任之限制及发信者信息揭示法》规定了电气通信服务提供者免于承担损害赔偿责任的情形。[①]2006 年 7 月 1 日起施行的中国《信息网络传播权保护条例》(以下简称《条例》)借鉴了 DMCA 确立的避风港规则。《条例》第 20 条至第 23 条规定了自动接入服务、自动存储服务、信息存储服务、搜索或链接服务的服务提供者免于承担赔偿责任的具体情形。《条例》也一改中国民事立法规定侵权责任构成要件的惯常做法，直接规定免责条件。对于以上 4 种不同类型的网络服务提供者，《条例》规定的免责条件存在差异。归责条件与免责条件理论上的区别在于举证责任的承担不同。免责条件由被诉侵权人承担举证责任。换言之，开放存取网络服务提供者在证明其符合上述免责条件的情形下，自然无须承担侵权赔偿责任。

（二）避风港规则的适用

如前所述，开放存取网络服务承担赔偿责任与否取决于其行为是否符合《条例》中避风港规则的构成要件。免责事由的构成要件实际上是网络服务提供者为免于承担赔偿责任而应当履行的义务（包括作为和不作为义务）。在网络服务提供者的行为构成著作权侵权行为的前提下，未履行或未完全履行上述义务的法律后果即为向权利人承担赔偿责任。

1. 信息传输服务提供者的免责条件

《条例》第 20 条规定了提供网络自动接入或者自动传输服务的

---

① 刘颖、黄琼:《论〈侵权责任法〉中网络服务提供者的责任》，载《暨南学报（哲学社会科学版）》2010 年 5 月第 32 卷第 3 期，第 57 页。

服务提供者免于承担赔偿责任的条件。（1）网络服务提供者没有选择且未改变所传输的作品、表演、录音录像制品；（2）网络服务提供者应向指定的服务对象提供该作品、表演、录音录像制品，并防止指定服务对象之外的其他人获得。据此，网络服务提供者只能提供技术服务（自动接入或自动传输），而不能选择或者改变自动接入或自动传输的内容。此条件不难理解，因著作权人享有信息网络传播权和保护作品完整权，内容的选择或改变应以著作权人的许可为前提。与此同时，网络服务提供者不得擅自扩大作品、表演、录音录像制品的网络传播范围，并应采取措施防止指定服务对象之外的其他人获得作品、表演、录音录像制品。由于信息网络传播权专属于著作权人、表演者和录音录像制作者，除法定的例外情形外，任何组织或者个人未经许可不得行使此项权利。也即权利人有权决定是否通过网络传播其作品、表演或录音录像制品及其传播的范围。而上述两个条件必须同时满足，否则自动接入或自动传输服务的网络服务提供者在其行为致使权利人遭受经济损失的情形下，应向权利人承担赔偿责任，即使网络服务提供者主观上无过错。由此可见，违反其中任何一个条件的网络服务提供者并非间接侵犯了权利人的权利（间接侵权的要件之一即网络服务提供者具有主观过错），而是直接侵犯了权利人的权利。换言之，上述免责条件反过来表述即构成了网络自动接入或传输服务的服务提供者直接侵权行为的归责条件。例如，在中国电信股份有限公司深圳分公司、上海百视通电视传媒有限公司与乐视网信息技术（北京）股份有限公司侵犯作品信息网络传播权纠纷上诉案中，二审法院（深圳市中级人民法院）经审理查明，被上诉人乐视网信息技术（北京）股份有限公司依法取得电视剧《男人帮》的独占信息网络传播权，授权期间为自 2011 年

10月23日至2014年10月24日。上诉人中国电信股份有限公司深圳分公司的IPTV客户在机顶盒接入互联网后，通过遥控操作，可在线以点播的方式收看电视剧《男人帮》。IPTV未经被上诉人许可，向IPTV用户提供涉案电视剧《男人帮》的在线点播观赏服务，侵犯了被上诉人对涉案电视剧的信息网络传播权。因涉案IPTV业务由上诉人上海百视通电视传媒有限公司与上诉人中国电信股份有限公司深圳分公司合作共同经营，故两个上诉人应共同向被上诉人承担著作权侵权责任。[①] 可见，《条例》第20条实际上是关于网络自动接入或自动传输服务的服务提供者直接侵权行为免于承担赔偿责任条件之规定。结合开放存取来看，由于开放存取网络服务提供者只能作为间接侵权行为人，且服务对象即使用人是不特定的，故该免责条款不适用于开放存取的网络服务提供者。

2. 系统缓存服务提供者的免责条件

《条例》第21条规定了系统缓存服务的网络服务提供者免于承担赔偿责任的条件。自动存储的作品、表演、录音录像制品是从其他网络服务提供者获得，且根据技术安排自动向服务对象提供。系统缓存服务的服务提供者只有同时满足下述3个条件，才能免于承担赔偿责任。（1）没有改变自动存储的作品、表演、录音录像制品；显而易见，未经权利人许可改变作品、表演或者录音录像制品的行为直接构成了著作权侵权行为。（2）不得影响提供作品、表演、录音录像制品的原网络服务提供者获知服务对象对于作品、表演、录音录像制品的获取情况；即系统缓存服务提供者不能断开与原网络服

---

① 深圳市中级人民法院（2014）深中法知民终字第328号民事判决书，http://www.pkulaw.cn/Case/pfnl_1970324840079554.html?match=Exact，访问时间2017年2月20日。

务提供者所属网站的通讯。[①] 诚然，原网络服务提供者对于服务对象获取作品、表演、录音录像制品情况的掌握有助于其采取适当措施，以防止权利人损失的扩大。（3）在原网络服务提供者修改、删除或屏蔽该作品、表演、录音录像制品时，自动予以修改、删除或屏蔽。不言而喻，原网络服务提供者不会无端修改、删除或者屏蔽该作品、表演、录音录像制品。之所以如此，是因为原网络服务提供者有充分的依据相信该作品、表演或录音录像制品侵犯了他人的著作权。而网络自动存储服务提供者主动修改、删除或屏蔽该作品、表演或录音录像制品有利于避免权利人损失的增加。若网络自动存储服务提供者未修改、删除或屏蔽该作品、表演、录音录像制品，则可能因此承担侵权责任。同样地，该免责条款未将网络服务提供者主观上无过错作为免责条件之一。基于此，该免责条款也不适用于开放存取的网络服务提供者。

3. 信息存储服务提供者的免责条件

《条例》第 22 条规定了提供信息存储服务的网络服务提供者免于承担赔偿责任的要件。不同于第 20 条和第 21 条，该条款将网络服务提供者主观上无过错作为免责条件之一。故该免责条款适用于开放存取网络存储服务提供者。而 DMCA 第 512 条（c）款规定的信息存储服务提供者免于承担赔偿责任的 3 个条件之一亦为无过错。3 个条件分别为：（1）网络服务提供者不实际知晓其系统中的内容或使用该内容的行为侵权；在不实际知晓的情形下，未从明显的侵权行为意识到侵权事实；在知晓或意识到侵权行为后，立即移除侵权内容或屏蔽对该内容的访问。（2）在网络服务提供者有权利和能力控制

---

① 张建华：《信息网络传播权保护条例释义》，中国法制出版社 2006 年版，第 82 页。

侵权行为的情形下，未从侵权活动中直接获得经济利益。（3）网络服务提供者一经接到（c）款第3项所述的侵权通知，即应移除被控侵权内容或屏蔽对被控侵权内容的访问。① 可见，条件（1）从正反两个方面限定了3种无过错情形，不实际知晓、无推定知晓、知晓后立即采取救济措施。条件（3）以网络服务提供者接到特定的侵权通知为实际知晓的证明。特定是指侵权通知应具备（c）款第3项规定的要素。同时，网络服务提供者应当立即采取相应救济措施方能符合免责条件之（3）。诚然，当信息存储服务提供者同时满足以上3个条件时，即可免于承担赔偿责任。3个条件构成了信息存储服务提供者免于承担赔偿责任的充分必要条件。换言之，在信息存储服务提供者具有主观过错，即不符合条件（1）或者（3）的情形下，其网络存储服务实际上为网络用户的侵权行为提供了帮助，构成帮助侵权行为。相比之下条件（2）没有表述主观过错的字眼。条件（2）实际上是美国司法判例中确立的替代责任的相反表述。替代责任是指，如果对于他人的侵权行为有监督的权利和能力，且又从他人的侵权行为中获得了直接的经济利益，即使不实际知晓他人的侵权行为或不存在雇佣关系，也可能承担版权侵权责任。② 由此可见，替代责任不是间接侵权责任，信息存储网络服务提供者违反条件（2）以及违反条件（1）或（3）可能构成的侵权责任不同，但均不能免除

---

① § 512.DIGITAL MILLENNIUM COPYRIGHT ACT，https://www.copyright.gov/legislation/pl105-304.pdf，visited on 20 Feb.2017.

② Dreamland Ball Room,Inc.V.Shapiro,Bernstein & Co.36 F.2d 354（1929）,Shapiro,Bernstein & Co.V.H. L. Green Co.316 F.2d 304（1963），Gershwin Publishing Corp V.Columbia Artists Management Inc.443F.2d 1159（1971）,Fonovisa,Inc.V.Cherry Auction，Inc.,76 F.3d 259（1996），www.westlaw.com,visited on 20 Feb.2017.

其应承担的赔偿责任。而《条例》第 22 条共规定了 5 个免责条件，具体如下：（1）明确标示该信息存储空间是为服务对象所提供，并公开网络服务提供者的名称、联系人和网址；即网络服务提供者应公开上述信息，以便权利人知悉真实情况，并在权利受到侵害时能够有效地行使救济权。（2）未改变服务对象提供的作品、表演和录音录像制品；未经权利人许可改变作品、表演和录音录像制品的行为可能构成直接侵权行为。此规定应当作为直接侵权的免责条件。由于直接侵权的构成要件是直接实施了复制和网络传播行为，改变应指人为改动用户上传的文件之后再将其网络发布的行为。[①]（3）不知道亦无合理的理由知道服务对象提供的作品、表演、录音录像制品侵权；该条件要求信息存储服务提供者主观上没有过错。较之于 DMCA（c）款规定的无过错情形，该项未规定视为无过错的情形，即在知晓或意识到侵权行为后，立即移除内容或屏蔽对内容的访问。该规定会在一定程度上纵容网络服务提供者的帮助侵权行为。具有主观过错的网络服务提供者亦能因后续行为而被视为无过错。中国的版权网络侵权行为频发，《条例》未纳入此种被视为无过错的情形有益于版权保护。（4）未从服务对象提供作品、表演、录音录像制品中直接获得经济利益；该项与 DMCA（c）款规定的免责条件之二差异明显，条件之二还要求网络服务提供者有权利和能力控制侵权行为。该免责条件与美国版权判例法中确立的替代责任相对应。从中不难看出，替代责任不以过错为要件，替代责任属于无过错责任。而中国的民事立法中没有相应规定。中国民事责任立法一般以过错为责任构成的要件之一，严格责任仅限法定情形。（5）在接到权利人的通知书

---

① 王迁：《视频分享网站著作权侵权问题再研究》，载《法商研究》2010 年第 1 期，第 89 页。

后，依条例规定删除侵权人认为侵权的作品、表演、录音录像制品。必须予以区分的是通知删除程序是权利人的选择性程序，不是必经程序。[①] 通知删除程序不应作为版权侵权责任的构成要件。通知移除却是信息存储服务的网络服务提供者免于承担赔偿责任的条件之一。而权利人的通知书应包含《条例》第 14 条规定的特定内容。《条例》对于通知书内容的要求有利于防止权利人滥用权利，确保网络服务的正常提供和网络用户的权益。

毫无疑问，在信息存储网络服务提供者同时符合上述条件时，其必然免于承担赔偿责任。开放存取的信息存储网络服务提供者亦是如此。然而，网络服务提供者不符合标示和未获利条件并不必然导致其承担赔偿责任。不同于其他 3 个免责条件，标示和未获利未与法定的归责条件相对应。即使网络服务提供者没有标示和公开相关信息，也不能直接认定其应承担赔偿责任。况且，网络服务提供者能证明存储空间是否提供给服务对象使用，并能补充相关信息。另外，没有标示或未公开相关信息并非侵权行为。同理，获利本身也不是侵权行为，否则网络服务提供者将承担颇为严格的责任。最高人民法院《关于审理侵害信息网络传播权民事纠纷案件适用法律若干问题的规定》第 11 条明确规定，网络服务提供者获利与否只是人民法院认定其是否具有较高注意义务的依据。中国《侵权责任法》第 36 条规定的网络服务提供者与网络用户承担连带责任的 2 种情形（接到通知后未及时采取必要措施，知道网络用户利用其网络服务实施侵权行为而未采取措施）也不包括未标示和获利。故未标示和获利不能构成归责条件，只是免责的充分非必要条件。将其解读为免

① 詹启智：《信息网络传播权论》，中国政法大学出版社 2014 年版，第 170 页。

责的“充分但非必要条件”，可以避免《条例》与其他民事立法，特别是《侵权责任法》之间的冲突。[①]结合开放存取来看，网络服务提供者向许可开放存取的著作权人提供信息存储空间，著作权人许可网络用户即不特定的使用人免费获取和利用版权作品。而网络服务提供者没有从著作权人向网络用户提供作品中直接获得经济利益。故在司法实践中，未获利对于开放存取信息存储服务提供者而言不应作为其免于承担赔偿责任的条件。开放存取的信息存储服务提供者若满足其他 4 个条件，则确定免于承担赔偿责任。当其不符合标示要求时，也不必然承担赔偿责任。

4. 信息搜索服务提供者的免责条件

《条例》第 23 条规定了提供搜索或者链接服务的网络服务提供者免于承担赔偿责任的条件和承担共同侵权责任的条件。（1）免责条件为：在接到权利人的通知书后，根据本条例规定断开与侵权作品、表演、录音录像制品的链接。由此可见，接到通知书是采取后继措施的前提，接到通知书意味着网络服务提供者知道侵权内容的存在。申言之，在接到权利人的通知书后，未断开侵权作品、表演、录音录像制品链接的行为构成帮助侵权。当然，通知书应当具备《条例》第 14 条规定的要素，否则网络服务提供者可以不断开链接。而 DMCA 第 512 条（d）款规定的信息定位服务提供者免于承担赔偿责任的条件和（c）款规定的条件相同，只是网络服务提供者提供的服务内容不同。相比之下，《条例》第 23 条不仅规定了一个免责条件，而且在同一条款中规定了归责条件。（2）归责条件为：明知或应

① 王迁：《〈信息网络传播权保护条例〉中“避风港”规则的效力》，载《法学》2010 年第 6 期，第 140 页。

知所链接的作品、表演、录音录像制品侵权的，应承担共同侵权责任。此种情形下，网络服务提供者事先明确知晓或者应当知晓服务对象提供的作品、表演、录音录像制品侵权，却为该服务对象提供搜索或链接服务。即网络服务提供者主观上具有过错、客观上为服务对象的网络传播行为提供了帮助，符合帮助侵权的构成要件。对于开放存取搜索或链接服务提供者而言，只要其在接到权利人的通知书后，断开侵权作品的链接，就可免于承担赔偿责任。当然在权利人的通知书不符合《条例》第 14 条之规定时，开放存取搜索或链接服务提供者无须断开被指称侵权作品的链接。此外，开放存取搜索或链接服务提供者在明知或应知所链接的作品侵权的，应承担帮助侵权责任，但以服务对象即作品提供者的行为构成直接侵权为前提。其中应知实为推定过错，由法院结合服务性质、服务方式、传播的作品类型、作品的知名度等因素予以认定。最高人民法院《关于审理侵害信息网络传播权民事纠纷案件适用法律若干问题的规定》第 9 条规定了人民法院认定网络服务提供者是否构成应知的六因素。必须注意的是，开放存取能够促进知识共享、增进公共利益，开放存取网络服务符合公共利益需求、具有公益属性。因此，法院在认定开放存取网络服务提供者是否为应知时，应当基于开放存取网络服务提供者承担相对低的注意义务之要求。

一言以蔽之，避风港规则只是对于网络服务提供者责任的限制，构成侵权与否仍取决于网络服务提供者的行为是否符合法定的归责条件。通过分析可知，开放存取的网络服务提供者只能作为版权的间接侵权行为人。基于此，DMCA、《条例》中只有以无过错作为免责条件的避风港规则，才能适用于开放存取的网络服务提供者。故而，信息存储空间、搜索或链接服务提供者免于承担赔偿责任的条件适用于开放存取的网络服务提供者。不言而喻，免于承担赔偿责任不等同于免于承担全部责任。在确存侵权内容的情形下，虽然网络服务提供者因符合《条例》中规定的免责条件而无须承担赔偿责任，但是网络服务提供者应当采取技术措施移除或屏蔽侵权内容或者断开侵权内容的链接以保障权利人的合法权益。

本章小结

虽然开放存取以著作权人的许可为前提，但是当著作权人并非开放存取作品真正的权利人，或开放存取作品属于合作作品而著作权人未取得其他合作作者的同意时，开放存取作品提供者、开放存取知识库或开放存取期刊出版者，以及使用人的行为都可能构成著作权侵权行为。因开放存取适用于数字环境中，故在开放存取中的著作权侵权行为具有广域性、隐蔽性和复杂性。而开放存取作品提供者、开放存取知识库或开放存取期刊出版者和使用人著作权侵权责任的构成要件和免责条件不同。经分析可知，开放存取作品提供者、开放存取作品使用人侵权责任的构成不以其具有主观过错为条件。只要其未经著作权人许可而实施了受专有权控制的行为，就构成著作权侵权并因此承担著作权侵权责任，除非其行为符合法定的免责事由。

不同于开放存取作品提供者和开放存取作品使用人，开放存取知识库和开放存取期刊出版者作为开放存取的网络服务提供者只能构成版权间接侵权责任。因此，开放存取网络服务提供者的主观过错应当作为间接侵权责任的构成要件之一。与之相对应，无主观过错是开放存取网络服务提供者免于承担赔偿责任的条件之一。美国

DMCA 最先规定了避风港规则，即特定网络服务提供者免于承担赔偿责任的具体情形。中国《信息网络传播权保护条例》借鉴了美国DMCA 中的避风港规则，规定了 4 类网络服务提供者免于承担赔偿责任的条件。其中，信息存储空间服务提供者、搜索或者链接服务提供者的免责条件适用于开放存取网络服务提供者。若开放存取网络服务提供者符合法定的免责条件，则无须承担赔偿责任。不言而喻，免责条件有利于平衡著作权人、网络服务提供者和使用人之间的利益，有利于平衡私人利益与公共利益。

第五章

学术信息开放存取对于著作权许可方式的挑战

承上所叙，学术信息开放存取以著作权人的许可为前提。著作权许可即著作财产权的许可，是著作权行使的主要方式。著作权许可使用是指著作权人通过许可使用合同授权他人在某个地域范围内以某种方式利用其作品的制度。[①] 必须予以明确的是著作权的许可只是使用权的转移。一旦许可的期限届满，有关的权利即回归作者或权利人所有。[②] 而依据“布达佩斯开放存取倡议”“贝塞斯达开放存取出版宣言”和“柏林宣言”，开放存取适用于数字环境，并且开放存取的使用人是不特定的、世界范围内的、永久的、使用人对于作品的获取和使用是免费的和不可撤销的、使用行为是广泛的。经过分析可知，现有的著作权许可方式不符合开放存取的要求。

第一节　学术信息开放存取对于著作权许可方式的新要求

开放存取是一种新的学术信息传播模式和数字出版方式。通过开放存取，不特定的使用人有权同时免费、自由获取和使用版权作

---

① 吴汉东:《知识产权法学（第 6 版）》，北京大学出版社 2014 年版，第 87 页。

② 李明德:《知识产权法》，社会科学文献出版社 2007 年版，第 130 页。

品。通过开放存取，不特定的使用人在一定程度上享有了著作权人专有的部分财产权利。故而，开放存取要求著作权人对不特定的使用人同时授权、授予不特定的使用人对于版权作品不可撤销的获取和使用权，并且不得授予任何被许可人以专有使用许可。

一、被许可人的不特定

著作权的被许可人，是指根据与著作权人签订的著作权许可合同，在合同约定的时间和地域范围内，以合同约定的方式利用作品的人。[①] 可见，许可合同是许可使用版权作品的依据；被许可人是特定的、许可使用的时间、地域范围和方式也是有限的。然而，根据“布达佩斯开放存取倡议”“贝塞斯达开放存取出版宣言”和“柏林宣言”，使用人是不特定的，且遍布世界各地。著作权人并不知晓使用人的具体信息。所有的使用人可同时通过网络阅读、下载、传播版权作品。除此之外，使用人有权复制、创作和传播派生作品，以及为个人使用而打印少量作品。基于此，著作权人应该同时向世界范围内不特定的使用人授予使用许可，也即一对多的授权。而一对多的授权是能够实现的，原因在于开放存取产生于互联网时代，适用于数字环境中；被许可使用的作品是数字化的。质言之，著作权人能够向不特定的使用人同时授权。此处的多不仅是指人数之多，而且意指地域之广。必须注意的是，使用人不限于自然人，还包括图书馆、科研机构和企业等。使用人获得著作权人的许可并不是无条件的。依据“布达佩斯开放存取倡议”“贝塞斯达开放存取出版宣言”和“柏

① 王迁:《著作权法》，中国人民大学出版社 2015 年版，第 217 页。

林宣言”，使用人应当基于合法目的（“贝塞斯达开放存取出版宣言”与“柏林宣言”将对使用人目的的要求规定为合理），并应尊重作者的署名权和保护作品完整权。

二、许可的非排他性

开放存取产生的背景之一就是学术期刊出版商对于版权作品许可的限制。除受让著作权外，学术期刊出版者通常要求作者或其他著作权人授予其专有使用许可，以控制作品的获取、使用。数字技术和互联网的出现改变了学术信息的传播方式。而主要的商业出版商借此机会扩大了对于内容的控制，并从技术发展和网络出版中获益。[①] 随着著作权客体范围的扩展、著作权权项的增加和著作权保护标准的提高，受让著作权或者获得专有使用许可的出版商对作品的控制进一步强化。进言之，著作权的专有使用许可会限制不特定使用人对于版权作品的获取和使用。不仅如此，技术保护措施和数字权利管理信息强化了著作权人对版权作品获取、使用和传播的控制。申言之，版权专有使用许可的被许可人对于版权作品的控制进一步加强。即特定的被许可人能够通过版权专有使用许可协议排除其他使用人获取版权作品。而在开放存取中使用人是不特定的，被许可人自然是不特定的。相应地，著作权许可应当是非排他的。

---

① Roberto Caso et al ,Balancing Copyright Law in the Digital Age :Comparative Perspectives ,published by Springer–Verlag , 2015,p.116.

三、许可的不可撤销性

根据“布达佩斯开放存取倡议”“贝塞斯达开放存取出版宣言”和“柏林宣言”，使用人的获取权和使用许可是不可撤销的。只不过三者的表述不同。“布达佩斯开放存取倡议”提出使用人的获取和使用不受法律限制，暗含不可撤销之意。“贝塞斯达开放存取出版宣言”与“柏林宣言”则直接提出使用人享有不可撤销的获取权和复制、使用、传播、公开展示及创作、传播派生作品的许可。基于此，对于开放存取而言，著作权许可应当是不可撤销的。这与开放存取促进知识免费获取、使用，以及自由传播的目标相契合。毫无疑问，著作权许可使用以著作权人享有著作权为前提。由于著作权的保护期是有限的，作品的著作权保护期满后，作品即进入公共领域。使用人对作品的获取、使用、传播无须经过著作权人的许可。许可的不可撤销性是指在著作权的有效期内，著作权人一旦作出向不特定使用人授权的承诺，就不能撤销该承诺。此外，开放存取要求著作权人无偿授予不特定的使用人以许可。

综上所述，开放存取作为新的学术信息传播模式和数字出版方式，对于版权作品的使用许可提出了新的要求。开放存取要求著作权人同时授予不特定的使用人以许可、所授予的许可是非排他的、不可撤销的、免费的和世界范围的，并且著作权人应授予使用人以特定的经济权利。而著作权人的授权许可以许可协议为依据。

第二节　学术信息开放存取著作权许可协议的种类

开放存取包括两种不同的实现方式、涉及不同的法律关系和不同的利益主体。不同的法律关系，许可协议的种类也不同。总体而言，开放存取著作权许可协议可分为著作权人与出版者之间的出版合同、著作权人和开放存取知识库之间的存储许可使用协议，以及著作权人和使用人之间的使用许可协议。

一、开放存取相关的著作权许可法律关系探究

开放存取有两种实现方式，分别是自存档和开放存取期刊。相比于开放存取期刊，自存档涉及的法律关系相对复杂（如图所示）。因为自存档涉及著作权人和学术期刊出版者之间的出版合同关系或著作权转让合同关系。当然并非所有的自存档都和期刊出版者直接相关。自存档包括预印本和后印本的自存档。预印本的著作权一般属于作者，后印本则不然。在著作权转让给出版者或授予学术期刊出版者以专有许可之后，自存档便取决于出版者的同意和许可。

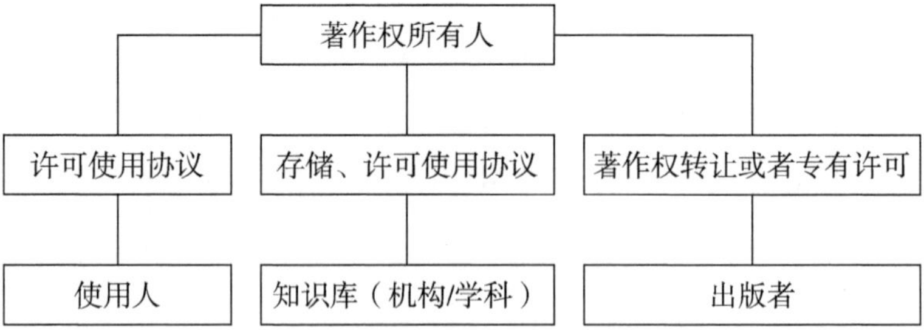

自存档所涉法律关系

值得注意的是，存储许可并不等同于许可使用。为实现开放存取，开放存取知识库（包括机构知识库和学科知识库）不仅需要获得著作权人的存储许可，而且需要获得著作权人的使用许可。而著作权转让和著作权许可存在本质区别。著作权转让是著作权权属的改变、著作权许可则是著作权权项的转移。相比于自存档，开放存取期刊涉及的法律关系相对简单（如图 5-1 所示）。开放存取期刊只需获得著作权人的许可，无须获得出版者的许可。因为著作权人将其作品直接发表在开放存取期刊。著作权人直接向开放存取期刊出版者转让相关权利或者授予许可。当作品是合作作品时，著作权的行使应基于所有作者的合意。此处需要明确的是，著作权人不一定是作者。当作品属于职务作品或委托作品时，著作权不一定归属于作者。由于《伯尔尼公约》、TRIPS 协定和 WCT 均未就职务作品或者委托作品的归属作出规定。著作权的归属取决于合同当事方的约定或者各成员方或缔约各方《版权法》的相关规定。此种情形下，开放存取的法律关系还包括作者和所属单位之间的雇佣合同关系，委托人和作者之间的委托合同关系。即与开放存取相关的法律关系进一步复杂化。对于公共基金资助项目，资助机构通常会与项目负责人签订合同，合同中通常约定经费使用、结项要求和著作权归属等。显然，著作权归属不同，开放存取决定权的主体也不同。

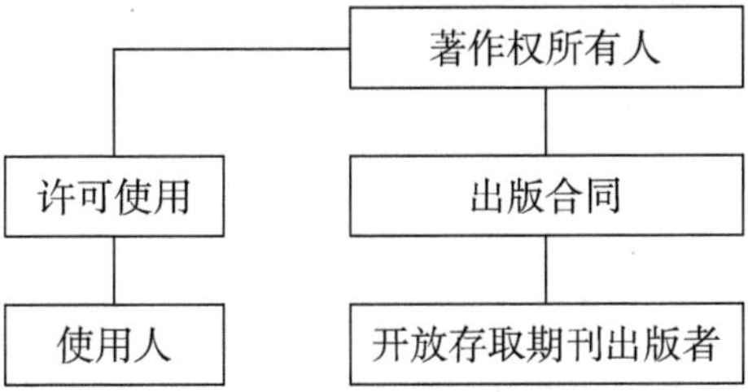

图 5-1　开放存取期刊所涉法律关系

总而言之，开放存取的法律关系主要是围绕作品著作权归属和许可的合同关系。因此，版权协议就成为调整作者、作者所在单位、机构库、出版商、社会公众之间相关版权权利和版权义务的法律规范。[①]质言之，版权协议成为当事方行使权利、履行义务的合法依据。使用人除“布达佩斯开放存取倡议”“贝塞斯达开放存取出版宣言”和“柏林宣言”中要求的尊重作者署名权和保护作品完整权，以及目的合法之外，应当履行著作权许可协议中约定的义务。在使用人侵犯作者署名权或保护作品完整权或者其使用行为超出许可使用范围或违反许可合同条款的情形下，开放存取将涉及著作权侵权法律关系。申言之，开放存取的法律关系不限于合同关系，包含了以著作权许可为中心而向外延展的相关法律关系。

二、开放存取著作权许可协议划分

根据合同当事方的不同，开放存取相关的著作权许可协议可区分为 3 种类型。诚然，著作权许可协议的成立须与当事方的意思表示相一致。而合同的成立并不意味着合同的生效。首先，成立的合同应符合法律规定的生效要件。其次，若合同附有生效条件或生效期限，则在条件成就或期限届至时合同生效。例如，对于延迟开放存取，在期限届满之后开放存取的许可才生效。生效的合同对于合同当事方具有法律拘束力。

---

① 江向东、傅建秀:《基于开放存取的机构库版权协议问题研究》，载《图书与情报》2010 年第 2 期，第 63 页。

（一）著作权人和出版者之间的出版合同

出版权专属于著作权人。著作权人的许可是出版者出版其作品的前提。出版合同通常是指著作权人与出版者就作品出版所达成的协议，作者负有交付作品及许可出版的义务。① 相应地，出版者有权依据出版合同要求作者交付作品并许可出版。出版者包括商业出版者和非商业出版者。商业出版者以营利为目的，通常要求著作权人向其转让著作权或授予专有许可以控制作品的复制和发行。即使是非商业出版者，也会要求著作权人授予其专有出版权。出版者依据合同约定享有的专有出版权受著作权法的保护。然而，开放存取要求著作权人不得授予排他性的许可。因此，著作权人在与出版者签订出版合同时应保留开放存取所需的部分财产权利。换言之，著作人是否与出版者达成权利保留的合意决定了该版权作品能否被开放存取。鉴于此，麻省理工学院修订了出版合同，并指出作为本校教职工的作者在向出版商转让著作权或签订出版合同时附带以下声明，即遵守附件中的修订条款。修订后的出版合同范本明确了出版合同的任何条款不得影响作者授予麻省理工学院的不可撤销的、非排他的在先许可，规定了作者和出版商一致同意作者保留特定权利以实现开放存取，提出了在修订条款和出版合同相冲突时，修订条款优先、并且出版合同应作出和修订条款相一致的解释。② 然而，作者和出版商之间能否就修订条款达成合意仍取决于出版商的意思表

---

① 胡开忠:《关于出版合同立法的反思与重构——兼议著作权法修改草案中的相关规定》,载《当代法学》2013 年第 3 期，第 68 页。

② MIT，AMENDMENT TO PUBLICATION AGREEMENT. [EB/OL] . http://libraries.mit.edu/scholarly/files/2010/10/mit-amendment-oa-policy-2009-new-font.pdf,visited on 29 Nov.2016.

示。此外，当著作权人通过开放存取期刊出版其作品时，著作权人应向开放存取期刊出版者授予必要的许可。例如，BioMed Central 出版社要求将论文提交该出版社出版的任何期刊的作者在其论文经编辑同意出版之后，应该依据知识共享许可协议（Creative Commons Attribution 4.0）进行授权。[①] 又如，BioMed Central 出版社关于论文获取的政策明确提出，BioMed Central 的期刊论文根据知识共享许可协议出版，从而确保开放存取的实施。[②] 简言之，BioMed Central 出版社以作者许可其作品的开放存取作为同意出版的条件之一，并限定了许可协议文本。

（二）著作权人和开放存取知识库之间的存储许可使用协议

顾名思义，存储许可使用协议即为著作权人和开放存取知识库（包括机构知识库、学科知识库或混合知识库）就作品保存和使用达成的协议。也即著作权人授权开放存取知识库保存和使用作品。而知识库应该在著作权人授权范围内使用作品，不得超出授权范围。诚然，存储许可使用协议以开放存取为目的。存储许可协议不能等同于存储许可使用协议。著作权人授予开放存取知识库以存储许可，并不意味着开放存取知识库享有不经著作权人许可使用作品的权利。而著作权人应同时许可开放存取知识库在一定范围内使用其作品。当然，协议的名称不限于存储许可使用协议，但协议的内容应当包含存储和使用的授权。例如，牛津大学的存储许可协议明确提出，

---

① See License agreement.［EB/OL］. http://www.biomedcentral.com/about/policies/license-agreement，visited on 29 Nov.2016.

② See Access to articles.［EB/OL］. http://www.biomedcentral.com/about/policies/access-to-articles，visited on 29 Nov.2016.

版权人通过将其作品存储在开放存取知识库，即授予了牛津大学非排他的和世界范围的许可，而牛津大学可作出原本受版权或其他知识产权限制的任何必要的行为，以存储并使公众在线获取或者通过开放存取知识库获取版权作品。[①]从中不难看出，牛津大学的存储许可协议除存储许可外，包含了使用授权以实现开放存取。

（三）著作权人和使用人之间的许可使用协议

许可使用协议是指著作权人和使用人之间就作品的使用所达成的协议。据此协议，不特定的使用人有权免费和自由获取、使用版权作品。然而，使用人有义务尊重作者的署名权和保护作品完整权，并且目的应当合法。当然，“布达佩斯开放存取倡议”“贝塞斯达开放存取出版宣言”和“柏林宣言”要求使用人履行的上述义务是最低限度的，并且不具有法律拘束力。与之相反，许可使用协议中约定的义务具有法律拘束力，其约定的义务却未必与“布达佩斯开放存取倡议”“贝塞斯达开放存取出版宣言”和“柏林宣言”中的使用人义务相同。著作权人有权要求使用人承担更多的义务。比如，使用人必须按著作权人指定的方式署名、使用人必须出于非商业性的目的使用版权作品、使用人不得改编或翻译版权作品即禁止演绎、使用人必须同意以相同方式共享派生作品等。[②]

综上所述，开放存取涉及的法律关系以合同关系为主，尤其是出版合同、著作权转让或许可合同。不同的合同关系，合同的主体、内

---

① Deposit licence:Grant of non-exclusive licence to the University of Oxford. [EB/OL] .http://www.bodleian.ox.ac.uk/ora/deposit-in-ora/deposit-licence, visited on 28 Nov.2016.

② 参见，傅蓉:《开放存取期刊的版权》，载《中国科技期刊研究》2007 年第 3 期，第 446 页。

容或客体存在差别。根据开放存取所涉许可合同当事方的不同，与开放存取相关的许可合同可被区分为著作权人和出版者之间的出版合同、著作权人和开放存取知识库之间的存储使用许可协议和著作权人与使用人之间的许可使用协议。从中不难看出，著作权人作为权利所有人是以上合同关系中不可缺少的主体。诚然，著作权人授权或许可的前提是著作权人对其作品享有合法有效的著作权，并享有对著作权权利的处分权。故此，著作权人应当保证其作品没有侵犯他人的著作权，即承担相应的权利瑕疵担保责任。当作品属于合作作品时，作为合同当事方的作者必须获得其他合作作者的授权。简言之，著作权人对其作品享有著作权，以及著作权权利的处分权是著作权许可的前提。许可方式则为著作权许可的实现方式。通过前述分析可知，开放存取对著作权许可方式提出了新的要求。开放存取要求著作权人同时免费授予使用人世界范围的、非排他的和不可撤销的许可。此外，开放存取要求著作权人授予使用人广泛的财产权利。然而，现有的著作权许可方式无法满足开放存取的需要。

第三节　现行著作权许可方式的不足

《伯尔尼公约》、TRIPS 协定、WCT 均未规定著作权许可方式，而是由成员国或缔约国通过国内立法予以规定。著作权许可实际上是对私权的处分，包括自愿处分和法定处分。著作权许可模式依授权权限的不同可被划分为独占许可和非独占许可。著作权许可模式因授权性质的不同可被划分为授权许可、法定许可和强制许可。现行的著作权授权许可模式是先授权后使用，具有排他性、有偿性、地域范围和时间的有限性，不符合开放存取对授权许可的要求。法定许可的情形也是有限的，不能满足开放存取的需要。

一、授权许可的排他性

如前所述，开放存取要求的著作权许可是非排他性的。目前，在学术期刊出版过程中，出版者处于强势地位，而作者处于相对弱势地位。[①] 出版者通常要求作者转让著作权或者授予独占许可或专有许可。独占许可是指在合同约定的期限和地域内，被许可人对于版权作品享有独占的使用权，著作权人不得授权第三方使用该作品。即使是著作权人，也无权使用。而专有许可是指著作权人与被许可人都有权在约定的期限和地域内使用版权作品，但是著作权人不得许可第三方使用该作品。中国《著作权法》并未采用独占许可或专有许可的措辞，而是将许可使用的权利区分为专有使用权和非专有使用权。不言而喻，专有使用权具有排他性。在著作权人授予出版者独占许可或专有许可的情形下，作品的使用人是特定的。在独占许可中，作品的使用人仅为被许可人；在专有许可中，作品的使用人除被许可人外，还包括著作权人。无论是独占许可，还是专有许可，著作权人都不得授权第三方使用该作品。由此，著作权独占许可或专有许可不符合开放存取对于著作权许可非排他性的要求。

---

① 赵力：《公共资助学术期刊开放获取规则研究》，载《图书馆建设》2016 年第 3 期，第 18 页。

二、授权许可的单一性

授权许可是与著作权法同时产生的许可模式。受技术条件所限，印刷时代的作品类型与利用方式都极为单一。[①]作品只能固定在有形载体上传播，使用人也只能通过获得有形载体的方式获取和使用作品。单一的授权许可能够满足作品交易的需要。即先授权后使用，由特定的使用人寻求著作权人的授权。著作权人则通过许可使用合同授权。俄罗斯《联邦民法典》第 1235 条规定，许可使用合同一方——作者或其他权利人提供或有义务提供给另一方在合同限定范围的作品的使用权。许可使用合同应该以书面的形式签订。许可使用合同应指明作品使用的地域、规定许可使用的作品和使用方式。被许可使用人有义务向许可使用人支付合同约定的报酬。[②]中国《著作权法》第 24 条也作出了类似规定，使用他人作品应当与著作权人订立许可使用合同，著作权法另有规定的除外。许可使用合同包括的主要内容有许可使用的地域范围、期间、付酬标准和办法等条款。由此可见，许可使用合同的订立是使用作品的前提条件。使用人应当先获得著作权人的许可。许可使用是有偿的，并有地域和时间限制。

然而，开放存取适用于数字环境，是一种新的学术信息传播模式。另开放存取的使用人是不特定的，其要求一对多的授权；使用人的使

---

① 熊琦：《著作权许可的私人创制与法定安排》，载《政法论坛》2012 年第 30 卷第 6 期，第 94 页。

② 张建文译：《俄罗斯知识产权法——〈俄罗斯联邦民法典〉第四部分》，知识产权出版社 2012 年版，第 8–9 页。

用是免费的、永久的和世界范围的。质言之，现行的著作权授权许可方式不符合开放存取的要求。除却开放存取不论，伴随网络技术和数字技术的发展，作品的表达方式多样化、传播手段与利用方式日渐丰富。产生于印刷时代的单一授权许可不能适应新技术发展的需要。除此之外，在大数据时代，作品的创作呈现大众化趋势，创作主体多元化、作品数量不断增加。在数字环境下，任何人在任何地域都能成为作品的创作者，并且任何人都能够成为出版者。① 而使用人搜寻作品的著作权人，并获得著作权人的授权往往需要大量的时间和成本。从一定意义上说，这种被动授权使用模式，不利于促成市场交易的形成，会损害市场的效率价值。② 也即许可效率低于传播效率，不能满足不特定使用人对于作品的使用需求。传统一对一的著作权授权模式已经无法适应数字化发展的需求。③ 总而言之，单一的授权许可不仅不能满足开放存取的需要，而且将增加交易成本。

三、法定许可的有限性

法定许可是指根据著作权法的直接规定，可以不经著作权人的许可而以一定方式使用享有著作权的作品，但应向著作权人支付报酬。④ 据此可知，法定许可不同于授权许可，使用人无须获得著作权

---

① Jason Epstein，The Future of Publishing–A Veteran’s Perspective.［EB/OL］.http://www.wipo.int/wipo_magazine/en/2011/06/article_0005.html，visited on 28 Nov.2016.

② 王淑君：《大数据时代著作权授权机制的不足与完善》，载《中国版权》2015 年第 1 期，第 38 页。

③ 刘洁：《我国著作权集体管理制度研究》，中国政法大学出版社 2014 年版，第 52–53 页。

④ 冯晓青：《知识产权法》，中国政法大学出版社 2008 年版，第 166 页。

人的授权；另外，授权范围直接由著作权法予以规定。法定条件代替了当事方之间的协商，减少了交易成本。显然，法定许可构成了对于著作权人专有权利的限制，旨在促进著作权人和使用人的利益平衡。从经济学的意义而言，法定许可基于以下考虑：给予著作权人排他的权利可能严重损害社会对该作品的重要使用，尤其是由当事人进行协商的成本将会过高；同时，若把它定为合理使用，又会损害著作权人应得到的报酬。① 可见，法定许可以控制协商成本和保障著作权人获得报酬为出发点，以私人利益和公共利益的平衡为目标。

日本《著作权法》第八节规定了根据裁定对作品的使用，也即法定许可的 3 种情形，分别是著作权人不明等情况下作品的使用、作品的播放和在商业录音制品上的录音等。② 俄罗斯《联邦民法典》第四部分第 1245 条规定了为个人目的而自由复制唱片和音乐作品的法定许可。③ 从中不难看出，上述法定许可的具体情形均不包括开放存取。中国《著作权法》规定了法定许可的 5 种情形，分别是编写出版教科书、报刊转载和摘编、制作录音制品、播放已发表的作品和播放已出版的录音制品。而著作权人有权通过声明的方式排除上述使用。此外，《信息网络传播权保护条例》规定了制作和提供课件的法定许可，以及另外一种准法定许可，即通过网络向农村地区的公众提供已发表的特定作品，但著作权人不同意提供的除外。④ 可见，

① 李永明、曹兴龙：《中美著作权法定许可制度比较研究》，载《浙江大学学报（人文社会科学版）》2005 年第 35 卷第 4 期，第 31 页。

② 李杨译：《日本著作权法》，知识产权出版社 2011 年版，第 47–49 页。

③ 张建文译：《俄罗斯知识产权法——〈俄罗斯联邦民法典〉第四部分》，知识产权出版社 2012 年版，第 16 页。

④ 参见《信息网络传播权保护条例》第 8 条、第 9 条。

法定许可的情形是有限的，不能涵盖开放存取。法定许可也是有限制条件的，且著作权人有权禁止法定许可所允许的使用行为。例如，在2004年的北京某杂志社诉某广播电视报社侵犯著作权纠纷案中，原告于2003年6月刊登了《北京周边自驾车旅行手册》一文，并且在版权页中特别声明："未经本刊书面授权许可，一概不得以任何形式或方法转载或使用。本刊保留所有版权。"因此，法院认定原告作为《北京周边自驾车旅行手册》一文的著作权人已明确了转载必须征得其许可的意思表示。涉案被控侵权行为不属于著作权法中的法定许可范畴。[①] 事实上，大多数著作权人都会作出类似的声明。质言之，法定许可的适用也是有限的。此外，法定许可是有偿的，亦不能满足使用人免费获取和使用作品的要求。从本质上看，开放存取旨在克服合理使用和法定许可等版权限制制度适用范围狭窄的弊端，促成资源更为丰富的作品"公共领域"的形成。[②] 概言之，法定许可的适用范围是有限的，不符合开放存取的要求。开放存取则能在一定程度上克服法定许可的不足。

综上所述，著作权的授权许可和法定许可都不符合开放存取对于著作权许可方式的要求。作为另一种许可方式的强制许可指在特定条件下，他人通过履行申请、通知、备案、交存或其他程序获得的对已发表并享有版权保护的作品进行专有使用的权利。[③] 而强制许可不是无偿的，使用人除满足法定条件外，应当向著作权人支付

---

① 参见（2004）二中民初字第04820号民事判决书，http://www.pkulaw.cn/，访问时间2016年11月29日。

② 姚鹤徽：《开放存取：未来版权保护的可选模式》，载《图书馆学研究》2011年第10期，第95页。

③ 杨红军：《版权强制许可制度论》，载《知识产权》2008年第18卷第4期，第30页。

报酬。《伯尔尼公约》附件和《世界版权公约》(Universal Copyright Convention)第5条规定了特定条件下翻译权和复制权的强制许可。条件可概括为：适格的主体，即根据联合国大会惯例被视为发展中国家的任何缔约国；规定的程序，即在批准、接受或参加公约时或者此后向联合国教育科学文化组织总干事提交声明；特定的有效期，在未按要求提请延期的情形下，声明的有效期为10年；特定目的，教学、学习或研究使用；支付合理的报酬等。当然，上述要求是提出声明的发展中缔约方应当承担的义务。发展中缔约方有权决定是否提出声明，并有权通过国内立法规定翻译权和复制权强制许可的条件，但必须遵守上述公约中所规定的条件。中国《著作权法》并未规定著作权的强制许可。美国《1976年版权法》和《日本著作权法》则均规定了版权的强制许可。不同于规定版权强制许可的适格发展中国家，美国和日本规定版权强制许可的依据在于《伯尔尼公约》、TRIPS协定和WCT中的灵活性条款，如版权的限制和例外、版权的利益平衡目标或版权保护的原则。总之，强制许可应当符合特定条件、仅适用于特定情形，并且被许可人应当向著作权人支付合理的报酬。另强制许可作为对著作权的限制须符合“三步测试法”，即缔约国国内法规定的有关强制许可的具体情形应符合“三步测试法”。通过前述分析得出，开放存取不属于著作权的限制和例外，也不符合“三步测试法”。显然，强制许可亦不符合开放存取对于著作权许可方式的要求。

本章小结

开放存取产生于互联网时代，适用于数字环境，并以学术信息的免费共享和自由传播为目的。开放存取作为一种新的学术信息传播模式和出版方式对著作权许可方式提出了新的要求。开放存取要求同时向不特定的使用人授予许可，即一对多的授权，而授予的许可应该是非排他的和不可撤销的。诚然，著作权授权许可以许可协议为依据。开放存取涉及的法律关系以著作权的许可关系为主，包括授权许可、法定许可和强制许可。其中授权许可又包括著作权人和出版者之间的出版合同（含开放存取期刊出版者）、著作权人和开放存取知识库的存储使用许可，以及著作权人和使用人之间的许可使用协议。此外，开放存取还涉及著作权归属和著作权侵权法律关系。易言之，开放存取的法律关系呈伞状分布，即以著作权许可为伞柄、以其他相关的法律关系为伞骨，以开放存取的目标为伞面。伞柄和伞骨撑起了伞面，著作权许可以及与开放存取相关的其他法律关系则促进开放存取目标的实现。

然而，现行的著作权许可方式不符合开放存取对著作权许可的要求。授权许可具有排他性，出版者通常要求著作权人转让著作权或授予专有许可。在著作权人授予被许可人以专有许可的情形下，开放存取在一定程度上受到了限制。因为著作权人不能再向其他使用人授权。另外，现行的授权许可是先授权后使用、是一对一的授权，具有单一性。根据中国《著作权法》的规定，使用人应当先获得著作权人的许可，并与著作权人签订许可使用协议。如前所述，开放存取适用于数字环境、作品的利用方式和传播手段多样化、创作者呈现大众化，使用人是不特定的，且分布在世界不同国家和地区。故单一的授权许可不能满足开放存取的需要。法定许可因其有限性和有偿性亦不符合开放存取对著作权许可方式的要求。除授权许可和法定许可外，强制许可因其条件性、有限性和有偿性也不符合开放存取对著作权许可的要求。简言之，现行的著作权许可方式不符合开放存取的要求。而《伯尔尼公约》、TRIPS 协定和 WCT 均未明确规定著作权的授权方式。《伯尔尼公约》附件和《世界版权公约》第 5 条只是授权适格发展中缔约国依据特定程序和条件通过国内法规定翻译权和复制权的强制许可。上述规定不具有普适性，亦不符合开放存取的要求。第 5 条的规定仅适用于特定缔约国、著作权的特定权项（翻译权和复制权），且被许可人须支付合理费用。此外，各缔约国国内法中规定的著作权许可方式、许可的条件不尽相同，并且国内法的效力具有地域性。作品的传播和使用却都是世界范围的。总之，开放存取需要与数字环境相适应，且被普遍认可的符合开放存取要求的著作权授权许可方式。

第六章

学术信息开放存取与出版权的行使

出版权体现了出版自由。出版权属于私权，具有专有性和排他性。开放存取是数字环境下的出版方式。部分高校和科学研究资助机构为促进知识的免费获取和自由传播，采取了强制开放存取政策。而强制开放存取政策因开放存取方式的不同，对于出版自由和出版权行使的影响也不同。

第一节 学术信息出版权

《伯尔尼公约》、TRIPS 协定、WCT、WPPT 与《视听表演北京条约》（Beijing Treaty on Audiovisual Performances）均未定义出版权。结合上述条约中的相关条款，出版包括作品的复制和发行。出版权的权项自然包括复制权和发行权。

一、出版权的概念解析

《伯尔尼公约》没有界定出版权，只是规定了“已出版作品”。“已出版作品”是指获得作者同意后出版的作品而不论复制件的制作方式，只要从作品的性质来看，复制件的发行方式能够满足公众的合理需要。[①]《世界版权公约》第 6 条定义了出版，即以有形形式复制，并向公众发行的能够阅读或可看到的作品复制品。可见，出版包括复制和发行、发行的对象是公众，不是特定的使用人；复制的方式限于有形复制。TRIPS 协定也未界定出版权。而中国《著作权法》第 58 条规定："本法第二条所称的出版，指作品的复制、发行。"另中国《著作权法修订草案（送审稿）》第 31 条规定，出版是指复制并发行。概言之，出版包括复制和发行。WCT 则规定了文学和艺术作品作者的发行权，即授权通过销售或其他所有权转让方式向公众提供其作品原件或复制品的行为。[②]WPPT 第 8 条[③]和《视听表演北京条约》第 8 条[④]都规定了表演者的发行权，两者的差别在于作品载体的不同。《视听表演北京条约》第 8 条将作品载体从 WPPT 第 8 条规定的录音制品扩展为视听录制品。关于权利内容，两者的表述相同，并与 WCT 第 6（2）条的规定别无二致。从中不难看出，发行涉及作品原件或复制件所有权向公众的转移。而复制只是对作品进行的备份，不涉及作品所有权的转移。复制和发行是对于作品的不同使用行为。著作权人有权决定复制和发行的方式（出版权的权利人不一定是作者，如职务作品或委托作品，或者作者向出版者转让著作权或授予出版许可）。综上，与出版行为的构成相对应，出版权的权

---

① See art 3（3）of Berne Convention for the Protection of Literary and Artistic Works，http://www.wipo.int/wipolex/en/treaties/text.jsp?file_id=283693，visited on 15 Nov.2016.

② See art 6（1）of World Intellectual Property organization Copyright Treaty，http://www.wipo.int/wipolex/en/treaties/text.jsp?file_id=295157，visited on 15 Nov.2016.

③ See art 8 of WIPO Performance and Phonograms Treaty，http://www.wipo.int/wipolex/en/treaties/text.jsp?file_id=295477，visited on 16 Nov.2016.

④ See art 8 of Beijing Treaty on Audiovisual Performances，http://www.wipo.int/wipolex/en/treaties/text.jsp?file_id=295838，visited on 16 Nov.2016.

项应当包括复制权和发行权。

学界也持此观点。许春明认为，出版权就是复制权和发行权的综合。出版权是以印刷、复印、拓印、录音、录像、翻拍等方式将作品制作一份或多份并以出售或赠与方式向公众提供作品的原件或者复制件的权利。[①] 李顺德认为，出版权指作者或者版权所有人选择适当的方式、载体，将作品编辑加工后制作复制品向公众发行的权利。[②] 常青认为，专有出版权属于专有使用权，是复制权和发行权的集合。[③] 可见，以上学者均认为出版权包含复制权和发行权，单独的复制或发行不是出版。权利人有决定何时、何地和以何种方式复制或发行的权利。进一步而言，权利人有权决定其作品出版的时间、地点、方式和出版者等。必须加以区分的是，出版权不同于出版者权，出版者是作品的传播者。出版者权属于相关权（邻接权）。出版者（例如，出版社、报纸、期刊和广播电台等）本身并不享有出版权。[④] 出版者权是指书刊出版者对其出版的图书、报纸、杂志的版式排列和装帧设计依法享有的专有使用权。[⑤] 由此可见，出版者权是出版者享有的专有使用权，其客体是版式排列和装帧设计。而出版权是作者或者其他著作权所有人享有的专有权，其客体是作品。

总之，出版权是作者和其他著作权所有人享有的复制作品，并以销售或者其他所有权转让方式向公众提供作品原件或复制件的权

① 许春明:《质疑"专有出版权"》，载《知识产权》2002 年第 5 期，第 42 页。

② 李顺德:《版权、出版权和出版者权》，载《科技与出版》2006 年第 1 期，第 59 页。

③ 常青:《图书出版者的专有出版权解析》，载《科技与出版》2006 年第 2 期，第 56 页。

④ 周玉林:《略论互联网环境下出版者权的保护》，载《社会科学家》2010 年第 12 期，第 69 页。

⑤ 张秀全:《略论出版者权》，载《政治与法律》1994 年第 2 期，第 26 页。

利。而出版权和出版者权不可等同，两者的权利主体、客体和内容均存在差别。

二、出版权的法律性质

言论自由、出版自由是各国宪法明确规定的公民宪法权利，[①]当然各国宪法规定出版自由的方式不同，或直接规定出版自由，或规定表达自由，而表达自由包含出版自由。例如，《美国宪法》第 1 修正案规定国会不得制定限制言论自由或出版自由的法律。[②]《中华人民共和国宪法》第 35 条规定中华人民共和国公民享有出版自由。《意大利共和国宪法》第 21 条第 1 款和第 2 款规定“每人均有以口头、书面及他种传播思想之方法自由表达思想之权利。出版无须得到准许或经过审查”[③]。换言之，每个人都享有以出版方式表达思想的权利。而出版权体现了出版自由、是出版自由的具体化，属于民事权利。出版权的权项包括复制权和发行权。复制权和发行权都属于著作权，具有专有性和排他性。就权利性质而言，出版权亦属私权，自然具有专有性和排他性。众所周知，出版是作品进入市场流通的前提。出版权不是精神权利，而是一项基本的经济权利。这与复制权和发行权的著作财产权属性相符。出版权意味着由作者决定其作品是否

---

① 马岭：《言论自由、出版自由、新闻自由的主体及其法律保护》，载《当代法学》2004 年第 18 卷第 1 期，第 60 页。

② See U.S.C.A. Const. Amend. I.

③ 北京大学法律系宪法教研室、资料室编：《宪法资料选编第 3 辑》，北京大学出版社 1981 年版，第 186 页。

出版和出版的方式。[①]出版权的权利主体不限于作者。职务作品或者委托作品的著作所有权人不一定是作者，出版权同样不必然由作者享有。此外，在作者向第三人转让著作权或授予第三人以出版权的独占许可后，出版权也随之转移。例如，中国《著作权法》第31条规定图书出版者的专有出版权。即图书出版者依合同约定对著作权人交付的作品享有专有出版权。换言之，图书出版者享有独占性地复制和发行作品的权利，任何第三人不得出版该作品。不同于出版权，图书出版者的专有出版权源自合同的约定，是独占性合同权利。出版权的主体除自然人外，还包括法人（比如，出版社、报社、广播电台、电视台等）。诚然，作为出版权的权利人固然有权处分自己的权利。一方面，版权人有权自己行使或授权第三人行使出版权，或向第三人转让出版权。另一方面，版权人有权禁止未经其许可的任何第三人出版其作品。

“布达佩斯开放存取倡议”“贝塞斯达开放存取出版宣言”和“柏林宣言”均提出开放存取适用于数字环境、完整的作品和相关材料以电子格式存储。即信息传输的网络化和出版流程的数字化，包括原创作品数字化、保存数字化、复制数字化、传播数字化和阅读的数字化。使用人则有权免费、自由地获取、使用和传播学术信息。由此可见，不同于传统的学术期刊出版模式，开放存取是一种新的学术信息传播模式和数字出版方式。经过前述分析可知，开放存取不是著作权限制和例外的法定情形，也不符合“三步测试法”。开放存取是以著作权人的许可为前提。而著作权人有权选择其作品的出版方式。著作

---

① JAKE LINFORD,A SECOND LOOK AT THE RIGHT OF FIRST PUBLICATION，58（3）J. Copyright Soc'y U.S.A.586,2010–2011.

权人当然有权决定是否将其作品开放存取，以及开放存取的方式。简言之，著作权人有权通过自存档或开放存取期刊向公众提供其作品的复制件。综上所述，出版权是专有权，包含复制权和发行权。著作权人有权决定其作品是否出版、由谁出版，以及通过何种方式出版。

第二节　学术信息开放存取与传统学术出版方式的异同

学术信息开放存取不同于传统的学术出版方式。毫无疑问，开放存取丰富了学术出版方式。然而，两者的差异并不等同于两者相互排斥。开放存取是以著作权人的许可为前提，著作权人有权选择出版方式。质言之，开放存取能够与传统的学术出版方式共存。

一、学术信息开放存取与传统学术出版方式的差异

开放存取是在学术期刊出版商不断提高期刊价格，限制作品许可和学术交流受限的背景下出现的。开放存取产生于互联网时代，并以网络作为学术信息交互的平台。网络 2.0 技术扩展了学术交流和出版的范围。在网络 2.0 环境下，出版允许知识生产的更广泛参与，以及新观点和研究成果的更快传播。[①] 开放存取丰富了学术出版方

---

① MICHAEL A.PETERS，PETER ROBERTS，THE VIRTUES OF OPENNESS:EDUCATION，SCIENCE，AND SCHOLARSHIP IN THE DIGITAL AGE，published by Paradigm Publishers ,2012,p.78.

式（如图所示）。开放存取除具有信息传播网络化、信息获取的无限制性、付费模式的特殊性（作者付费出版，使用人免费获取、使用）和著作权保护范围的有限性外，其出版全过程具有数字化特征。开放存取包括两种方式，即自存档和开放存取期刊。自存档包括预印本和后印本的自存档，知识库（包括机构知识库、学科知识库和混合知识库）不进行科研作品的同行评议。不同于自存档，开放存取期刊进行科研作品的同行评议。

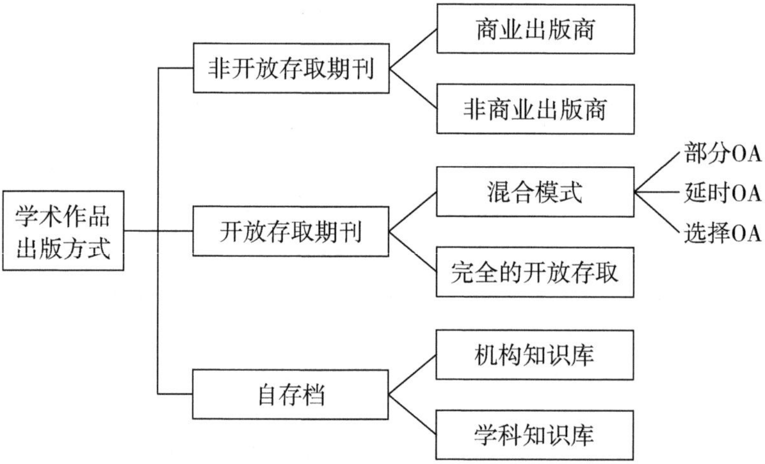

传统的学术期刊的出版过程包括科研人员取得部分研究结果、科研人员向期刊提交论文（预印本）、评议专家审阅论文并提出修改建议、科研人员向期刊发送论文的修改版（后印本）、编辑同意出版、科研人员转让著作权，期刊出版论文。[①] 部分出版者甚至以著作权的转让作为同意作品出版的条件。另有部分出版者并不要求著作权的转让，而是要求作者授予专有许可。例如，牛津大学出版社出版

① IGNASI LABASTIDA I. JUAN，Copyright Issues Related to the Implementation of Open Access Policies［J］，42（1）INTERNATIONAL JOURNAL OF LEGAL INFORMATION. 137,2014.

的大多数期刊采用获得所有出版内容排他性许可的政策，而非要求作者转让其著作权。[①]学术期刊出版者通过受让的著作权或者获得的专有许可控制所出版作品的获取和使用，进而获取收益。使用人欲获取和使用期刊中的作品，则须向期刊出版者支付订阅费用。相反，自存档和开放存取期刊借助著作权确保所出版作品的永久免费获取和使用。虽然开放存取以著作权人的许可为前提，但是自存档和开放存取期刊均不要求作者转让著作权或者授予专有许可。此外，使用人通过开放存取享有广泛的使用权，包括阅读、下载、复制、传播、创作和传播派生作品，以及为个人使用而打印少量作品。传统学术期刊出版方式下的使用人则不然。学术期刊所有权的转移并不意味着著作权的转让。学术期刊出版者通常会声明所有的权利保留，以及未经出版者许可不得以任何方式和形式复制作品的任何部分。总之，开放存取和传统学术期刊出版方式产生的技术环境不同、出版主体和流程不同、付费模式不同、对于著作权转让和许可的要求不同，使用人的使用权也不同。

二、学术信息开放存取与传统学术出版方式的共存关系

必须予以注意的是，虽然开放存取和传统的学术出版方式存有明显差异，但是开放存取并不排斥传统的学术出版方式，两者可以共存。开放存取只是丰富了学术出版方式，形成了对于传统学术期刊出版者的竞争。然而，学术信息开放存取没有排除传统出版方式。

---

① See Publication Rights Policy. [EB/OL] . http://www.oxfordjournals.org/en/access-purchase/rights-and-permissions/publication-rights.html，visited on 18 Nov.2016.

不言而喻，开放存取以著作权人的许可为前提，即著作权人有权决定作品的出版方式。另，自存档不影响著作权人通过传统的学术出版方式出版作品。换言之，著作权人在通过传统学术期刊出版者出版作品之后，依然可以将其作品自存档。进言之，学术信息开放存取并未对著作权人出版权的行使附加义务，亦未对著作权人出版自由的享有和出版权的行使施加限制。

与此同时，部分传统学术期刊出版者接受了开放存取出版方式。例如，由美国马萨诸塞州医学协会出版的新英格兰医学期刊（New England Journal of Medicine）与美国细胞生物学会出版的细胞分子生物学（Molecular Biology of the Cell）均自愿地将出版内容在特定期间之后供公共获取。[①] 也即上述出版者自愿将其已出版的作品延迟开放存取。综上可知，学术信息开放存取与传统学术出版方式确存差异，但是差异并不等同于两者相互排斥。质言之，开放存取能够与传统的学术出版方式共存，并可在一定程度上增加出版的作品数量，以满足不特定使用人获取和使用作品的需求。

第三节　学术信息开放存取政策对出版权行使的影响

开放存取本身并不影响出版自由和出版权。因为开放存取以著作权人的许可为前提，并以著作权的保护为制度基础。作者在一定

---

① John Willinsky，The Access Principle: The Case for Open Access to Research and Scholarship，published by The MIT Press,2006,p.63.

程度上控制了开放存取的实施。在未转让著作权或未授予他人专有许可的情形下，作者有权决定是否将其作品提交至开放存取期刊、是否将其作品存储到开放存取知识库，并决定许可使用的范围，对于职务作品或委托作品的著作权归属另有规定的除外。然而，当存有强制开放存取政策时，著作权人出版权的行使会受到制约。一般情形下，强制开放存取政策的制定主体与著作权人之间存在合同关系，如高校和全体教职工的雇佣合同关系、资助机构和受资助人的委托合同关系。当前，多达 50 家资助机构以及 100 多所高校均采取了强力的开放存取政策。一种是鼓励开放存取的政策；另一种更强力的政策是要求开放存取或默认新作品的开放存取，通常被称为强制开放存取。[①] 顾名思义，鼓励性的政策只是建议作者将其作品开放存取。故此，该政策对出版权的行使并不产生影响。事实上，欧洲多数的研究机构和高校大多采取了自愿开放存取政策、规定激励机制以鼓励全体教职工通过开放存取期刊出版或至少将已出版的作品存储在某知识库。[②] 强制性的政策却不同，该政策会影响学术自由和出版权的行使。强制性政策实际上对于作者自由选择是否出版、出版的地域、出版方式，以及何时出版其研究成果的权利附加了义务，在一定程度上限制了作者的出版自由和出版权的行使。而开放存取的不同实现方式对于出版权行使的影响存有差异。

---

① PETER SUBER.OPEN ACCESS，published by The MIT Press，2012,p.78.

② Roberto Caso et al,Balancing Copyright Law in the Digital Age :Comparative Perspectives，published by Springer–Verlag ，2015,p.122.

一、强制绿色开放存取无碍出版权的行使

绿色开放存取即自存档，一般指经同行评议的文献在发表之后应立即存储到可供自由获取的数字知识库（例如，学科、机构或其他知识库）。[①] 另外，绿色开放存取也允许预印本的自存档。自存档的作品包括同行评议期刊通常不予出版的数据集、源代码和学位论文等。可见，自存档是指已发表作品和相关资料的自存档，并未限定著作权人作品的出版机构。自存档不排斥作者或者其他著作权人通过传统的学术出版方式出版其作品。即使是强制自存档，也不会侵犯出版自由和学术自由。

基于此，越来越多的机构采取了强制绿色开放存取的政策。高校和资助机构通常采取以下 3 种强制绿色开放存取政策。第 1 种政策要求绿色开放存取，除非出版者不允许开放存取。第 2 种强制存储，该政策要求科研作品一经出版者同意出版，就存储到开放存取知识库，但是存储的时间独立于开放存取的时间。如果出版者不允许开放存取，该政策仍然要求作品存储到知识库，但非开放存取。换言之，作品只是保存在该知识库中，使用人不能免费获取和使用。如果出版者允许开放存取，那么作品一经存储或经过规定的禁止期即可开放存取。强制存储一般取决于出版者的同意，如同第 1 种强制政策。不同之处在于即使出版者不同意开放存取，强制存储政策也要求作品存储到知识库，但作品不提供开放获取。例如，自 2005 年起，英

---

① WALT CRAWFORD，OPEN ACCESS WHAT YOU NEED TO KNOW NOW，published by AMRICAN LIBRARY ASSOCIATION，2011,p.16.

国最大的非政府生物研究基金威康信托基金会（Wellcome Trust）将开放存取作为提供资助的条件。该基金会要求同行评议的期刊同意出版，且受基金全部或部分资助的科研成果的数字复制件自出版者正式出版之日起的6个月内提交到生命科学期刊全文数据库（Pub Med Central，简称为PMC）和欧洲PMC。[①]2014年5月19日，中国国家自然科学基金委员会公布了《关于受资助项目科研论文实行开放获取的政策声明》。该政策要求受国家自然科学基金全部或者部分资助的科研项目投稿并在学术期刊上发表研究论文的作者应在论文发表时，将同行评议后录用的最终审定稿，存储到国家自然科学基金委员会的知识库，不晚于发表后的12个月开放获取。若出版社允许提前开放获取，则应予提前；如果论文是开放出版的，或出版社允许存储最终出版PDF版的，应存储论文出版PDF版，并立即开放获取。[②]可见，国家自然科学基金委员会也采取了强制存储政策。不仅如此，该政策还明确要求受基金资助的作者将其科研论文开放获取。除强制存储外，该政策包含了强制开放获取的要求，开放获取无须出版社的同意。第3种强制权利保留，该政策要求作品一经出版者同意出版就存储到开放存取知识库中，如同强制存储。但是该政策增加了确保获得出版者绿色开放存取许可的方法。例如，作为最早采取该政策的资助机构之一，美国国家卫生研究院（NIH）要求受其资金资助的资助人在签订出版合同或版权转让合同之前，确保该合同允许科研作品依据NIH的公共获取政策存储到PMC。最后，

---

① Wellcome Trust.Open access policy.［EB/OL］.https://wellcome.ac.uk/funding/managing-grant/open-access-policy，visited on 19 Nov.2016.

② 国家自然科学基金委员会关于受资助项目科研论文实行开放获取的政策声明，http://www.nsfc.gov.cn/publish/portal0/tab38/info44471.htm，访问时间2016年11月19日。

作品一经出版者同意出版，经同行评议的文本必须提交到 NIH 的文稿提交系统（NIH Manuscript Submission System）并自正式出版之日起的 12 个月内，使该文本通过 PMC 供公共获取。① 英国研究理事会（RESEARCH COUNCILS UK，简称为 RCUK）于 2005 年就通过了开放存取政策。自 2005 年 10 月 1 日起，RCUK 便将开放存取作为提供资助的条件之一，受资助人应将所有已发表期刊论文或会议论文的复印件存储到知识库且论文可通过该知识库获取，但应符合版权法或版权许可协议的要求。② 可见，该政策的全面实施仍取决于作者是否有权自存档，特别是在作者向出版者转让版权或授予专有许可之后。另外，2008 年哈佛大学文理学院通过了一项政策。该政策不仅要求学者将其作品存储在机构知识库，而且要求学者授予哈佛大学非排他性的版权许可以使哈佛大学存储，并向公众发行全体教职工的学术论文。美国的其他高校也采取了类似的政策。③ 当教职工出版其作品后，学校已经获得必要许可。教职工无须采取措施保留权利或与出版者协商。哈佛式的强制政策也给予全体教职工豁免的机会，即允许他们不授予学校非排他的版权许可，但是不能免除存储的要求。当教职工获得了特定作品的豁免时，哈佛式的强制政策实际上相当于强制存储。简言之，哈佛大学采取了强制存储和强制

① See NIH Public Access Policy. [EB/OL] .https://publicaccess.nih.gov/address-copyright.htm, visited on 18 Nov.2016.

② RESEARCH COUNCILS UK，RCUK POSITION STATEMENT ON ACCESS TO RESEARCH OUTPUTS. [EB/OL] .http://www.rcuk.ac.uk/documents/documents/2005statement-pdf/, visited on 19 Nov.2016.

③ Eric Priest,Copyright and the Harvard Open Access Mandate，10（7）NORTHWESTERN JOURNAL OF TECHNOLOGY AND INTELLECTUAL PROPERTY.377,2014.

许可相结合的政策。由此可见，强制开放存取政策相互交织，并不是单一的。

综上所述，前两种强制政策取决于出版者的许可，而强制权利保留和强制许可政策在作者向出版者转让权利之前即获得了作者的许可。第 1 种政策和权利保留政策都提供了选择退出机制。不同之处在于第 1 种政策将选择退出的权利赋予了出版者，而权利保留政策则给予作者以选择退出的机会。值得注意的是，强制存储政策并非强制开放存取，开放存取需要出版者的同意。强制权利保留政策则直接要求作者保留绿色开放存取的权利。权利能否保留取决于出版者的态度。强制许可政策则直接获得了作者的许可。然而，该政策直接违背了大多数学术期刊的出版政策，为此出版者和高校之间进行了艰难的协商。最终，部分高校和出版者达成了自作品出版后 6 个月至 12 个月的禁止期，在此期间，作品不能存储到开放存取知识库。[①] 质言之，强制绿色开放存取政策不是绝对的，多数强制政策以出版权人的同意为条件。而强制绿色开放存取并未影响著作权人通过传统学术期刊出版其作品。总之，上述强制开放存取政策并未限制著作权人的出版自由，亦未影响其出版权的行使。

二、强制金色开放存取限制出版权的行使

金色开放存取又称开放存取期刊，即开放存取的文献直接在期

---

① Jorge L. Contreras, Data Sharing, Latency Variables, and Science Commons, 25 (4) Berkeley Technology Law Journal.1654,2010.

刊的网站上出版。[①] 作者只需将作品提交至开放存取期刊出版者。不同于自存档，开放存取期刊自行组织同行评议，而不依赖付费订阅期刊进行同行评议。另外，开放存取期刊出版者直接从权利人处获得了所需权利或许可。自存档则要求存储人自行获得所需权利或许可，特别是在著作权转让给出版者或授予出版者专有许可的情形下。易言之，开放存取期刊相比于自存档受到其他权利人的制约更少。然而，绿色开放存取能够被强制而不损害学术自由、不影响出版权的行使。金色开放存取则不然。金色开放存取无法在不侵犯学术自由、不影响出版权行使的情形下被强制。[②]

强制金色开放存取即要求著作权人直接通过开放存取期刊发表其作品。换言之，强制金色开放存取政策限定了作品的出版方式和出版者。也即该政策对于著作权人施加了义务，权利人需要按照政策要求出版其作品。事实上，由于现行的职称评价体系，科研人员都希望其作品出版在影响因子最高的期刊上。[③] 开放存取期刊的影响因子一般低于付费订阅的学术期刊。而学术期刊出版者通常不同意出版已在先发表的作品。换言之，著作权人在其作品通过开放存取期刊出版后，不能再通过传统学术期刊出版其作品。著作权人的出版自由和出版权的行使在一定程度上受到了强制政策的限制。承前所述，开放存取是对于著作权的限制，但不属于著作权限制和例外的具体情形，也不符合“三步测试法”。强制开放存取政策当然也不

---

① Mikael Laakso,Green open access policies of scholarly journal publishers: a study of what, when, and where self-archiving is allowed,99 Scientometrics. 475–476,2014.

② PETER SUBER,OPEN ACCESS,published by The MIT Press，2012,p.59.

③ Roberto Caso et al,Balancing Copyright Law in the Digital Age :Comparative Perspectives, published by Springer–Verlag ，2015,p.117.

属于著作权的限制和例外。另，该强制政策会在一定程度上影响著作权人的合法权益。RCUK 于 2013 年 4 月公布了修改后的开放存取政策。虽然该政策要求受资助的研究人员将其经同行评议的科研论文发表在符合 RCUK 开放存取政策的期刊，但是开放存取方式的选择权属于研究人员及其所属的研究机构。而满足以下条件的期刊被视为符合 RCUK 的开放存取政策：期刊通过其网站以知识共享许可的方式提供论文最终出版版本的及时、无限制的获取，并允许将最终出版版本及时存储到其他知识库，而不限制二次使用；期刊同意在特定的时间内将最终审定稿存储到任何知识库，而不限制非商业性的二次使用。同时，该政策规定了 5 年的过渡期，并区分不同学科规定了开放存取的禁止期。[①] 可见，RCUK 的强制开放存取政策仅限定了受资助研究人员论文发表的期刊范围，亦未将开放存取的方式限定为金色开放存取。

2012 年 9 月 12 日发布的《布达佩斯开放存取倡议的十年回顾》（Ten years on from the Budapest Open Access Initiative: setting the default to open）中所提出未来 10 年的政策建议之一，即为高校的政策应该鼓励而非要求全体教职工通过开放存取期刊出版，并应该帮助全体教职工理解开放存取知识库存储和开放存取期刊出版的区别。[②] 从中可以看出，强制政策不应适用于通过开放存取期刊的出

① RESEARCH COUNCILS UK，RCUK Policy on Open Access and Supporting Guidance.［EB/OL］.http://www.rcuk.ac.uk/documents/documents/rcukopenaccesspolicy-pdf/，visited on 19 Nov.2016.

② See Ten years on from the Budapest Open Access Initiative: setting the default to open.［EB/OL］. http://www.budapestopenaccessinitiative.org/boai-10-recommendations，visited on 19 Nov.2016.

版，对其应予适用鼓励政策。鼓励政策既可适用于开放存取知识库，又可适用于开放存取期刊，而不会影响出版权的行使。原因即为鼓励政策没有对著作权人施加义务。此外，《布达佩斯开放存取倡议的十年回顾》强调开放存取知识库存储和开放存取期刊出版存在差别。仅就强制政策对出版权的影响而言，强制绿色开放存取能够和传统的学术期刊出版方式共存，而不影响出版自由和出版权的行使。强制金色开放存取则会影响出版自由及出版权的行使。

综上可知，强制开放存取政策因开放存取方式的差别对于出版权行使的影响不同。强制金色开放存取政策会影响著作权人的出版自由，并会限制其出版权的行使。因此，高校和科研资助机构宜采取金色开放存取的鼓励政策，但不应采取强制政策。

本章小结

《伯尔尼公约》、TRIPS 协定、WCT、WPPT 和《视听表演北京条约》都没有定义出版权。结合相关法律规定和部分学者的观点，出版权是作者和其他著作权所有人享有的复制作品，并以销售或其他所有权转让方式向公众提供作品原件或复制件的权利。即出版权包含复制的权利和向公众发行的权利。出版权是出版自由的体现。出版权是私权，具有专有性和排他性。权利人有权决定是否出版、出版时间、地点、出版人，以及出版方式。出版权不同于出版者权，出版者权属于相关权。两者的权利主体、客体和内容均不相同。

开放存取是一种新的学术信息传播模式和数字出版方式。开放存取产生于互联网时代，适用于数字环境中。而开放存取和传统学术期刊出版方式产生的技术环境、出版主体和流程、付费模式、对著作权转让和许可的要求，以及使用人的使用权都不相同。开放存取以著作权人的许可为前提，开放存取本身并不影响出版自由和出版权的行使。而强制开放存取政策会在一定程度上影响出版权的行使。强制开放存取政策对著作权人附加了义务。如前所述，开放存取不是著作权限制和例外的法定情形。强制开放存取政策当然也不是著作权的限制和例外。而开放存取的不同方式对于出版权行使的要求不同。自存档又称开放存取的绿色之路，即作者或其他著作权人可在作品出版之后将作品的电子版存储到知识库。显然，自存档并未限制著作权人出版权的行使。开放存取期刊亦称开放存取的金色之路，即作者或其他著作权人的作品直接通过开放存取期刊出版。由此可见，开放存取期刊对作品的出版方式和出版者均有所要求。然而，开放存取本身不具有强制性，不影响权利人出版权的行使。

强制开放存取政策则不然。部分高校和资助机构所采取的强制绿色开放存取政策主要有以下 3 种：第 1 种政策要求绿色开放存取，除非出版者不允许开放存取；第 2 种政策是强制存储；第 3 种政策是强制权利保留。经过分析得出，强制绿色开放存取政策可在不影响出版自由和出版权行使的情形下，与传统的学术期刊出版方式共存。与之相反，强制金色开放存取会在一定程度上影响出版自由和出版权的行使。《布达佩斯开放存取倡议的十年回顾》亦明确提出高校不应采取强制金色开放存取政策。质言之，强制开放存取政策不能同等适用于自存档和开放存取期刊。原因在于强制金色开放存取政策会在一定程度上限制出版权的行使。此外，强制开放存取政策的适用并非绝对，多数强制开放存取政策以出版者的同意为条件。因此，强制开放存取政策的适用范围及其作用也是有限的。进言之，强制开放存取政策对于学术信息开放存取而言是不充分的，学术信息开放存取尚需相关法律制度的构建及完善。

第七章

学术信息开放存取法律制度的构建与完善

学术信息开放存取具有重要的理论和现实意义。开放存取是信息自由的题中之义、信息公平的内在要求、公共产品的本质特征、公共利益的重要体现、包容性信息社会构建的必然选择和知识经济持续发展的现实需要。开放存取能够促进知识的共享、使用和传播，推动创新和知识经济的发展。而开放存取以著作权的保护为制度基础，但又受到著作权保护的制约。具言之，著作权转让或专有许可或归属的不同会制约开放存取。与此同时，开放存取作为新的学术信息传播方式和出版方式对著作权许可方式提出了新的要求。强制金色开放存取政策则会限制出版权的行使。故为促进开放存取和利益平衡，著作权法应规定作者的二次发表权、著作权授权许可应采用知识共享许可协议，并应规定出版权。

第一节　遵循利益平衡原则

知识产权是私权，具有专有性和排他性。然而，作为其客体的知识产品本身具有公共产品属性。也即知识产品之上附加了私权，知识产品同时具有了私人产品属性。因此，利益平衡机制在知识产权法中尤为重要。可以说，利益平衡是知识产权法中的一个根本性问题。利益平衡是一种价值判断，是知识产权法价值取向的内在要求。[①] 而学术信息开放存取相关法律制度的构建理应遵循利益平衡原则。利益平衡原则应贯穿于开放存取相关法律规则制定、实施的全过程。

一、利益平衡原则的内涵

利益是人们受社会物质生活条件所制约的需要和满足需要的手段和措施；利益决定着法的产生和发展。法对利益有能动作用，可以促使或阻碍特定利益的形成和发展。[②] 法律的目的是在个人原则与社会原则之间形成一种平衡。[③] 个人原则是以个人利益为出发点，而社会原则是基于社会整体利益。可见，利益是客观要素、利益和法相互作用，而法律以私人利益与公共利益的平衡为目的。权利是法律承认和保护的利益。权利的享有和行使在很多时候是基于利益之目的。[④] 换言之，利益不等同于权利，利益可通过法律的确认和保护上升为权利。权利与义务相对应而存在。没有无义务的权利，也没有无权利的义务。两者统一于法律关系中。法律关系的不同主体，其利益诉求不同，甚至会出现冲突。例如，知识产权权利人要求强化对其权利的保护，而知识产品的使用人则要求不保护或者有限地保

① 吴汉东：《知识产权法的平衡精神与平衡理论——冯晓青教授〈知识产权法利益平衡理论〉评析》，载《法商研究》2007 年第 5 期，第 159 页。

② 孙国华：《论法与利益之关系》，载《中国法学》1994 年第 4 期，第 36–39 页。

③ ［美］博登海默：《法理学法律哲学与法律方法》，邓正来译，中国政法大学出版社 2004 年版，第 115 页。

④ 范进学：《权利概念论》，载《中国法学》2003 年第 2 期，第 17 页。

护知识产权，以便其更容易地获取知识产品。显然，利益平衡与权利、义务的分配直接相关。知识产权法以知识产品的生产、传播、利用、保护所产生的社会关系为调整对象。知识产权法实际上是一个分配知识产品权益的制度。① 著作权法亦然。著作权法的实质是调整利益关系的制度设计，其关键在于如何合理分配围绕作品产生的各种利益关系并加以协调。②而知识产品具有私人产品和公共产品双重属性。因此，知识产权权利人的私人利益和公共利益之间的平衡贯穿于知识产权法运行的全过程。知识产权人利益与公共利益之间平衡是知识产权法利益平衡机制的重心。③ 在知识产权权利不断扩张及知识产权强保护的情形下，私人利益和公共利益会出现失衡，利益平衡更显重要。知识产权法的利益平衡具体包括两个方面的意涵：第一，以私权保护作为利益平衡的前提、以利益平衡作为私权保护的制约机制，在立法上进行权利义务的合理配置。第二，以利益平衡原则贯穿于整个知识产权法的解释与适用过程。④ 简言之，知识产权的保护是前提、利益平衡是对私权的制约，方式为权利义务的立法配置。利益平衡原则贯穿于知识产权法的运行。利益平衡原则是抽象的，不能作为规则直接适用。利益平衡原则因其抽象而具有稳定性，能够适应社会关系的发展变化，尤其是科学技术的发展（科技的发展促进了知识产权人权利的扩张）。利益平衡原则是基础性的，对于

---

① 冯晓青：《知识产权法的价值构造：知识产权法利益平衡机制研究》，载《中国法学》2007 年第 1 期，第 69 页。

② 冯晓青、胡梦云：《动态平衡中的著作权法——私人复制及其著作权问题研究》，中国政法大学出版社 2011 年版，第 43 页。

③ 冯晓青：《知识产权法利益平衡理论》，中国政法大学出版社 2006 年版，第 66 页。

④ 任寰：《论知识产权法的利益平衡原则》，载《知识产权》2005 年第 3 期，第 13、14 页。

知识产权的立法、执法、司法和守法具有指导作用。利益平衡原则不具有直接的法律效力，而是通过利益平衡规则的制定、实施实现。例如，知识产权法（包括知识产权相关的国际条约）中客体范围的界定条款、知识产权法中的保护期条款与知识产权保护的限制与例外条款等。

著作权法的利益平衡自然具有上述两个方面的含义。著作权保护是利益平衡的前提，利益平衡是对著作权人专有权的制约，方式是权利和义务的立法配置。即著作权人的私权保护不能超越著作权法需要保障的利益平衡目标。利益平衡原则贯穿于著作权法的解释和适用，并指导著作权立法。利益平衡通过著作权法中利益平衡规则的制定与实施实现。规则用于分配权利和义务，权利与义务的分配应当遵循利益平衡原则。著作权法中需要平衡的利益主要是著作权人与作品使用人之间的利益。使用人是不特定的，体现了公共利益。使用人的利益主要是获取和利用作品。著作权人是特定的，代表了私人利益。著作权人的利益是获得基于创造性劳动的收益。诚然，著作权人和使用人的利益，私人利益与公共利益均不可偏废。正如美国上诉法院第七巡回法院的法官理查德·波斯纳所言："平衡接近与激励是版权法的核心问题。"[①] 换言之，作品的获取和创作的激励，也即使用人与著作权人利益之间的平衡是著作权法的核心问题。接近与激励的平衡也体现了公平与效率兼顾的要求。创作激励有利于增加知识产品的供给，提高效率。作品接近有助于保证公众对知识产品的基本需求，实现公平。接近与激励的平衡有利于在知识产

---

① William M. Landes & Richard Posner，An Economic Analysis of Copyright Law,18 J. LEGAL STUD. 326,1989.

品更加丰富的基础上实现公平，即实现更高层次的公平。只重效率或只重公平都不符合利益平衡原则的要求。开放存取是在学术期刊危机的背景下出现的。学术期刊出版商不断提高期刊的订购价格、限制版权作品的许可，从而妨碍了知识的获取、使用和传播。此种情形下，著作权人和使用人的利益出现了失衡。由此可见，权利人的权利行使方式会影响利益平衡。此外，著作权权项的增加、客体范围的扩展，著作权保护标准的提高会增加天平中代表著作权人一端托盘的砝码。在天平另一端托盘的砝码没有等量增加的情况下，天平的指针就会偏向砝码多的一端，即私人利益和公共利益失衡。

然而，影响利益平衡的因素有多种。著作权人和使用人间的利益不会永久保持平衡状态。美国沃伦·厄尔伯格大法官提出："版权法中蕴含着两条真理：第一，版权法中存在大量复杂的、需要调和的利益冲突；第二，版权法将不断受到科学技术发展的挑战。"[①] 毋庸置疑，《伯尔尼公约》、TRIPS 协定和 WCT 只是规定了缔约国最低标准的著作权保护义务。故此，不同国家的著作权保护标准不一、不同国家著作权法中存在的利益冲突也不同。即使是同一个国家，不同时期著作权法存在的利益冲突也不同。总之，利益平衡不是静态的，而是动态的。利益平衡并非绝对，而是相对的。故利益平衡应为著作权法恒久的主题，而利益平衡机制应当进行适应性调整。承前所述，开放存取旨在促进使用人对版权作品的获取、使用和传播，有利于平衡私人利益和公共利益。同时，开放存取并未忽略著作权人的权益。"布达佩斯开放存取倡议""贝塞斯达开放存取出版宣言"和"柏林宣言"均明确提出开放存取以著作权人的许可为前提，即

① 郭威：《版权默示许可制度研究》，中国法制出版社 2014 年版，第 1 页。

著作权人有权决定其作品是否开放存取。另使用人在获得著作权人许可的同时，应当履行相应义务，即尊重作者的人身权并正确引用。简言之，虽然开放存取以学术信息的无障碍获取为目标，但是开放存取强调对于著作权的保护，以兼顾著作权人和使用人的利益。故开放存取相关法律制度的构建和完善除以促进知识共享为目标外，应遵循利益平衡原则。

二、利益平衡原则的体现

利益平衡原则指导著作权法中权利义务的分配，是分配正义的内在要求。分配正义是人类在分配物质财富、政治权利、义务、幸福、发展机会等社会资源的活动中致力于实现的最高价值目标，它意指社会资源在社会成员中间的分配应该最大限度地体现公正性。[①]可见，社会资源（包括权利、义务）的分配应该以公正为最高价值目标。利益平衡原则要求与知识产品生产、传播、利用和保护等相关的权利义务分配应该平衡私人利益与公共利益（公共利益体现了社会成员的整体利益）、兼顾效率与公平。利益平衡符合分配正义的要求。利益平衡亦为法律秩序价值的题中之义。法律秩序价值首先体现在它可以为人类社会提供抑制社会冲突而使社会处于和平状态的有效手段。[②]可见，法律秩序价值既追求社会和平的结果，又须以调控机制为手段。即法律秩序是制度与结果的结合。而利益平衡不仅

---

① 向玉乔：《社会制度实现分配正义的基本原则及价值维度》，载《中国社会科学》2013年第3期，第108页。

② 周旺生：《论法律的秩序价值》，载《法学家》2003年第5期，第37页。

作为一种目标和要求，而且以权利义务的公正分配为主要内容。利益平衡无疑有助于消弭社会冲突，促进法律秩序价值的实现。此外，利益平衡是民法精神和社会公德的要求，也是人权思想和公共利益原则的反应。[①] 足见，利益平衡原则具有充分的法律和伦理依据。众所周知，不同的法律关系主体，利益不同，甚至存在冲突。利益平衡亦极具现实意义。

利益平衡作为一项法律原则体现于各国的著作权法或相关立法，以及与著作权保护相关的知识产权条约中。诸如，目的和原则、保护期与客体范围，以及权利限制与例外等条款。例如，美国宪法中的知识产权条款，联邦宪法授予国会以下权力："通过确保作者和发明人分别对其作品和发明有限时间内的专有权，来促进科学和实用艺术的发展。"[②] 可见，作者和发明人享有的专有权是有时间限制的。有限的保护期创设了知识产品的公共领域。保护期满，作品或发明便不再受著作权法或者专利法的保护。公众可以自由地获取、使用。科学和实用艺术的发展意味着促进学习和知识。[③] 有限的保护期、学习和知识的促进当然有益于公共利益。质言之，授予作者和发明人以专有权的最终目的在于促进公共利益。根据中国《著作权法》中立法目的条款，著作权法的目的除保护作者权益外，还在于鼓励作品的创作和传播，而最终目的是促进社会主义文化和科学事业的发展与繁荣。[④] 综上可知，美国宪法和中国《著作权法》中的上述条款

① 吴汉东：《试论知识产权限制的法理基础》，载《法学杂志》2012 年第 6 期，第 1 页。

② U.S.C.A. Const. Art. I § 8，cl. 8.

③ 冯晓青：《知识产权法目的与利益平衡的实证分析——以美国〈宪法〉知识产权条款为例》，载《北京科技大学学报（社会科学版）》2008 年第 24 卷第 3 期，第 64 页。

④ 参见《中华人民共和国著作权法》第 1 条。

均体现了利益平衡目标。而在国际法层面，TRIPS 协定直接规定了利益平衡目标和公共利益原则。TRIPS 协定第 7 条明确规定，知识产权的保护和实施应有助于技术知识的创造者和使用者的相互利益，有助于社会和经济福利，以及权利与义务的平衡。第 8 条授权成员方在制定或修改法律和法规时，可采取对保护公共健康和营养，促进对社会经济技术发展至关重要部门的公共利益所必需的措施，只要采取的措施应符合协定的规定。[①]概言之，知识产权的保护和实施应以权利人与使用人的利益平衡，以及公共利益的促进为目标。成员方有权依法采取必需的措施促进重要部门的公共利益，但不得违反协定的规定，当然不得违反协定中的知识产权保护条款。由此可见，TRIPS 协定的上述规定体现了利益平衡的要求。WCT 则在序言中提出了利益平衡的目标，“承认有必要按《伯尔尼公约》所反映的维持作者权利和广大公众利益，尤其是教育、研究与获得信息的利益之间的平衡”。[②]《世界版权公约》也在序言中规定：“确保对个人权利的尊重，并鼓励文学、科学和艺术的发展。”[③]即公约的目标不仅是保护私人利益，还促进公共利益，体现了利益平衡的要求。《伯尔尼公约》虽未直接规定利益平衡的目标，却通过规定版权的保护期、版权的限制和例外制约私权，保障使用人在特定情形下对于版权作

---

① See art7,art8 of AGREEMENT ON TRADE-RELATED ASPECTS OF INTELLECTUAL PROPERTY Rights,https://www.wto.org/english/docs_e/legal_e/27-trips.pdf，visited on 6 Dec.2016.

② See Preamble of WIPO Copyright Treaty，http://www.wipo.int/wipolex/en/treaties/text.jsp?file_id=295157，para5,visited on 7 Dec.2016.

③ See Preamble of Universal Copyright Convention，http://portal.unesco.org/en/ev.php-URL_ID=15381&URL_DO=DO_TOPIC&URL_SECTION=201.html，para5,visited on 7 Dec.2016.

品的使用，进而平衡私人利益和公共利益。可见，《伯尔尼公约》遵循了利益平衡原则。总而言之，上述规定或直接或间接体现了利益平衡的要求。

毋庸置疑，空有原则性的规定，无法实现利益平衡。利益平衡目标或原则的实现离不开利益平衡机制。而利益平衡机制通过权利义务的分配加以确立。各国的著作权法或相关的知识产权条约中一般包括以下利益平衡机制：公共领域保留和著作权人权利行使的限制。公共领域保留是指通过作品构成的实体标准、著作权保护期的限制，以及思想与表达的二分法划定了受著作权法保护的私人领域和不受著作权法保护的公共领域。从效益的角度来看，在公共领域中，公众可以自由获取和利用知识产品，有利于充分发挥知识产品的社会价值。从产品属性的角度来看，知识产品具有公共产品属性即非竞争性和非消耗性。多个主体可以在同一时间、不同地点使用同一种知识产品，而使用不会减损知识产品的价值。相反，知识产品的价值会实现最大化。尤其是处于公共领域中的知识产品，其获取和利用几近零成本，并且使用人数众多。质言之，公共领域保留有助于在保护著作权人权益的同时，促进公众对知识产品的获取和利用，进而实现利益平衡。诚然，没有绝对的权利和自由。孟德斯鸠曾言“自由是做法律所许可的一切事情的权利；倘若一个公民可以做法律所禁止的事情，那就没有自由可言了，因为，其他人同样也有这个权利”。[①] 易言之，权利行使的限制是指在法定情形下，著作权人权利行使的方式、自由和范围受到一定限制。限制的方式是立法规定著作权的限制或例外，包括著作权限制、合理使用、法定许

① ［法］孟德斯鸠：《论法的精神》（上卷），许明龙译，商务印书馆 2009 年版，第 165 页。

可或强制许可等。为防止缔约方对著作权人权利的不合理限制，《伯尔尼公约》、TRIPS 协定、WCT 和 WPPT 均规定了“三步测试法”，即权利限制的限制。限制的目的即为制约私权、促进公共利益和利益平衡，而权利限制的限制明显以制约公权和确保私人利益和公共利益的平衡为目标。

总之，利益平衡原则具有基础性、根本性和普遍性。利益平衡原则不能独自实现，须以权利和义务的配置为手段。著作权法或与著作权保护相关的国际知识产品条约中的利益平衡机制包括：公共领域保留与著作权人权利行使的限制。诚然，法律具有滞后性，利益平衡机制亦是如此。伴随科学技术的发展，作品的表达方式、复制及存储方式、传播方式与出版方式多样化，著作权法律关系亦随之复杂化。比如，著作权权利主体的多元化、客体范围的扩展和权利的扩张。可是利益平衡机制并未进行适应性调整。现有的利益平衡机制能否满足开放存取的需要有进一步分析的必要。与此同时，开放存取作为一种新的学术信息传播模式和数字出版方式对著作权许可方式提出了新的要求。强制金色开放存取政策则在一定程度上限制了出版权的行使。权利义务的分配势必有所变化，进而利益平衡机制需要进行适应性调整。利益平衡机制的调适同样应遵循利益平衡原则。

三、学术信息开放存取利益平衡的特殊性

开放存取是一种新的学术信息传播模式和数字出版方式。开放存取的利益平衡具有特别之处。一方面，现有的利益平衡机制不能满足开放存取的需要。另一方面，开放存取可能引起利益失衡。因此，利益平衡机制需要进行相应调整。

（一）现有的著作权利益平衡机制供给不足

如前所述，开放存取不属于著作权限制和例外的具体情形，亦不符合“三步测试法”，不构成著作权的一般限制和例外。具体而言，开放存取不属于合理使用，开放存取超出了合理使用的范围。使用人享有广泛的经济权利，且使用目的不限于特定范围或非商业目的。开放存取也不属于著作权的法定许可或强制许可。法定许可和强制许可的情形有限，并且被许可人须向著作权人支付一定的费用。通过前述分析得出，开放存取不符合“三步测试法”，各成员方或缔约各方不能通过扩充著作权限制和例外的方式为开放存取提供法律依据。另与处于公共领域中的作品不同，开放存取的作品仍受著作权法的保护，只不过保护范围是有限的。而保护范围的限制是基于著作权人的许可。著作权人授权不特定的使用人行使部分财产权利。质言之，著作权行使的限制和公共领域保留均未涵盖开放存取，现有的利益平衡机制均不能满足开放存取的需要。

（二）学术信息开放存取引起的利益失衡

学术期刊出版商的商业模式较为简单。从费用层面看，学术期刊获取的大部分内容都是免费的，并且不向作者支付版税。当然，期刊出版有费用发生，包括文章的筛选、组织同行评议、编辑、校订、出版（印刷出版和网络出版）、市场推广和发行，不含出版后的费用。[①] 学术期刊出版商的收益主要来自订阅费、再版费和广告

---

① Jorge L. Contreras，CONFRONTING THE CRISIS IN SCIENTIFIC PUBLISHING: LATENCY，LICENSING，AND ACCESS，53 Santa Clara L. Rev.502,2013.

费。其中，订阅费是收益的主要来源，高校图书馆则是主要的订阅用户。出版商须通过受让的著作权或著作权人授予的专有许可控制作品的获取和使用以获得收益。而开放存取是作者付费、用户免费获取和使用作品的数字出版方式。相比于付费订阅期刊，使用人无疑更倾向于免费获取和使用科研作品。申言之，开放存取出版与学术期刊出版商存在竞争关系。显然，开放存取出版的作品会在一定程度上构成期刊出版商出版作品的市场替代。特别是部分研究机构、政府机构或高校采取了强制开放存取政策（包括强制存储、强制许可或强制权利保留）。例如，美国国家卫生研究院、英国研究理事会、澳大利亚研究委员会、英国威康信托基金会、中国国家自然科学基金委员会、哈佛大学（法学院、文理学院）和昆士兰科技大学等。

另经前述分析可知，强制金色开放存取政策因对著作权人施加了义务会影响出版权的行使。由此，开放存取会引起使用人与期刊出版商之间的利益失衡。当然，强制开放存取政策不是法律，不具有法律效力。在期刊出版商受让著作权或者获得专有许可之后，开放存取便取决于出版商的许可。在出版商拒绝许可的情形下，其权益不会受到开放存取的影响。然而，此种情形下，开放存取就受到了限制，不特定使用人的利益亦受到了影响。可见，现有的利益平衡机制不能同时兼顾著作权人和使用人的利益。使用人和期刊出版商如同坐在跷跷板的两端。只有在双方重量相同的情况下，跷跷板才会处于平衡状态。任何一方重量的增加，跷跷板就会失去平衡。换言之，双方的利益必须同时兼顾，不可偏颇。而双方的利益不可能永久处于平衡状态。在利益失衡的情形下，应当通过利益平衡机制的调节恢复双方的利益平衡。

（三）学术信息开放存取利益平衡机制的重构

开放存取的目的在于消除作品的价格障碍（例如，订阅费和许可费），以及许可限制，促进作品的无障碍获取。开放存取的利益平衡机制除以利益平衡为原则外，应当兼顾开放存取的目标。如前所述，开放存取、特别是强制开放存取政策会在特定情形下引起期刊出版商和使用人，以及著作权所有人与使用人之间的利益失衡。利益失衡的向度不是单一的，而是具有双重性。因此，权利和义务的分配应全面考虑相关的利益主体。权利和义务的分配应当相互对应且彼此制衡，即不应只在天平的一个托盘中增加砝码。

具体而言，为促进可持续的开放存取，开放存取不应受到期刊出版商专有权的制约。然而，开放存取会减少期刊订阅数量。开放存取实际上消除了著作权法对于期刊出版商获取销售收入的保护。[①] 诚然，现有的利益平衡机制不能满足开放存取的需要。此外，通过增加著作权限制或例外的具体情形亦不可行，因为开放存取不符合“三步测试法”。鉴于此，著作权法可赋予作者相应权利以实现开放存取。比如，为促进开放存取，荷兰和德国修订后的《著作权法》均赋予作者“二次发表权”。相应地，出版商专有权的行使应当受到一定制约，也即承担特定义务。例如，出版商不得通过出版合同限制作者的“二次发表权”。然而，期刊出版商通过作品的出版、发行获取收益的权利不应受到损害。因此，作者“二次发表权”的享有和行使也应受到一定

① Matthias Seaman,Ian Stewart,COPYRIGHT VS.OPEN ACCESS:WHAT IS THE FUTURE OF SCIENCE PUBLISHING?.［EB/OL］.http://darchive.mblwhoilibrary.org/handle/1912/6647, visited on 10 Dec.2016.

制约。例如，通过限定权利行使的时间，以使出版商在此期间内通过专有权的行使获取收益。与此同时，付费用户因向出版商人支付了对价，故享有优先获取和使用作品的权利。另对于著作权所有人和使用人之间可能出现的利益失衡，即便职务作品或委托作品的著作权不属于作者，并且著作权所有人不同意开放存取，作者也可通过“二次发表权”的行使促进开放存取。而科研作品的作者通常会行使该权利。原因在于科研人员的报偿主要是认可与尊重，认可与尊重均通过作品的传播实现。不仅如此，科研人员发表的作品数量和影响力，以及被引用的次数对于其获得公共资金资助有一定影响。毫无疑问，开放存取有利于扩大作品的传播范围、提升作者的影响力及增加作品的引用次数。除此之外，二次发表不影响作者通过传统的学术期刊发表作品。可见，“二次发表权”的行使既能促进科研人员的私人利益，又能增进公共福利。值得注意的是，发表不是许可使用，发表只是作品的公开。换句话说，著作权所有人依然可通过设定使用许可条件的方式，限制使用人对其作品的使用范围，但是应与开放存取的目标相一致。即制约是双向的，并以知识的共享和无障碍获取为目标。总之，开放存取的利益平衡涉及三类利益主体、两种利益关系，权利和义务的分配应满足利益兼顾、双向制约的要求。开放存取的利益平衡机制必须遵循利益平衡原则，并符合开放存取的目标。简言之，开放存取的利益平衡机制应遵循一个原则、符合一个目标、平衡两种利益关系并满足两个要求。

综上所述，利益平衡是知识产权法的原则之一。著作权法也应遵循利益平衡原则。利益平衡是对著作权法的要求、著作权保护是利益平衡的前提、利益平衡是对著作权人专有权的制约，方式是权利义务的立法配置。利益平衡原则贯穿于著作权法的解释和适用，并指导著作权立法。显然，利益平衡原则体现了分配正义和法律秩序价值的内在要求。利益平衡亦为社会公德的要求，反映了公共利益原则。基于此，利益平衡原则有充分的法律和伦理依据。

《伯尔尼公约》、TRIPS 协定、WCT 和《世界版权公约》或直接规定了利益平衡的原则或目标或者间接反映了利益平衡原则的要求。缔约国应当善意履行上述条约中的义务，包括遵循利益平衡的要求。诚然，若只有原则性的规定，则利益平衡无法实现。利益平衡须通过权利义务的分配实现。权利义务是法律关系的内容。法律关系的发展变化会影响权利义务的分配。也即利益平衡状态并非恒久不变。利益平衡不是静态的，而是动态的。特别是与知识产权的保护、许可、利用等相关的法律关系，科学技术的发展对其具有直接影响。伴随网络技术和数字技术的发展，作品的表达、传播以及出版方式多样化。开放存取作为一种新的学术信息传播模式和数字出版方式对于权利义务的配置提出了新的要求。此外，开放存取也在特定情形下引起了期刊出版商和使用人之间、著作权所有人与使用人之间的利益失衡。而开放存取会受到出版权人专有权行使的制约。同时开放存取出版或强制开放存取政策会影响出版商的权益。原因在于，开放存取出版的作品会构成出版商出版作品的市场替代。另，著作权所有人专有权的行使会制约开放存取，而使用人的不当使用会侵犯著作权人的权利。通过分析可知，现有的利益平衡机制即公共领域保留和著作权人权利行使的限制不符合开放存取的需要。换言之，现有的权利义务分配机制不能实现开放存取情形下著作权人和使用人之间的利益平衡。而开放存取以作品的无障碍获取为目标。因此，开放存取的利益平衡机制应以版权作品的无障碍获取为目标，并应遵循利益平衡原则以兼顾相关主体的权益。

第二节　纳入开放存取条款

诚然，《伯尔尼公约》、TRIPS 协定和 WCT 仅规定了最低标准的知识产权保护义务，并未限制成员方或缔约方立法权的行使。TRIPS 协定第 1（1）条明确规定，各成员有自由在其法律制度和实践中确定实施本协议规定的适当方法。[①] 另 WCT 第 14（1）条强调，缔约各方承诺根据其法律制度，采取必要措施以确保本条约的适用。[②] 即上述条约为成员方或缔约方预留了调适空间，以适应各自不同的法治程度、发展水平和实现各自政策目标的需要。此外，《伯尔尼公约》、TRIPS 协定和 WCT 均以利益平衡为目标。申言之，成员方或者缔约方有权根据国内法律和政策的需要修改知识产权立法。为促进开放存取，西班牙、意大利、德国、荷兰、美国、阿根廷、秘鲁和欧盟都通过修法或立法方式引入了开放存取条款。其中，西班牙、美国、阿根廷、秘鲁和欧盟均强制作者开放存取，意大利、德国和荷兰则赋予作者二次发表权。虽然开放存取条款的具体内容存在差异，但是开放存取条款均以促进学术信息的无障碍获取为目标，并体现了利益平衡原则的要求。

---

① See art1（1）of AGREEMENT ON TRADE-RELATED ASPECTS OF INTELLECTUAL PROPERTY Rights,https://www.wto.org/english/docs_e/legal_e/27-trips.pdf, visited on 21 Dec.2016.

② See art 14（1）of WIPO Copyright Treaty, http://www.wipo.int/wipolex/en/treaties/text.jsp?file_id=295157, para5 ,visited on 21 Dec.2016.

一、强制开放存取

顾名思义，强制开放存取是指受公共资金特定资助的作者有义务将其已发表的作品提供开放存取。而开放存取是一项法律义务，具有强制性。较之于强制开放存取政策，其效力和稳定性更强。

（一）西班牙立法纳入的强制开放存取条款

2011 年，西班牙颁布了《科学、技术与创新法》。其中，第 37 条（开放存取传播）规定，主要受政府财政预算资助的科研人员必须将期刊出版商同意出版的最终内容的电子版及时向公众提供，但不应迟于自作品正式出版之日起的 12 个月。作品的电子版将通过开放存取学科知识库或机构知识库出版，而不影响出版权的归属或出版权向第三方转让合同的效力。[①] 显然，该条款确立了主要受政府资金资助科研人员的开放存取义务。具体特征如下：（1）义务人是主要受政府财政预算资助的科研人员。（2）开放存取的作品是期刊出版商同意出版的最终内容的电子版；原因在于开放存取属于数字出版方式。（3）开放存取的方式是自存档，即绿色开放存取；由于强制金色开放存取会影响权利人的出版自由及其出版权的行使。（4）适格的科研人员有权延迟其作品的自存档，延迟时限为自作品正式出版之日起的 12 个月内。换言之，作者享有延迟开放存取的

① Ignasi Labastida I. Juan.COPYRIGHT ISSUES RELATED TO THE IMPLEMENTATION OF OPEN ACCESS POLICIES，42 Int'l J. Legal Info. 3,2014.

决定权（包括是否延迟和延迟的时间）。由此可见，义务主体和开放存取的方式均是特定的、自存档作品的版本也是限定的。而条件的设定可在一定程度上起到利益平衡作用。（5）该条款提出不影响出版权的归属或出版权转让合同的效力。根据出版权，权利人有权决定作品是否出版及其出版方式。出版权的权利人不一定是作者。申言之，如果出版权人不采取开放存取的方式出版作品或出版权转让合同中约定作者不得以任何其他方式再次发表或出版作品，那么该条款不得适用。

不难看出，科研作品的开放存取依然会受到出版权归属或出版权转让合同的制约，具有不确定性。另外，关于义务主体的规定相对模糊，即主要受政府财政预算资助的科研人员中，“主要”的认定标准不明。此处的“主要”应指资助的金额或资助金额所占的比例。总之，强制作者开放存取条款的适用是有限的、不能消除开放存取可能受到的著作权人专有权行使的限制、不符合开放存取的要求，故不宜作为开放存取的利益平衡机制。

（二）美国国会立法规定的强制开放存取条款

2014 年 1 月 17 日，美国第 113 届国会通过了《2014 年综合拨款法案》。该法案的第 527 节要求依据本法案受预算支持，并且年度研发支出超过 1 亿美元的每个联邦机构或由多局组成的联邦机构的每个局都应当制定一项联邦资助研究成果的公共获取政策。公共获取政策应当规定，（1）向联邦机构、所辖局或代表联邦机构的委托机构提交受联邦政府部分或全部资助的，并且经注明基金来源的同行评议期刊同意出版的作者最终文本的机读文本；（2）上述同行评议的最终文本或出版文本不迟于自其正式出版之日起的 12 个月内供公众在线免费获取；（3）遵循所有与版权相关的法律。[①]简言之，该法案规定了特定联邦机构制定公共获取政策的义务，并对公共获取政策的内容提出了具体要求。

值得注意的是，并非所有的联邦机构都承担制定公共获取政策的义务。只有年度研发支出超过1亿美元的联邦机构，才是义务主体。公共获取政策应包含以下4个方面的内容：首先，科研活动受到了联邦政府的部分或全部资助；其次，作品是经同行评议的最终文本或出版文本的机读格式，而期刊须注明基金来源；再次，自作品正式出版之日起的12个月内向公众免费提供；最后，公共获取政策应当符合与版权相关的法律规定。从中可以看出，与西班牙《科学、技术与创新法》中的强制开放存取条款相同，资助的金额或比例不明。另外，公共获取政策不能违反和版权相关的法律规定，而与版权相关法律的涵盖范围甚广。美国国会亦可通过版权立法限制公共获取政策的适用。这与美国奉行知识产权强保护的政策相契合。显而易见，公共获取政策依然会受到受让版权或者获得专有使用许可的出版者的限制。

（三）阿根廷《开放科学法》中的强制开放存取条款

阿根廷是首个在拉丁美洲进行开放存取立法的国家。2012年5月，阿根廷《开放科学法》（草案）通过众议院审议。2013年11月《开放科学法》（草案）获参议院批准通过。该法案旨在确保主要受国家

---

① 113th Congress "Consolidated Appropriations Act，2014"［H.R. 3547］,https://www.congress.gov/113/plaws/publ76/PLAW-113publ76.pdf，page417，visited on 7 Jan 2017.

预算资助的科学研究成果的开放存取出版。[①] 开放存取条款的主要内容为：除正当合理的保密信息外，受公共资金资助的科研人员应自论文正式发表之日起的 6 个月内将论文的最终版提交到开放存取知识库；科研项目的原始科研数据应自成果正式发表之日起 5 年内提交至开放存取知识库。另外，该法案规定所有受公共资金资助的科研项目均须签订强制性合同，合同中应规定根据学科特点制订管理计划，计划应保障受资助的科研项目成果供公众共享。[②] 然而，因立法程序的差异，秘鲁先于阿根廷成为拉丁美洲首个颁布开放获取法律的国家。2013 年 3 月 27 日，秘鲁国会公布了第 1188/2011 号《国家科技创新数字知识库开放获取法》。[③] 该法律基本上植入了阿根廷《开放科学法》中的开放存取条款。

由此可知，阿根廷和秘鲁的上述法律中均规定了受公共资金资助科研人员的开放存取义务。然而，强制开放存取条款并未限定公共资金资助的比例或金额。同时，受公共资金资助的科研人员应将原始科研数据开放存取，涉及保密信息的除外。相比于已正式发表的科研成果，原始科研数据开放存取的延迟时限更长。除此之外，受公共资金资助的科研项目均须签订强制性合同，合同中应当规定科研成果的共享。据此，受公共资金资助科研人员的合同义务上升为法定义务。可见，阿根廷和秘鲁均以促进科研信息最大限度地开放存取为目的。只不过开放存取依然会受到著作权转让或专有许可

---

① Cabrera，K.I. Comparative analysis of public policies in open access models in Latin America. Brazil and Argentina cases,12（1）RUSC. Universities and Knowledge Society Journal. 18,2015.

② 薛万新：《开放存取学术资源建设研究》，新华出版社 2016 年版，第 19 页。

③ 王文君（编译）、李麟（校对）：《秘鲁颁布〈国家科技创新数字知识库开放获取法〉》，载《图书情报工作动态》2011 年第 11 期，第 13–14 页。

的限制。鉴于此，阿根廷和秘鲁的上述法律中均规定，对受公共资金资助，但有工业产权限制或与第三方签订协议的科技成果自限制或协议失效之时起，作者或机构需将该成果存储到机构知识库。虽然阿根廷和秘鲁的相关法律中有此规定，但是限制或协议的失效具有或然性。

（四）欧盟《示范许可协议》中规定的强制开放存取条款

自 2006 年起，欧盟委员会就已采取一些主要措施确保出版物和科学数据的获取。欧盟委员会也将上述措施适用于自身的研究项目，并鼓励成员国采取措施促进开放存取和数据开放。[①] 欧盟地平线 2020 计划（Horizon 2020—The EU Framework Program for Research and Innovation）是欧盟迄今为止最大规模的研究和创新计划。该计划将自 2014—2020 年的 7 年时间里提供总金额高达 800 亿欧元的研究资助。[②] 该计划是依据欧洲议会和欧盟理事会 2013 年 12 月 11 日的第 1291/2013 号条例设立的。其实施宗旨是确保欧盟的全球竞争力提升、经济可持续发展和欧洲社会福利提高。[③] 为进一步实施地平线 2020 计划，欧盟委员会于 2016 年 8 月 25 日通过的《基于地平线 2020 计划的科学出版物与研究数据开放存取指南》指出了科学出版物和数据开放存取的 4 个原因（利用现有的研究成果以提高研究质量、鼓

---

① Giuseppe Bellantuono,Fabiano Teodoro Lara.Law，Development and Innovation，published by Springer International Publishing Switzerland,2016,p.171.

② What is Horizon 2020?［EB/OL］.https://ec.europa.eu/programmes/horizon2020/en/what-horizon-2020，visited on 7 Jan.2017.

③ 韩缨：《欧盟“地平线 2020 计划”相关知识产权规则与开放获取政策研究》，载《知识产权》2015 年第 3 期，第 92 页。

励合作并避免重复劳动以提升效率、促进创新以加速市场化进程和推动经济增长、扩大市民和社会参与以增强科研过程的透明度），并明确了适用于获得欧盟地平线 2020 计划资助的受益人的开放存取规则。该指南规定，依据地平线 2020 计划，每个受益人必须确保与其研究结果有关的经同行评议的所有科学出版物开放存取。示范许可协议（Model Grant Agreement）第 29.2 条就科学出版物开放存取规定了具体的法律要求。[①]继此之后，欧盟研究理事会于 2016 年 11 月通过了《基于地平线 2020 计划的受欧盟研究理事会资助项目科学出版物和研究数据开放存取的实施指南》。该指南规定，依据地平线 2020 计划，每个受益人必须确保与研究项目有关的所有经同行评议的科学出版作品开放存取。具体的法律要求以示范许可协议第 29.2 条的规定为准。[②]显而易见，开放存取是地平线 2020 计划的内在要求和必要内容，具有重要的经济和社会价值。

示范许可协议第 29.1 条（成果传播义务）规定，除非与其合法的利益相违背，每个受益人必须及时通过适当的方式向公众公开以传播科学出版物中的研究成果。该义务不影响第 27 条的科研成果保护义务、第 36 条的保密义务、第 37 条的安全义务或第 39 条的个人

① EUROPEAN COMMISSION,Guidelines on Open Access to Scientific Publications and Research Data in Horizon 2020.［EB/OL］. https://ec.europa.eu/research/participants/data/ref/h2020/grants_manual/hi/oa_pilot/h2020-hi-oa-pilot-guide_en.pdf，visited on 7 Jan.2017.

② Guidelines on the Implementation of Open Access to Scientific Publications and Research Data in Projects supported by the European Research Council under Horizon 2020.［EB/OL］. https://erc.europa.eu/sites/default/files/document/file/ERC_Guidelines_Implementation_Open_Access.pdf，visited on 7 Jan.2017.

数据保护义务。[①] 换句话说，成果传播义务不应和上述义务相冲突。该规定在一定程度上体现了利益平衡的要求。第 29.2 条规定了科学出版物的开放存取，即每个受益人必须确保与其研究成果相关的所有经同行评议的科学出版物的开放存取（任何使用人均可免费在线获取）。具言之，受益人必须（a）在作品出版之后，及时将同意出版且经同行评议的最终版本的机读文本的电子复制件存储到科学出版物的知识库。此外，该受益人必须同时存储为证明科学出版作品中结果的正确性所需的研究数据。（b）确保存储到知识库的已出版作品的开放存取，不迟于：（i）作品一经出版，如果出版商能够免费提供作品的电子版或者（ii）自作品正式出版之日起的 6 个月，而社会科学和人类学领域的作品则自作品正式出版之日起的 12 个月。（c）确保书目元数据的开放存取。书目元数据必须符合标准格式，并且包括以下内容：特定术语（欧盟及地平线计划 2020）、（欧洲原子能共同体及欧洲原子能共同体研究和培训计划 2014—2018）；项目的名称、首字母缩略语和项目编号；出版时间和禁止期限（如果适用）；一个永久的标识符。[②] 科学出版物主要是指期刊论文。而《基于地平线 2020 计划的科学出版物与研究数据开放存取指南》鼓励作者提供其他类型科学出版物的开放存取，如专著、图书和会议论文

---

① Art29（1）of H2020 AGA — Annotated Model Grant Agreement.［EB/OL］.http://ec.europa.eu/research/participants/data/ref/h2020/grants_manual/amga/h2020-amga_en.pdf#page=214, visited on 8 Jan.2017.

② Art29（1）of H2020 AGA — Annotated Model Grant Agreement.［EB/OL］.http://ec.europa.eu/research/participants/data/ref/h2020/grants_manual/amga/h2020-amga_en.pdf#page=214, visited on 8 Jan.2017.

等。[①] 由此可知，强制开放存取包含两个步骤：首先将出版物存储到知识库；随后提供出版物的开放存取。除此之外，第 29（3）条规定了研究数据的开放存取，但并非强制义务，而是自愿履行的义务，即研究数据的开放存取与否由受益人自决。质言之，第 29.2 条实际上规定了受益人的开放存取义务。第 29.1 条则规定了受益人的成果传播义务。而强制开放存取可被视为第 29.1 条成果传播义务的具体实现。相比于西班牙和美国相关法律中的开放存取条款，第 29.2 条更加全面。例如，第 29.2 条要求重要研究数据的开放存取。可是，第 29.2 条并没有规定资助的金额或比例，亦未明确其与版权转让或专有使用许可协议的关系。申言之，在作者向期刊出版者转让版权或授予专有使用许可的情形下，开放存取便会受到出版者专有权的制约。

总体而言，西班牙、美国、阿根廷、秘鲁和欧盟相关法律中规定的强制开放存取条款均对义务主体、作品的版本和格式、开放存取的时间作出了规定，但都没有强制金色开放存取（原因在于强制金色开放存取构成了对于出版权行使的限制），未明确公共资助的金额或比例，亦未明确开放存取条款和版权转让或专有使用许可协议之间的关系。故上述强制开放存取条款并未提供确定的指引。与此同时，开放存取依然会受到版权转让或专有使用许可的限制。这无疑成为强制开放存取条款的阿喀琉斯之踵。质言之，强制开放存取条款对于消解开放存取面临的许可限制而言是不充分的。

---

① EUROPEAN COMMISSION.Guidelines on Open Access to Scientific Publications and Research Data in Horizon 2020.［EB/OL］.https://ec.europa.eu/research/participants/data/ref/h2020/grants_manual/hi/oa_pilot/h2020-hi-oa-pilot-guide_en.pdf，visited on 8 Jan.2017.

二、赋予作者二次发表权

发表权是作者一项重要的精神权利，即决定将作品是否公开及以何种方式公开的权利。① 正如德国版权学家迪茨所言，发表权强调的是只有作者可以决定何时和以何种方式发表自己的作品，他人无权作出此种决定。② 即发表权专属于作者，具有不可转让性，二次发表权亦然。不同于作品的首次发表，二次发表以作品的开放存取为目的，且只适用于数字环境。二次发表权的享有和行使并不影响权利穷竭原则③ 的适用。权利穷竭原则主要是对于知识产权人的权利加以必须有的限制，以免产生过度垄断，阻碍产品的自由流通。④ 具体到著作权，权利用尽原则只是发行权效力的限制，但并不给予合法获得作品复制件的人对上述复制件实施任何其他利用的权利。⑤ 由此可见，权利穷竭原则绝非著作权的丧失，亦非向使用人授予版权作品的使用权。权利穷竭原则不能促进开放存取的实现。而为促进开放存取，意大利《关于文化产业增值和促进的法案》、德国与荷兰的《著作权法》均规定了作者的二次发表权。

---

① 李杨:《论发表权的“行使”——以发表权的权能构造为切入点》，载《法律科学》2015年第6期，第133页。

② 熊英:《论著作权中发表权的性质》，载《科技与法律》2005年第2期，第65页。

③ 所谓权利穷竭原则，又称权利用尽原则，是指知识产权所有人或经其授权的人制造的知识产权产品，在第一次投放到市场后，权利人即丧失了对它的进一步的控制权，权利人的权利即被认为用尽、穷竭了。张永艾:《权利穷竭原则探究——兼论平行进口问题》，载《河北法学》2004年第22卷第3期，第67页。

④ 孟祥娟:《版权侵权认定》，法律出版社2001年版，第235页。

⑤ 孟祥娟:《俄罗斯著作权法》，法律出版社2014年版，第97页。

（一）意大利国会立法规定的二次发表权

为与欧盟委员会的建议相一致，即公共资金资助的研究成果应通过科学数据和论文的开放存取广泛传播。[①]2013 年 10 月 7 日，意大利国会通过了《关于文化产业增值和促进的法案》（n.112，G.U. n. 236）。该法案要求研究机构采取政策促进金色开放存取或绿色开放存取。对于后者，该法律鼓励基于非商业目的通过机构或学科知识库二次发表作品（倘若如此，使用人便能在选定的时间和地点免费获取作品）。而作品的二次发表有具体的时间要求，有关科学、技术和医学的作品不迟于自首次发表之日起的 18 个月，有关人类学和社会科学的作品不迟于自首次发表之日起的 24 个月。[②] 由此可见，与西班牙、美国、阿根廷、秘鲁和欧盟相关法律中的强制开放存取条款不同，该条款赋予了特定作者以二次发表权，并未规定作者的开放存取义务。

从中不难看出，该条款以促进开放存取为目标。其不仅要求研究机构采取鼓励开放存取的政策，而且规定了作者的二次发表权。作者二次发表权的享有和行使应当符合具体要求，如科研活动得到了公共资金的资助、作者基于非商业目的、通过知识库发表作品，并在限定的时间内发表作品。然而，该条款并未限定公

---

① EU COMMISSION RECOMMENDATION of 17.7.2012，on access to and preservation of scientific information. ［EB/OL］.https://ec.europa.eu/digital-single-market/en/news/commission-recommendation-access-and-preservation-scientific-information，visited on 8 Jan.2017.

② Giuseppe Bellantuono,Fabiano Teodoro Lara.Law，Development and Innovation，published by Springer International Publishing Switzerland,2016,p.172.

共资金资助的金额或比例，也未明确其与版权转让或专有使用许可协议之间的关系，即二次发表权的行使会在一定程度上受到限制。换言之，意大利《关于文化产业增值和促进的法案》中规定的二次发表权不能有效促进开放存取的实现，不宜作为开放存取的利益平衡规则。

（二）德国《著作权法》中规定的二次发表权

2013 年 10 月 1 日，德国通过的经修订的《著作权法》规定了开放存取条款。第 38（4）条规定了作者的二次发表权。根据该条款，科研活动受到 50% 以上公共资金的资助，并且作品发表在出版周期至少为 1 年 2 次期刊的作者，有权在其作品首次发表之日起满 12 个月将作品的最终版本向公众公开（基于商业目的除外），即使作者已授予出版商或编辑以专有使用权。作者应当注明作品首次发表的出处。任何有损于作者权利的协议无效。[①] 相比于意大利《关于文化产业增值和促进的法案》中的规定，德国《著作权法》第 38（4）条之规定更加具体、明确和全面。

二次发表权的享有和行使是有条件的。具体如下：（1）资助比例，公共资金资助的比例不低于 50%；（2）作品首次发表的期刊，期刊出版周期至少为 1 年 2 次，即半年刊；（3）权利行使时间，自作品首次发表之日起满 12 个月；（4）目的，作者必须出于非商业目的，也即不得向使用人收取费用；（5）作品须为出版的最终版本，未经同行评议的作品明显不符合要求；（6）作者应当

---

① See Act on Copyright and Related Rights（Copyright Act），https://www.gesetze-im-internet.de/englisch_urhg/englisch_urhg.html#p0207，visited on 22 Dec.2016.

注明作品首次发表的出处。简言之，二次发表权的权利主体、客体范围、目的，以及权利的享有和行使都是有条件的。条件划分了开放存取和非开放存取的界限。条件的设定恰恰体现了利益平衡原则的要求。具言之，开放存取是由作者付费出版作品，不特定的使用人免费获取和使用。如果费用由作者承担，那么作者开放存取的动力不足，甚至创作的积极性亦会受到影响。条件（1）、条件（4）是以促进作者和使用人、作品创作和接近之间的平衡为目标。条件（5）是为了确保开放存取出版作品的质量。毋庸置疑，结论错误、论证不充分或者资料不翔实的作品无疑会影响作品的再利用，如延误科学研究、误导教学以及虚耗科研投入等。条件（2）、条件（3）和条件（6）则以平衡使用人和期刊出版商之间的利益为目标。不可否认的是，对于学术期刊出版商已出版的作品，作者再次通过开放存取的出版会构成对已出版作品的市场替代。因为传统出版方式与开放存取出版的作品质量毫无差异，但是作品获取和使用的成本相去甚远，开放存取作品的使用人无须向著作权人支付任何费用。作品发表期刊出版周期的限定、二次发表权行使的时间要求，以及作品首次发表出处注明的规定均以保障出版商的合法权益为目的，进而促进使用人和期刊出版商之间的利益平衡。此外，该条款明确提出作品的专有许可不影响二次发表权的享有和行使；任何有损于作者二次发表权的协议无效。不言而喻，上述规定消除了开放存取可能受到的著作权转让或专有使用许可的限制，以及著作权归属对学术作品开放存取的不利影响。值得注意的是，该条款并未限定开放存取的方式。这符合发表权的内在要求，即作者有权决定作品公开的方式。

总而言之，德国《著作权法》在一定条件下赋予了作者二次发表权，二次发表权以作品的开放存取为目的。相比于西班牙、美国、阿根廷、秘鲁和欧盟相关法律中规定的强制开放存取条款，以及意大利《关于文化产业增值和促进的法案》中的开放存取条款，该条款无疑更加明确和有效。除适用条件更加具体外，该条款明确提出了任何有损于该权利的协议无效。即使学术期刊出版者要求著作权人转让其作品的著作权或授予专有许可，也不影响二次发表权的享有和行使。当然，二次发表权的行使与否取决于权利人。如前所述，作品的二次发表不影响作者首次出版权的行使，作者有权决定作品首次出版的时间和出版方式。相反，作者享有了更多的著作权权利。同时，通过开放存取，作品的传播范围更广、作品被引用的次数增多，作者的学术影响力加强。多数领域的研究表明，开放存取提高了作品的引用率，从 50% 上升到 250%。[①] 另根据美国心理学家亚伯拉罕 · 哈罗德 · 马斯洛（Abraham Harold Maslow）的需求层次理论，人类需求由低到高可分为五个层次，依次为生理需要、安全需要、社会交往需要、尊重需要和自我实现。不言而喻，开放存取可以提升科研人员的影响力，并能够促进其科研成果价值的充分实现。从这个层面来说，开放存取符合科研人员被尊重和自我实现的需要。诚如美国社会学家罗伯特 · 莫顿（Robert K.Merton）所说："富有创造性的科学家最伟大的抱负是创作出此类能够得到更广泛的利用和最适于评价其价值而受到同行科学家们愈加尊敬的作品。"[②] 质言之，二次发表权为作者创作作品和开放存取提供了更多

---

① WALT CRAWFORD,OPEN ACCESS WHAT YOU NEED TO KNOW NOWAMRICAN, published by LIBRARY ASSOCIATION，2011,p.58.

② 翟建雄：《信息开放存取中的版权问题及图书馆的对策》，载《法律文献信息与研究》2006 年第 4 期，第 18 页。

的激励。

（三）荷兰《著作权法》中规定的二次发表权

2015 年 7 月 1 日，荷兰《著作权合同法案》生效，包括了著作权法新增的第 25fa 条。新增的第 25fa 条旨在满足不断增加的科研作品开放存取的需要。该条款规定，科研活动受到荷兰公共资金部分或者全部资助的短篇科研作品的作者，应当有权在其作品首次发表的合理时间之后免费向公众公开其作品，只要明确注明了作品首次发表的出处。另第 25h（1）条提出，作者不得放弃第 25fa 条所规定的权利。[①] 向公众公开是指通过有线或无线方式向公众提供作品，公众可在选定的时间和地点获取作品，并且获取是免费的。显而易见，荷兰也通过向作者赋予二次发表权的方式促进开放存取，而权利的享有和行使也是有条件的。

具体如下：（1）资助程度，荷兰公共资金提供了部分或全部资助；（2）权利行使时间，作品首次发表的合理时间之后；（3）作品的类型，短篇的科研作品，学术专著当然被排除在外；（4）作者应当注明作品首次发表的出处。除此之外，第 25（1）条的规定意味着作者不能转让二次发表权。如果符合第 25fa 条规定的条件，那么作者享有和保留将其作品开放存取的权利。由此可见，该条款的规定限制了二次发表权的转让和权利的放弃。申言之，出版者不可通过合同的约定限制该权利，但前提是荷兰《著作权法》或《著作权合同法案》适用于该合同。无须赘述，条件的设定是以利益平衡

---

① Dirk Visser，The Open Access provision in Dutch copyright contract law，10（11）Journal of Intellectual Property Law & Practice. 872,2015.

为目标。条件（1）、条件（3）和第25h（1）条用以平衡作者和使用人之间的利益。条件（2）、条件（3）和条件（4）则用以平衡出版商和使用人之间的利益。必须注意的是，条件（3）即作品篇幅的限制具有双重平衡作用。学术专著的出版商通常会向作者支付版税。版税的高低与图书销售量的多少直接相关（包括电子书）；此外，学术专著的出版成本更高，出版商需要通过图书的销售收回成本、获取收益。而学术专著的开放存取出版无疑会减少图书的销售量，影响作者和出版商的权益。德国《著作权法》中的第38（4）条则明确规定了作品首次发表在出版周期至少为1年2次的期刊，期刊刊载的作品字数都是有限的，从而无须再限定作品的篇幅。除此之外，与德国《著作权法》中第38（4）条的规定不同，第25fa条未明确公共资金资助的比例或金额、未明确权利行使的具体时间、没有限定开放存取的作品版本，并且没有规定著作权转让或专有许可协议或者其他协议和该条款之间的关系。虽然第25h（1）条规定作者不得放弃二次发表权，但未直接限制出版者的行为。总之，荷兰《著作权法》中关于二次发表权的规定相对模糊。

基于此，立法说明对上述条件进行了解释。部分或全部受到了公共资金的资助意味着，受雇于公立高校或其他科研机构人员的作品被视为部分或全部受到了公共资金的资助。合理时间则由当事方自由协商，但最终由法院根据个案的具体情况予以裁定。通常，合理时间的长短与公共资金资助的比例相关。公共资金资助的比例越高，合理时间越短。如果公共资金的比例和非公共资金相比可以忽略不计，那么科研作品的出版不适用本修订条款。短篇科研作品源于《著作权法》第16（2）条的规定，是指论文而非专著。短篇科研作品包括短篇会议论文，不含书的章节。少于8000字的论文确定属于短篇作品。[①] 然而，超过 8000 字的论文是否为短篇科研作品不明，短篇的标准依然不确定。另，开放存取的短篇科研作品是预印本抑或首次出版的最终版本也不确定。合理时间也是可变的和不确定的。诚然，法律具有指引、评价、预测、教育和强制的规范作用。其中，指引作用是基础。法律概念和法律规则的模糊不清当然不利于法律规范作用的实现。换言之，荷兰《著作权法》中的开放存取条款不能为作者、期刊出版者和使用人的行为提供确定的指引，法律亦难以对相关主体的行为作出明确和一致的评价，作者、期刊出版者和使用人也无法准确预测其行为的法律后果。

综上所述，荷兰《著作权法》也通过赋予特定作者二次发表权的方式促进开放存取。而二次发表权的享有和行使是有条件限制的。与德国《著作权法》中第 38（4）条的规定相近，荷兰《著作权法》新增的第 25fa 条也将公共资金资助的程度、权利行使的时间、作品的类型，以及注明作品首次发表的出处作为权利享有和行使的条件。此外，第 25fa 条亦未限定作品开放存取的方式。只不过条件的具体内容存在着明显差异。通过比较分析，德国《著作权法》中的开放存取条款更加明确和有效。众所周知，不同的国家，著作权保护水平、公共资金资助的科学研究情况，以及科研作品可获取的程度等均不相同，因此，不同国家开放存取规则的制定应结合本国的实际。例如，公共资金资助比例的设定、延迟时间的确定和二次发表权享有及行使条件的规定。通过前述分析可知，二次发表权条款满足开放存取的需要，且符合利益平衡原则。另需明确的是，二次发表权

---

① Dirk Visser，The Open Access provision in Dutch copyright contract law,10（11）Journal of Intellectual Property Law & Practice.873–875,2015.

条款不是著作权的限制和例外，并未降低与版权保护相关国际知识产权条约所确立的版权保护的实体标准。然而，该条款无法排除作者不行使二次发表权的情形。既然是权利，权利人就有权放弃。一旦作者放弃二次发表权的行使，则相应公共资助科研作品的开放存取不能实现。原因在于二次发表权条款没有对作者提供作品的开放存取附加条件或要求。从该角度来看，另一种不同的政策是必要的。一种可能的方式是资助机构通过合同的约定对于二次发表权附加要求。[①] 也即对于被资助的科研人员设定合同义务，要求科研人员提供已发表作品的开放存取。

三、中国《著作权法》中应规定作者的二次发表权

经过上述分析可知，中国《著作权法》中的现有规定不能满足学术信息开放存取的需要。适逢中国《著作权法》第 3 次修改之际，中国《著作权法》有必要以此为契机规定开放存取条款。而西班牙、美国、阿根廷、秘鲁和欧盟相关法律中的开放存取条款，以及意大利相关法律中的开放存取条款均不能消除开放存取受到的著作权转让或专有使用许可的限制。德国与荷兰《著作权法》中新增的二次发表权条款既满足开放存取的需要，又符合利益平衡原则。故中国应当借鉴德国与荷兰《著作权法》中的二次发表权条款。

---

① Marc Scheufen.Copyright Versus Open Access,published by Springer International Publishing Switzerland，2015,p.144.

（一）二次发表权的权利主体

二次发表权的权利人应为科学研究活动受到公共资金资助的科研作品的作者。即二次发表权是专属于作者的。具言之，科研活动不仅应获得公共资金的资助，而且科研作品是受公共资金资助科研活动的研究成果。公共资金资助的比例或者金额应符合特定标准。比例的限定相比于金额的要求更加合理。一方面，假若公共资金资助的最低金额设定得过高，其所占科研投入的比例也较高，则部分科研作品被排除在开放存取之外，即使公共资金资助的比例达到了50%。另一方面，如果公共资金资助的最低金额规定得过低、其所占科研投入的比例也会比较低，那么部分科研作品被纳入开放存取的范围，即使公共资金资助的比例低于 50%。显然，这不仅不利于创作的激励，而且可能违反“三步测试法”中著作权限制和例外仅适用于特定情形的要求。基于此，公共资金的资助应当设定最低比例，比例应高于 50%。概言之，二次发表权的权利主体应符合 3 个条件，科学研究活动获得了公共资金的资助、公共资金资助的比例达到了 50% 以上，受公共资金资助科研人员的研究成果构成了著作权法意义上的作品。

（二）二次发表权的客体

二次发表权的权利主体是符合上述条件的作者，客体自然是作者创作的科研作品。然而，作品有预印本和后印本之分。较之于预印本，后印本经过了同行评议，具有更高的质量和学术价值。而开放存取反对者的理由之一，即绿色开放存取作品的学术质量低于传统学术期刊发表的作品。原因在于开放存取知识库不组织同行评议，并且允许预印本的自存档。这也会影响二次发表作品的再利用。有鉴于此，二次发表的作品应当具有与已发表作品同等的质量。除此之外，因开放存取只适用于数字环境，故作品的格式应是数字化的。如前所述，西班牙、美国、阿根廷、秘鲁、欧盟、意大利、德国与荷兰相关法律中的开放存取条款均要求作品必须经过同行评议，且为机读文本。基于此，二次发表的作品应为已正式发表作品的最终版本的机读文本。

（三）二次发表权行使的时间要求

二次发表权权利行使时间的限定主要是为了平衡使用人和出版者之间的利益。西班牙、美国、阿根廷、秘鲁和欧盟相关法律中规定的强制开放存取条款都允许作品的延迟开放存取，即设定了开放存取义务的履行期间。与之相对应，意大利、德国与荷兰相关法律中的二次发表权条款规定了权利行使的时间。所不同的是，意大利相关法律中的二次发表权条款限定了权利行使的截止时间，即在截止时间之前权利人自由选择二次发表的时间，权利行使的时间不确定。德国与荷兰相关法律中的二次发表权条款则规定了权利行使的起始时间，即自作品首次发表之日起满特定时间之后，权利人方可二次发表其作品。显然，权利行使起始时间的设定能够确保出版商对已出版作品发行和销售一定时间的控制权，进而收回成本、赚取收益。权利行使起始时间的设定应结合各国不同的学术期刊出版市场情况，以及科学知识获取的程度来确定。因此，中国二次发表权条款中作品二次发表的时间应通过市场调研（包括学术期刊出版者的平均出版成本、平均收益情况、平均营利周期等）、召开听证会（参加听证会的人员应包括所有利益相关方的代表），以及网络公开征询意见的方式最终确定。

（四）二次发表权条款的效力优先性

通过分析得出，著作权归属的不同会制约开放存取。除此之外，开放存取会受到著作权转让或专有使用许可的限制，因为开放存取的决定权随之转移，二次发表权亦然。在作者转让著作权或授予专有使用许可之后，二次发表的权利也会受到限制。鉴于此，德国《著作权法》第 38（4）条明确规定，作者授予出版商或编辑以专有使用权不影响二次发表权的享有和行使，并提出任何有损于作者二次发表权的协议无效。换言之，德国《著作权法》第 38（4）条明确了二次发表权条款效力的优先性，从而破解了二次发表权受限之困。相比之下，意大利与荷兰相关立法中的二次发表权条款并未明确其与著作权转让或专有使用许可协议间的关系。虽然荷兰《著作权法》第 25h（1）条要求作者不得放弃二次发表权，但是二次发表权的行使仍会受到制约。故为确保开放存取，中国《著作权法》中的二次发表权条款应该明确二次发表权不受著作权转让或专有使用许可的制约，即任何限制作者二次发表权的协议无效，以保证二次发表权的独立性。

综上所述，中国《著作权法》在第三次修改时应增加二次发表权条款。二次发表权条款可规定在“著作权许可使用和转让合同”章节中，以对于著作权许可使用和转让合同进行限制。[①] 中国《著作权法修订草案（送审稿）》则在第五章（权利的行使）第一节规定了

① 赵力：《公共资助学术期刊开放获取规则研究》，载《图书馆建设》2016 年第 3 期，第 20 页。

“著作权和相关权合同”。同样，为限制权利的行使（著作权的转让或许可使用），二次发表权条款可规定于该节。而权利人并非毫无义务，权利人应当注明作品首次发表的来源。具体条款可以规定为：“科研活动获得 50% 以上公共资金资助的科研作品的作者，有权自其作品首次发表之日起满合理时间将已发表作品最终版本的机读文本免费向公众在线公开，只要作者正确注明首次发表作品的来源。任何构成对于作者二次发表权权利限制的协议无效。”此处的合理时间指代经过市场调研、听证和公开征询意见后所确定的具体时间。诚然，时间的限定应全面考量学术期刊出版者和不特定使用人的利益。另为确保作者二次发表权的行使，公共资助机构应在合同中约定受资助人将其作品提供开放存取的义务。也即法定权利和合同义务相结合，共同促进知识的无障碍获取。必须注意的是，作品的二次发表不等于使用许可，两者的法律关系不同。二次发表即作品在线向公众免费公开，是作品使用许可的前提。作品的二次发表和使用许可共同促进开放存取目标的实现，两者缺一不可。

第三节　采用知识共享许可协议

诚然，开放存取是一种新的学术信息传播模式，对著作权使用许可提出了新的要求。开放存取要求被许可人的不特定性、许可的非排他性和不可撤销性。现行的著作权许可方式不能满足开放存取的需要。而知识共享许可符合开放存取对于著作权许可方式的要求，且与开放存取具有相同的目标。

一、知识共享许可协议的内涵与特征

知识共享许可协议（Creative Commons License）是 2002 年由知识共享组织发布的针对创作性作品供公众自由和无限制使用的著作权许可协议。[①] 不难看出，知识共享许可与开放存取均以知识的无障碍获取为目标。而知识共享许可协议并非取代著作权。相反，该协议允许内容的创作者明确声明其他人利用其作品的方式。其他人能以内容创作者所指定的方式利用作品，无须寻求著作权人的正式授权。[②] 二次发表权条款则消除了知识共享面临的著作权转让或专有使用许可的限制，以及著作权不同归属的制约。然而作品的共享和使用并非毫无限制。许可人有权设定作品共享和使用的条件。质言之，知识共享许可介于保留所有权利与放弃所有权利之间的一种可以自由保留部分权利的弹性授权许可模式。[③] 著作权是一个权利束，包括不同的权项。知识共享许可协议在确保作者保留部分权利的同时，许可他人基于非商业目的复制、传播或通过其他方式利用作品。其特征如下：适用于数字环境（作品是数字化的、作品在线公开及获取）、作品免费共享和使用（使用人无须支付许可费用）、许可是世界范围的、非排他的和不可撤销的、授权方式是灵活的。质言之，

---

① “保留部分权利”：构建合理的著作权层次．[EB/OL] .http://creativecommons.net.cn/about/history/，访问时间 2017 年 1 月 10 日。

② Laura Fargo McKinnon，Kris S. Helge.Copyright，open access and library instruction,31（10）Library Hi Tech News. 13,2014.

③ 王淑君：《大数据时代著作权授权机制的不足与完善》，载《中国版权》2015 年第 1 期，第 40 页。

知识共享许可协议符合开放存取的需要。

（一）知识共享许可协议的授权要约模式

著作权许可使用合同属于诺成合同。只要许可人和被许可人的意思表示相一致，合同即可成立。依法成立的合同自成立时起生效。著作权授权要约模式，就是著作权人通过声明，表达按特定条件与传播者、使用者订立合同的意愿。[①]2004 年 9 月 10 日，一本名为《最后一根稻草》的新书在北京首发，该书使用了全新的著作权授权方式，即在书的扉页直接登载授权要约。[②] 而传统的著作权许可一般是由作品的使用人寻求著作权人的授权，也即使用人向著作权人发出要约，著作权人决定是否作出承诺。未经著作权人的授权，使用人无权使用版权作品。简言之，使用人是特定的，并且著作权人是被动授权的，是一对一的授权。知识共享许可则是由著作权人向不特定的使用人发出要约，使用人只要按授权要约明确的方式实际使用作品就构成承诺。故而，使用人不必再将承诺的意思表示通知要约人。由此可见，在知识共享许可中，著作权人是主动授权的，且可向不特定的使用人同时授权。显然，较之于传统的著作权授权许可模式，知识共享许可的交易成本更低、效率更高、作品的传播范围也更广，更有利于知识的共享。

---

① 杨健、杨再扬:《关于完善著作权授权要约模式的思考》，载《河北学刊》2013 年第 33 卷第 5 期，第 253 页。

② 参见，朱娜娜、马海群:《授权要约在数字图书馆中的适用性探究及著作权制度效率改进》，载《情报资料工作》2009 年第 5 期，第 73 页。

（二）知识共享许可协议与传统著作权许可合同的区别

知识共享许可和一般意义上的著作权使用许可均属于著作权的自愿许可，是著作权的利用方式，是著作权许可制度必不可少的组成部分。然而，知识共享许可和通常意义上的著作权使用许可合同的目标、适用的环境、授权模式，以及具体内容等都存在差异。此外，知识共享许可协议是由第三方即知识共享组织拟定的。著作权许可合同则由合同的当事双方约定。

1. 目的不同

顾名思义，知识共享许可协议是以知识的共享为目标。据此协议，不特定的使用人能够在符合特定条件的情形下，自由、免费地获取和使用版权作品。而除著作权人明确保留的权利外，使用人可在广泛的范围内使用作品。换言之，著作权人未提出保留的即允许。传统的著作权许可使用合同则限定了作品的使用范围和使用方式，被许可人不得超出许可使用的范围。也即著作权人设定了作品使用的禁区，未明确许可即禁止。除此之外，被许可人须向著作权人支付许可使用费。由此可见，著作权人以获取收益为目的。收益的获取以著作权人对于作品使用的控制为前提，当然包括使用方式和范围的控制。综上可知，知识共享许可协议与传统的著作权许可使用合同具有不同的目的。

2. 授权模式不同

承前所述，知识共享许可协议的要约人是著作权人。著作权人向不特定的使用人同时发出授权要约，不特定的使用人是承诺人。另外，知识共享许可协议是非排他性的，是一对多的授权。著作权许可使用合同则是使用人向著作权人发出要约，著作权人作为承诺人。易言之，知识共享许可协议和著作权许可使用合同中要约人和承诺人的位置发生了置换。此外，著作权许可使用合同是一对一的授权。而当著作权人授予特定的使用人以专有许可使用权时，著作权人就不能再许可任何其他人使用其作品。引申言之，即使是一对一的授权，也可能将部分使用人拒之门外。高昂的许可使用费亦会令部分使用人望而却步，尤其是经济欠发达国家或者地区的使用人。

3. 许可的权利不同

相对于一般的版权保留所有的权利而言，知识共享许可只保留某些权利或者甚至不保留权利。[①]故此，被许可人能够在更广泛的范围内使用作品。反之，在著作权许可使用中，著作权人保留了大部分权利，被许可人只在相对有限的范围内使用作品。相应地，知识共享许可协议与著作权使用许可合同的内容不同，即其中的权利和义务条款存在差异。总之，在知识共享许可协议和著作权许可使用合同中，被许可人所享有的权利不同。知识共享许可协议中的被许可人享有更多的使用权，且无须支付许可使用费。

4. 可撤销性不同

知识共享许可协议的授权要约一经著作权人发出，在著作权的保护期内即不可撤销或撤回。这符合开放存取对于著作权许可的要求。依据“布达佩斯开放存取倡议”“贝塞斯达开放存取出版宣言”和“柏林宣言”，著作权人授予的许可是不可撤销的。而著作权许可使用合同中的许可人和被许可人有权依据《合同法》的相关规定撤回、撤销要约或撤回承诺。简言之，知识共享许可以

---

① 郑友德:《公共部门信息再利用的版权治理与许可对策》，载《法学评论》2015 年第 1 期，第 169 页。

促进知识的无障碍获取和共享为目标，从而著作权人的撤销权受到了必要的限制。

综上可知，知识共享许可与开放存取具有相同的目的。而知识共享许可属于授权要约模式，著作权人向不特定的使用人发出授权要约。除却授权模式，相比于著作权许可使用合同，知识共享许可协议中著作权人的许可使用是免费的、许可是不可撤销的，许可使用的范围是广泛的。另知识共享许可协议的有效期相对固定，即作品著作权的保护期内。著作权的保护期满，作品即进入公有领域，当无开放存取的必要。知识共享许可协议亦无继续适用的必要，且缺乏继续适用的基础。原因在于许可人对于许可使用的作品不再享有著作权。一言以蔽之，知识共享许可协议所具有的特征完全符合开放存取的需要。

（三）知识共享许可与著作权限制和例外的适用

如前所述，知识共享许可协议以促进知识的无障碍获取为目标，且显著区别于著作权使用许可合同。知识共享许可亦区别于著作权限制和例外。知识共享许可是著作权人对其权利的自我设限。著作权限制和例外则是著作权人权利的法定限制。通过分析得知，开放存取不属于著作权限制和例外的法定情形。然而，知识共享许可协议所允许的具体使用行为可能构成著作权限制和例外。在此情形下，两者便重复适用于同一被许可人的相同使用行为。

毋庸置疑，在被许可人的使用行为构成著作权限制和例外的情形下，知识共享许可协议对于该被许可人就没有适用的必要。根据知识共享许可协议 4.0 版（署名—相同方式共享）第 2 部分 a（2）项之规定，当限制和例外适用于被许可人的使用行为时，该公共许可协议不予适用，且被许可人不必遵从协议的条款和条件。[①] 即在使用行为同为知识共享许可协议及著作权限制和例外所允许的情形时，著作权限制和例外优先适用。被许可人无须遵从许可协议所规定的条件。除却署名—相同方式共享，其他类型的知识共享许可协议均作出了相同的规定。然而，著作权具有地域性，著作权限制和例外亦然。为一国著作权法所允许的对于版权作品的使用行为未必被他国的著作权法所认可。例如，德国《著作权法》将暂时性的复制行为规定为著作权的限制[②]，中国《著作权法》则无此规定。与之相反，知识共享许可协议的适用没有地域限制、被许可人也是不特定的。就此而论，知识共享许可协议拓展了著作权限制和例外的适用范围，弥补了著作权限制和例外的不足。易言之，知识共享许可能够促进知识的更普遍获取、更广泛传播和更自由利用。

总之，知识共享许可协议规定了作者和其他权利人共享其作品的标准条款和条件。知识共享许可协议不同于一般的著作权许可使用合同。知识共享许可协议具有的特征恰恰符合开放存取的需要。而知识共享许可协议的适用并非绝对，在与著作权限制和例外的具体情形同时适用时，著作权限制和例外优先适用。也即知识共享许可协议与著作权限制和例外不同时适用于同一个被许可人的相同使用行为。不同类型的知识共享许可协议均在上述情形下排除了许可协议的适用。

---

① Creative Commons Attribution –Share Alike International Public License. [EB/OL] .https://creativecommons.org/licenses/by–sa/4.0/legalcode，visited on 15 Jan.2017.

② 参见，范长军译:《德国著作权法》，知识产权出版社 2013 年版，第 67 页。

二、知识共享许可协议的类别

知识共享许可协议包括独特的"三个层次"。首先是传统的法律文本，其表述和文本格式为律师所熟知和推崇。然而，大多数的作者、使用人和科研人员并非律师。基于此，知识共享许可协议也包括一般人可理解的普通版本。最后，为便于网络识别知识共享许可的作品，许可协议还包括机读文本。[①] 换言之，知识共享许可协议包括 3 种不同文本，以便公众理解其内容。

知识共享许可协议的最新版本是 4.0。知识共享许可向著作权人提供了许可协议的选单。故著作权人可在特定范围内自由选择知识共享许可协议。[②] 根据被许可人所承担义务的不同，知识共享许可协议可被区分为以下 6 种类型：署名许可协议（CC BY）、署名—相同方式共享（CC BY-SA）、署名—禁止演绎（CC BY- ND）、署名—非商业性使用（CC BY-NC）、署名—非商业性使用—相同方式共享（CC BY-NC-SA），以及署名—非商业性使用—禁止演绎（CC BY-NC-ND）。[③] 显然，授权要素是构成知识共享许可协议的基础，包括署名、非商业使用、禁止演绎和相同方式共享。[④] 不难看出，上述 6 种许可协议就是授权要素的不同组合。授权要素实际上就是许可人授予被

---

① https://creativecommons.org/licenses/, visited on 15 Jan.2017.

② L.BENTLY,B.SHERMAN,INTELLECTUAL PROPERTY LAW（Third Edition）,published by OXFORD UNIVERSITY PRESS，2009,p.267.

③ https://creativecommons.org/licenses/.［EB/OL］. visited on 15 Jan.2017.

④ 孙茜：《开放存取期刊采用知识共享许可协议的必要性分析》，载《国家图书馆学刊》2011 年第 2 期，第 65 页。

许可人的权利和被许可人应当承担的义务。其中，署名是所有类型的知识共享许可协议中被许可人必须履行的义务。署名权是基本的精神权利。署名权用以表明作者身份，是作者对作品加以控制的依据。除去作品上作者的署名与将动产从所有人手中掠走并无不同。[①]署名权的重要性可见一斑。而著作权人有权从中选择许可协议的类型。不同类型的许可协议，著作权人保留的权利和被许可人承担的义务都不相同。

具体如下：在署名许可协议中，只要被许可人标明作者的姓名，就可基于商业或非商业目的自由地复制、传播、改编、节选、转换或在原作品基础上创作新作品。显然，署名许可协议中被许可人承担的义务最少。该协议有助于促进被许可作品的最广泛使用和传播。在署名—相同方式共享协议中，只要被许可人在基于原作品创作的新作品上注明原作品作者的姓名，并就其创作的新作品适用相同类型的知识共享许可协议，就可出于商业或非商业目的复制、传播、改编、节选或以原作品为基础创作新作品。毫无疑问，相同方式共享有利于公有领域知识的扩充和创新要素供给的增加。署名—禁止演绎许可是指被许可人在不得改变原作品，且应当注明作者姓名的前提下，方可基于商业或非商业目的复制和传播版权作品。署名—非商业性使用许可是指被许可人可以自由地复制、传播、改编、节选或者在原作品基础上创作新作品，但是应当出于非商业目的，并且应当标明作者姓名。署名—非商业性使用—相同方式共享许可是指被许可人除注明作者姓名和基于非商业目的外，必须对于其在原

---

① 李雨峰：《精神权利研究——以署名权和保护作品完整权为主轴》，载《现代法学》2003年第25卷第2期，第107页。

作品基础上创作的新作品适用相同类型的许可协议，才可复制、传播、改编、节选或者在原作品基础上创作新作品。署名—非商业性使用—禁止演绎许可是指被许可人只有注明作者姓名、出于非商业目的，并且不得改变原作品（包括改编、节选和创作派生作品），才可复制和传播版权作品。

综上所述，不同类型的知识共享许可协议，授权要素不同、被许可人承担的义务有别。不同类型的许可协议能够满足著作权人和使用人的不同需要，有益于更好地平衡相关利益和促进开放存取。知识共享许可因之被广为采用。超过 10 亿的知识共享许可作品分布于数以百万计的网站。其中，绝大多数的作品存在于向使用人提供知识共享许可选择的内容平台。① 上述 6 种类型的许可协议中，被许可人承担的义务逐步增多。而当被许可人违反许可合同项下义务时，应当承担相应的法律责任。

三、违反知识共享协议中相关条款的法律后果

在知识共享许可协议中，著作权人的精神权利和被许可人的义务共存。被许可人的义务规定于许可条款中。精神权利是绝对权，具有支配性和排他性。被许可人违反许可协议项下的义务则可能因此承担侵权责任。著作权侵权责任是确保知识共享许可协议实施的一种方式。

---

① See Creative Commons Platforms，https://creativecommons.org/about/platform/，visited on 17 Jan.2017.

（一）许可人保留的著作权权利述要

知识共享许可是权利保留和权利授予的结合。著作权人保留了部分权利，包括精神权利和经济权利。著作权人保留的权利包含署名权、保护作品完整权和演绎权。不同类型的许可协议，著作权人保留的权利不完全相同。然而，在上述 6 种许可协议中，著作权人均保留了署名权和保护作品完整权。

1. 署名权的权利内容

署名权是作者有权在自己所创作的作品上署名，向世人宣告自己与特定作品之间的关系。应该说，署名权已进入了作者精神权利的核心。[①]《伯尔尼公约》则将署名权表述为表明作者身份的权利，并且该权利不受作者经济权利转让的影响。[②]美国《版权法》第 106 条之二也将署名权规定为确认作者身份权，包含表明身份和阻止他人在非由作者创作的作品上使用其姓名的权利。[③]德国《著作权法》第 13 条规定了作者身份的承认，作者对其作品享有作者身份请求权，并且有权决定是否在作品上标记作者身份以及标记的方式。[④]日本《著作权法》将表明作者身份权规定为姓名表示权，作者有权决定是否在其作品上署名、署真名或假名的权利。[⑤]而中国《著作权法》第 10 条第 2 项直接规定了署名权，即表明作者身份，在作品上署名的

---

① 李明德：《知识产权法（第 2 版）》，法律出版社 2014 年版，第 47 页。

② See Art6（2）of Berne Convention for the Protection of Literary and Artistic Works,http://www.wipo.int/wipolex/en/treaties/text.jsp?file_id=283693，visited on 18 Jan.2017.

③ 杜颖、张启晨译：《美国著作权法》，知识产权出版社 2013 年版，第 20 页。

④ 范长军译：《德国著作权法》，知识产权出版社 2013 年版，第 14 页。

⑤ 李杨译：《日本著作权法》，知识产权出版社 2011 年版，第 18 页。

权利。

概言之，署名权属于作者的人身权、与作者不可分离。作者之外的其他人当然无权在作者创作的作品上署名。署名权具有不可转让性，并且署名权不受著作权转让的影响。署名权的客体是特定的，即作者所创作的作品。署名宣示了作者及其作品之间的关系。署名权包括以下内容：是否署名与以何种方式署名的决定权、禁止他人在非由作者创作的作品上署作者的姓名。简言之，署名权具有使用和禁止两个维度。他人不得割裂作者与其作品之间的联系、不得错置作者和他人作品之间的联系。

2. 保护作品完整权的权利内容

《伯尔尼公约》规定，作者有权反对对其作品的任何有损其声誉的歪曲、割裂或其他更改，或者其他损害行为。[①] 换言之，作者享有保护其作品完整的权利。保护作品完整的目的之一就是维护作者的声誉。作者的声誉当然与其人格利益密不可分。保护作品完整权是著作人格权中最重要的内容之一。[②] 黑格尔曾提出："人有权把他的意志体现在任何物中，因而使该物成为我的东西……"[③] 也即作品在一定程度上体现了作者的意志、是作者人格的延伸，进而作者对其作品享有专有和排他的权利。美国《版权法》第 106 条之二规定了作者的保护作品完整权。作者有权阻止任何可能损害其荣誉或名誉

---

① See Art6（2）of Berne Convention for the Protection of Literary and Artistic Works，http://www.wipo.int/wipolex/en/treaties/text.jsp?file_id=283693，visited on 18 Jan.2017.

② 李杨、许清：《侵害保护作品完整权的判断标准——兼评我国〈著作权法修订草案（送审稿）〉第 13 条第 2 款第 3 项》，载《法律科学》2015 年第 1 期，第 128 页。

③ 刘建民：《黑格尔〈法哲学原理〉概念诠释与校译：〈权利哲学〉纲要研究》，法律出版社 2011 年版，第 74 页。

的，故意歪曲、篡改或以其他方式改动作品的行为。[①] 日本《著作权法》第 20 条也规定了保护作品完整权，作者享有保护其作品和作品标题完整的权利，有权禁止违背其意志的对作品或标题修改、删除或其他改变行为。[②] 德国《著作权法》第 14 条提出，作者有权禁止对其作品的歪曲或其他损害。[③] 而中国《著作权法》第 10 条第 4 项规定了保护作品完整权，作品不受歪曲、篡改的权利。

综上可知，保护作品完整权被普遍纳入著作权法的保护范围，是作者人格权的重要内容。保护作品完整权和署名权同样属于著作人身权。保护作品完整权亦为绝对权，具有专有性和排他性。据此权利，作者有权禁止任何可能损害其声誉的歪曲、篡改或其他更改其作品的权利。与此同时，作者有权授权他人对其作品进行修改。例如，作者在将其作品交付出版社出版时，通常允许该出版社的编辑对其作品进行必要的修改。

3. 演绎权的权利内容

演绎权是一项著作财产权，是指利用已有作品创作出具有独创性作品的权利。演绎权包括摄制权、改编权、翻译权和汇编权四项权利。[④] 由此可见，演绎不仅是对原作品的利用，而且产生具有独创性的新作品。未产生新作品的单纯利用行为不能称之为演绎。《伯尔尼公约》没有专门规定演绎权，其分别规定了作者的改编权、翻译权。日本《著作权法》和中国《著作权法》亦未直接规定演绎权。日本《著作权法》第 27 条规定了作者的翻译权和改编权。中国《著作权法》

---

① 杜颖、张启晨译:《美国著作权法》，知识产权出版社 2013 年版，第 20–21 页。

② 参见，李杨译:《日本著作权法》，知识产权出版社 2011 年版，第 18 页。

③ 范长军译:《德国著作权法》，知识产权出版社 2013 年版，第 14 页。

④ 梁志文:《论演绎权的保护范围》，载《中国法学》2015 年第 5 期，第 140 页。

第10条依次规定了摄制权、改编权、翻译权和汇编权。美国《版权法》和德国《著作权法》则直接规定了演绎权。其中，美国《版权法》第106条规定，在符合第107条至第122条规定的前提下，版权人享有或授权他人享有的专有权利之一即根据版权作品创作演绎作品。[①] 而第107条至第122条是关于版权专有权利的限制。申言之，演绎权在法定情形下会受到限制。德国《著作权法》第3条先对演绎予以界定。演绎是指对作品的翻译及其他演绎，演绎产生的作品独立受到著作权法的保护。另第23条规定，对作品的演绎或其他改变必须获得被演绎或被修改作品作者的事先同意。[②] 由此可见，德国《著作权法》将演绎视为对原版权作品的改变行为之一，演绎是能够产生新作品的改变行为。

总之，演绎权是著作财产权之一，专属于著作权人。著作权人可自行或授权他人行使演绎权。演绎是在原版权作品的基础上创作新作品的行为。演绎须经原作品著作权人的同意。这体现了保护作品完整权的内在要求。演绎既包括对原作品形式的改变，又包含对原作品内容的改变。改变的结果就是新作品的产生。演绎通常包括摄制、改编、翻译、汇编，以及其他能产生新作品的对原版权作品的改变行为。

经由上述分析可知，在知识共享许可协议中，许可人即著作权人保留了部分权利。权利的保留能够在一定程度上起到保护著作权人合法权益的作用。保留的权利相当于被许可人使用版权作品的禁区。被许可人不得擅入，否则被许可人将因此而承担相应的法律后果。

---

① 17 U.S.C.A. § 106.

② 参见，范长军译:《德国著作权法》，知识产权出版社2013年版，第4、29页。

（二）被许可人著作权侵权责任的认定

承前所述，著作权人在知识共享许可协议中保留了署名权、保护作品完整权和演绎权。对于不同类型的许可协议，著作权人所保留的权利和许可使用的范围不同。相应地，被许可人承担的义务也不同。被许可人的义务规定于知识共享许可协议中。故被许可人对于许可协议中许可条件的违反可能构成著作权侵权行为。

如果被许可人对作品的使用行为超出了许可使用的范围或违反了许可使用协议的要求，那么该许可协议就失去法律效力，著作权人亦可据此主张被许可人侵犯了其著作权。必须注意的是，许可协议只是相对于违反许可条件的被许可人失去法律效力。而上述6种知识共享许可协议均规定了终止条款，本许可协议适用于著作权和相关权利的许可。若被许可人没有遵循本许可协议，则被许可人依据本许可协议所享有的权利自动终止。许可人针对被许可人违反许可协议行为寻求救济的任何权利均不受影响。[①] 据此条款，被许可人不仅丧失许可人授予的权利，而且可能承担相应的法律责任。例如，在2008年的Jacobsen v. Katzer案中，美国联邦第9巡回上诉法院对于许可条款和合同条件之间的关系，以及许可条款的法律效力进行了解释。本案中，上诉人Jacobsen经营一家名为“Java Model Railroad Interface”（以下简称“JMRI”）开放源代码的计算机软件集团。JMRI研发了一款名为DecoderPro的计算机软件应用程序。该程序可使火车模型爱好者使用自己的电脑对控制火车模型的芯片解码器进行编程。公众可通过开放源代码的网站SourceForge免费下载

---

① https://creativecommons.org/licenses/，visited on 21 Jan.2017.

和使用 DecoderPro 的程序文件。下载的文件中包括了版权声明和可复制文件。其中，可复制文件列明了许可条款。被上诉人 Katzer 是一家位于美国俄勒冈州波特兰市的研发火车模型软件公司（Kamind Associates）的首席执行官及董事会主席。Kamind 公司在研发解码控制器的过程中，下载并使用了部分 DecoderPro 文件。然而 Kamind 公司未遵循许可条款。具言之，Kamind 公司的解码控制器软件并未包含（1）DecoderPro 的作者姓名；（2）JMRI 的版权声明；（3）复制文件的引用；（4）文件的来源（SourceForge 或 JMRI）和（5）相比于源代码，软件修改方式的描述。Jacobsen 认为 Kamind 公司下载了其享有版权的 DecoderPro 的程序文件，并将其写入了其解码控制器程序中，却没有遵循许可条款。故此，2007 年 Jacobsen 向加利福尼亚州北部地区法院提起了版权侵权之诉，并提出了临时禁令的动议。该地区法院认定开放源代码许可旨在创设非排他的许可，而许可的范围是没有限制的，因此不存在版权侵权责任。许可的条件本身不构成对于许可范围的限制。基于此，地区法院判定原告 Jacobsen 只有违约的诉因而非基于违反许可条件的版权侵权诉因，并驳回了临时禁令的动议。Jacobsen 不服地区法院作出的裁决，遂向美国联邦第 9 巡回上诉法院提起了上诉。

美国联邦第 9 巡回上诉法院于 2008 年 8 月 13 日作出了裁决，判令撤销加利福尼亚州北部地区法院的裁决。① 而上诉案的主要争讼点为许可条款是否为版权许可的条件或者只是版权许可合同本身。

---

① ROBERT JACOBSEN, Plaintiff-Appellant, v. MATTHEW KATZER and KAMIND ASSOCIATES, INC.（535 F.3d 1373; 2008 U.S. App）,www.lexisnexis.com, visited on 21 Jan.2017.

通常，对其版权作品授予非排他使用许可的版权所有人放弃了起诉被许可人侵犯版权的权利或只能提起违约之诉。[①]然而，如果许可的范围是有限的，并且被许可人的行为超出了许可使用的范围，那么许可人便能提起版权侵权之诉。[②]因此，如果 Kamind 违反的许可条款既是合同条款又是许可条件，那么上述条款被用于限制许可范围，且受版权法的调整。地区法院并没有明确说明许可条款是否为独立的合同抑或许可条件。地区法院将许可限制视为合同条款而非许可条件。Jacobsen 则主张许可条款限定了许可的范围，任何在许可范围之外的使用行为即构成版权侵权行为。许可合同亦明确提出其目的在于规定程序文件被复制的条件。此外，许可合同采用了条件的惯常表述，即只要符合特定条件，被许可人就享有复制、演绎和发行的权利。依据加利福尼亚州的《合同法》，只要一词典型地表达了条件之意。[③]故而，版权人明确规定了被许可人享有演绎权和发行权的条件。此类限制条件对于实现开放源代码运动的目标而言是必要的。作为许可方的版权人当然有权控制版权作品的演绎和发行。联邦第 2 巡回法院在 Gilliam v. ABC 一案中提出，任何超出版权所有人许可范围的对其作品的使用行为均构成对该作品的版权侵权行为。[④]本案中，下载 JMRI 版权资料的使用人有权演绎或发行，只要使用人遵循许可合同中的限制条件。而 Kamind 公司并未遵循许可条件，显然其使用行为超出了许可使用的范围。最终，联邦第 9 巡回上诉法院认定许

---

① See Sun Microsystems，Inc.，v. Microsoft Corp.，188 F.3d 1115，1121（9th Cir. 1999）；Graham v. James，144 F.3d 229，236（2d Cir. 1998）.

② See S.O.S.，Inc. v. Payday，Inc.，886 F.2d 1081，1087（9th Cir.1989）.

③ See Diepenbrock v. Luiz，159 Cal. 716,115 P. 743（1911）.

④ Gilliam v. ABC，538 F.2d 14，21（2d Cir. 1976）.

可条款是可实施的版权许可条件，并撤销了地区法院所作出的判决。由此可见，许可条款是否构成许可条件是对 Kamind 公司行为性质认定的关键。不同于许可合同的其他条款，许可条件是对于版权许可范围的限制。被许可人对于许可条件的违反可能构成版权侵权行为，将受到版权法的调整。如果许可条款不是许可条件，而是一般条款，那么被许可人违反许可合同条款的行为应受合同法调整。

综上可知，许可合同中包含的许可条件规定了被许可人使用版权作品的前提条件，是对于版权作品许可使用范围的限定。许可条件实质上相当于被许可人应当履行的合同义务。义务的履行是被许可人对版权作品享有特定使用权利的前提。被许可人违反许可条件不仅不能享有使用版权作品的权利，而且可能构成著作权侵权行为。此外，被许可人超出许可范围的使用行为也可能构成著作权侵权行为。因为此种情形下，被许可人并未获得著作权人的授权。而在被许可人的使用行为同时构成著作权限制或例外的情形下，即使被许可人违反了许可条件或者超出了许可范围也不构成著作权侵权行为。6 种类型的知识共享许可协议均规定了在著作权限制和例外以及许可协议同时适用于被许可人的使用行为时，著作权的限制和例外优先适用。此时，被许可人的行为不受许可协议调整，当然无须遵循许可条款（含许可条件）。换言之，在被许可人对版权作品的使用行为不构成著作权限制或例外，且违反了许可条件或超出了许可范围的情形下，被许可人的行为即构成了著作权侵权行为，进而应当承担著作权侵权责任。故被许可人对开放存取作品的使用应当在著作权人许可使用的范围内，并应当清楚地知晓和全面遵循知识共享许可协议中规定的许可条件。当然，许可人有可能放弃行使救济权利。此种情形下，被许可人只是丧失了依据知识共享许可协议所享有的对版权作品的使用权。

（三）知识共享许可协议中免责与责任限制条款的效力分析

6 种类型的知识共享许可协议中均包含内容相同的免责与责任限制条款。毫无疑问，免责与责任限制条款旨在免除或限制许可人应当承担的责任。责任的免除或限制无疑能够解除许可人共享其作品的后顾之忧，有利于促进知识的可持续共享。然而，责任的免除或限制条款明显不利于被许可人。因此，免责与责任限制条款的适用应当符合法律的相关规定。

免责与责任限制条款共含两款，第 1 款规定除非许可人单独保证，许可人对于许可使用的作品不做任何直接的、间接的、书面的或其他的声明或保证。保证包括但不限于权利担保、作品的实用性、准确性和非侵权保证等。当免责条款全部或部分不被法律所允许时，该免责条款不适用于被许可人。第 2 款规定在任何情形下，许可人都不对由公共许可或许可作品的使用引起的包括但不限于直接的、间接的、偶然的或者其他损失、成本、费用、损害而向被许可人承担任何责任，即使许可人对于上述损失、成本、费用、损害可能负有责任。当责任限制条款全部或部分不被法律所允许时，该责任限制条款不适用于被许可人。以上免责与责任限制条款应尽可能按照最接近责任绝对豁免的方式进行解释。[①] 从中不难看出，免责与责任限制条款是许可人相对于被许可人的责任免除或限制，其涵盖范围甚广。具体而言，据此条款许可人对许可使用的作品不承担权利担保、品质担保和非侵权保证；许可人对因许可或许可作品的使用而遭

① https://creativecommons.org/licenses/，visited on 7 Feb.2017.

受的损失或其他损害不承担责任。然而，免责与责任限制条款的适用范围是有限的。众所周知，合同具有相对性。依据合同相对性原则，合同关系是特定的当事人之间的关系。[①]免责与责任限制条款因之只适用于许可人和被许可人。除此之外，当免责与责任限制条款不被允许时，免责与责任限制条款便不适用于被许可人。

依据中国《合同法》第52条第5项之规定，如果合同违反法律或者行政法规的强制性规定，那么合同是无效的。合同中的免责和责任限制条款自然随之无效。合同无效是指自始无效。而最高人民法院《关于适用〈中华人民共和国合同法〉若干问题的解释（二）》第14条将“强制性规定”解释为效力性强制性规定。也即违反法律或行政法规非效力性的强制性规定不会导致合同无效。何为效力性强制性规定并不明确。最高人民法院于2009年7月7日印发的《关于当前形势下审理民商事合同纠纷案件若干问题的指导意见》提出了不同类型强制性规定的区分标准。该指导意见要求各人民法院注意区分效力性强制规定以及管理性强制规定，并应综合法律法规的意旨，权衡相互冲突的权益认定强制性规定的类型。因此，在免责与责任限制条款不符合相关法律或行政法规的效力性强制规定时，免责与责任限制条款当然不适用于被许可人。另，《中华人民共和国合同法》第53条规定两种类型的免责条款无效，分别是造成对方人身伤害的，因故意或重大过失造成对方财产损失的。可见，该条款侧重对合同当事方人身权和财产权的保护。对此规定应加以注意的是，关于人身损害的免责条款，其无效不以合同一方当事人的主观过错为要件。关于财产损失的免责条款则不然，合同一方当事人必须具有故意或者重大过失。结合

---

① 杨宗仁:《简析合同的相对性原则》，载《法制与社会发展》2002年第2期，第80页。

知识共享许可协议中的免责与责任限制条款来看，许可人不能免除因其故意或重大过失造成被许可人财产损失而应承担的责任。不同于有形产品，版权人许可使用的作品属于知识产品，具有无体性。故而，版权作品的许可本身不会造成被许可人的人身损害。基于此，中国《合同法》中第53条规定的免责条款无效的情形之一不适用于版权许可合同。质言之，知识共享许可协议中的免责与责任限制条款依据中国的《合同法》及其司法解释不一定具有法律效力。诚然，不同国家关于合同无效的法定情形，以及免责与责任限制条款的效力之法律规定有所不同。例如，英美法中违法合同包括违反制定法、普通法和有悖公共政策的合同。[①] 进言之，依据一国法律有效的许可合同中的免责与责任限制条款在他国未必有效。换言之，知识共享许可协议中免责与责任限制条款的适用是有限的、效力是相对的。

通过上述分析可知，知识共享许可协议中的免责与责任限制条款须符合法律的相关规定，其法律效力具有不确定性。而在免责与责任限制条款全部或部分无效的情形下，许可人可能承担相应的法律责任。此外，免责与责任限制条款不适用于许可人和被许可人之外的第三人。换言之，许可人若侵犯了任何第三人的著作权，则应承担相应的著作权侵权责任，除非许可人的行为符合著作权法的相关规定，具备法定免责事由。例如，著作权限制和例外、合理使用等。显然，不同国家著作权法中规定的著作权限制和例外不尽相同。许可人侵权与否宜应具体分析。免责与责任限制条款也不等同于责任的转移。被许可人并不因此承担许可人应负的著作权侵权责任。然而，被许可人亦非毫无法律责任可言。如果被许可人侵犯了许可人

---

① 黄忠:《违法合同的效力判定路径之辨识》，载《法学家》2010年第5期，第65页。

的著作权（超出许可使用的范围或违反许可条件），且不具备法定的免责事由，那么被许可人应向许可人承担著作权侵权责任。

综上所述，知识共享许可符合学术信息开放存取对于著作权授权许可方式的要求。知识共享许可协议因授权要素的不同被区分为6种类型。而6种知识共享许可协议中，著作权人均保留了署名权和保护作品完整权，即著作人身权。申言之，著作权人通过权利保留限定了许可范围。同时，6种知识共享许可协议亦都明确规定了许可范围和许可条件。许可条件构成了对于被许可人使用行为的限制。被许可人违反许可条件的行为可能构成著作权侵权行为。被许可人依据知识共享许可协议所享有的权利也因此自动终止。除上述条款外，6种知识共享许可协议均规定了免责与责任限制条款用以免除或限制许可人的责任。可是，免责与责任限制条款的法律效力是不确定的。当免责与责任限制条款全部或部分不符合法律的相关规定时，免责与责任限制条款全部或部分无效。必须注意的是，在知识共享许可协议与著作权限制和例外同时适用于同一被许可人的相同使用行为时，知识共享许可协议不予适用。此种情形下，被许可人无须遵循知识共享许可协议中的许可条件。就此而论，知识共享许可实际上扩展了著作权限制和例外的适用范围，并体现了促进知识共享的目标。

第四节　明确规定出版权

承前所述，强制金色开放存取政策将在一定程度上限制出版权的行使。出版权权利人和权利内容的明确无疑有利于保障出版自由，且有利于出版法律制度的完善。韩国与日本的《著作权法》中均规定了出版权条款。中国《著作权法》应在比较分析的基础上规定出版权条款。

一、出版权界分的必要性

中国《著作权法》中并未规定出版权，仅定义了出版行为（作品的复制、发行）。中国《著作权法修订草案（送审稿）》亦未界定出版权，只规定出版是指复制并发行。① 而出版行为不是出版权，出版权亦显著区别于出版者权和专有出版权。故出版权概念和权利内容的界定能够避免混同、能够划定不同法律关系中权利和义务的界限。除此之外，出版权的界定能够保障出版自由，并能够完善出版的法律制度。

不言而喻，出版权是出版自由的直接体现。出版权主体和权利内容的界定能够明确权利人的权利范围，义务人的义务亦随之确立。权利、义务的明确无疑有利于保障出版自由。国务院于 2016 年 2 月 6 日发布的《出版管理条例》提出公民享有依法行使出版自由的权利，各级人民政府应当予以保障。显然，该条款亦未界定出版权，只规定了各级人民政府应尽的义务，即保障公民依法行使出版自由的权利。申言之，公权力的行使不得影响公民依法行使出版自由的权利（消极的不作为），同时公权力的行使应当保障公民依法行使出版自由的权利（积极的作为）。积极的作为义务是指各级人民政府应当查

---

① 参见中国《著作权法修订草案（送审稿）》第 31 条。

处违法的出版行为以维护正常的出版市场秩序、保障公民的出版自由。然而,《出版管理条例》对于公民出版自由的保护并不充分。部分研究机构或者高校采取的强制金色开放存取政策在一定程度上会限制出版权的行使。故出版权的界定能够划定行为的边界，能够更全面地保障出版自由。

不仅如此，出版权的界定是明确专有出版权的权利来源、权利内容，以及著作权法律制度与出版管理制度相衔接的需要。中国《著作权法》第 31 条规定了图书出版者的专有出版权。图书出版者享有专有出版权的依据是合同约定。然而出版权的原始权利人和专有出版权的权利内容并不确定。另外,《出版管理条例》第 9 条规定，报纸、期刊、图书、音像制品和电子出版物等应由出版单位（包括报社、期刊社、图书出版社、音像出版社和电子出版物出版社等）出版。据此条款，出版物只能由出版单位出版，出版单位不限于《著作权法》规定的图书出版者。毫无疑问，发行以作品原件或复制件所有权的转移为要件，方式即为销售或赠与。必须注意的是所有权转移的客体是作品的载体，并非著作权。出版物是作品发行的载体，出版单位应当依法享有作品的出版权，否则出版单位的出版行为可能构成著作权侵权行为。而《出版管理条例》也未规定出版权的权利主体及其权利内容。因此，出版权内涵和外延的明确是出版法律制度完善的现实需要。

总而言之，出版权的界定有利于其与相近权利的区分、有助于出版自由的全面保障、有益于厘定专有出版权的来源与权利内容，有利于厘清出版单位行使出版权的依据和权项。诚然，出版权的界定应当建立在比较分析既有的出版权条款基础之上。

二、出版权条款的比较分析

《伯尔尼公约》、TRIPS 协定、WCT、WPPT 和《视听表演北京条约》均未规定出版权。通过前述分析可知，出版权的权项应包含复制权与发行权。基于此，出版权的权利人应当同时享有作品的复制权和发行权。而出版权是经济权利，权利人有权转让出版权。出版单位在受让出版权之后，方可出版作品。韩国和日本的《著作权法》均明确规定了出版权。

韩国《著作权法》第 57 条规定，作品复制权和发行权的所有人可以为准备以文字、图画或其他类似方式出版其作品的人设定出版权。被设定出版权的人有权根据设定出版权的合同出版作品的原始文本。另外第 63 条规定，未经复制权所有人的同意，出版权不得转让。[①] 由此可见，出版权的原始主体是作品复制权和发行权的所有人，即著作权人。著作权人有权通过出版合同的约定授予他人行使作品的出版权。出版权的享有和行使以出版合同为据，而出版权的转让须经复制权人的同意。然而，第 57 条并没有规定出版权的权利内容。

日本《著作权法》第 79 条规定，复制权人可对负责将其作品以文字或图画形式出版的人设定出版权。第 80 条规定了出版权的内容，出版权人享有根据设定权利的规定以发行为目的，将作为出版权标的之作品按原样印刷或采用其他物理、化学方法作为文书或图画进行复制的专有权。据此条款，出版权的最初权利人是作品的复制权

---

① § 30:75.Copyrights—Right of publication，6 Eckstrom's Licensing in For. & Dom. Ops. § 30:75,www.west.com,visited on 20 Mar 2017.

人。复制权人有权授权他人行使作品的出版权。出版权是指以发行为目的复制作为出版权标的作品的专有权。此外，2015 年 1 月 1 日起正式实施的日本《著作权法修正案》扩充了出版权的内容。具体如下：原第 80 条作为第 1 款，但复制方法增加了利用电子计算机的影像复制；新增了第 2 款，利用媒介将第 79 条第 1 款所述出版物的复制品进行网络传播的权利。[①] 简言之，复制方式和出版权的权项均相应增加。

综上所述，韩国与日本《著作权法》中的出版权条款都明确规定出版权是由作品的权利人设定的，出版人只是继受取得作品的出版权。所不同的是，日本《著作权法》第 79 条规定的出版权的原始主体只享有作品的复制权，另第 80 条规定了出版权的权利内容。不过第 79 条规定的出版权原始主体的权利并不全面。原因在于：首先，出版权应当包括复制权与发行权；其次，第 80 条提及出版权的行使以发行为目的。除此之外，日本《著作权法修正案》将出版物的复制品进行网络传播的权利规定为出版权。而出版物所刊载作品的网络传播权属于著作权人。出版人应当事先获得著作权人的许可或受让网络传播权。故日本《著作权法》关于出版权的规定并不完善。韩国《著作权法》中的出版权条款亦是如此。因其未予规定出版权的内容。质言之，中国《著作权法》不应直接纳入日本或韩国《著作权法》中的出版权条款。

---

① 刘佳：《论我国设立电子书出版权的合理性与必要性——基于日本〈著作权法修正案〉的思考》，载《科技与出版》2015 年第 11 期，第 12 页。

三、中国《著作权法》出版权条款的立法建议

出版权条款应当规定出版权的原始权利人和继受权利人（《出版管理条例》第 9 条规定的出版单位），并应明确其权利内容。经上述分析可知，出版权应当包括作品的复制权与发行权。必须注意的是发行权不同于信息网络传播权。WCT 第 6 条规定，发行权是作者享有授权通过销售或其他所有权转让方式向公众提供其作品原件或复制品的专有权。另外关于第 6 条的议定声明提出，受发行权的约束，“原件和复制品”专指可作为有形物投放流通的固定复制品。[①] 可见，发行的方式包括销售或其他所有权转让方式、发行的客体是作品的原件或复制品，并且作品的载体是有形的。中国《中华人民共和国著作权法》则将所有权转让的方式限定为销售或赠与。而信息网络传播权是指作品的传播而非作品载体的流转。另外，中国《信息网络传播权保护条例》专门规定了著作权人、表演者和录音录像制作者的信息网络传播权。由此，网络传播权不应作为出版权的权项。

与此同时，出版权的原始权利人不应规定为著作权人。因为著作权人的指向并不明确。毋庸置疑，著作权人不限于作者，如委托作品或职务作品的著作权人不一定是作者。而著作权人还包括著作相关权人。除此之外，著作权人可以转让部分或全部的著作财产权。著作权人以外的第三人因之享有著作权，但是著作权人向第三人转让的未必是复制权和发行权。故出版权的原始权利人应当规定为作

---

① See Art 6 of WIPO Copyright reaty,http://www.wipo.int/wipolex/en/treaties/text.jsp?file_id=295157,visited on 20 Mar 2017.

品的复制权和发行权人。

综上所述，中国《著作权法》的出版权条款可规定为，作品复制权和发行权的所有人可以通过出版合同授权《出版管理条例》第 9 条规定的出版单位出版其作品。出版单位根据作品复制权和发行权所有人的授权享有以印刷、复印、拓印录音、录像、翻录、翻拍等方式将作品制作一份或多份，并以出售或赠与方式向公众提供作品原件或复制件的权利。出版权条款可规定于中国《著作权法》第四章的第一节（图书、报刊的出版），即在第 30 条之前增加出版权条款作为第 30 条。原第 30 条作为第 31 条，原第 31 条作为第 32 条，以此类推。此外，中国《著作权法》正进行第三次修订。而中国《著作权法修订草案（送审稿）》第三章专章规定了相关权，其中第一节是关于出版者权的规定。出版权条款可规定于第三章的第一节（出版者）第 31 条，即在第 1 款关于出版的界定之后增加出版权条款作为第 2 款，原第 2 款作为第 3 款。

本章小结

开放存取作为一种新的学术信息传播模式和出版方式对著作权许可方式提出了新的要求。而强制开放存取政策构成了对于出版权行使的挑战。此外，开放存取在一定程度上受到著作权转让、专有许可或著作权不同归属的制约。简言之，现行的著作权法律制度不能满足学术信息开放存取的需要。因此，开放存取的实现和发展需要著作权法律制度进行适应性调整。著作权法律制度的调整实质上是权利、义务的分配或者再分配，涉及不同的主体、不同的利益。而利益平衡是知识产权法中的一个根本性问题。著作权法律制度的调整应遵循利益平衡原则。利益平衡贯穿于著作权法运行的全过程。诚然，利益平衡原则不可能独自实现，必须借助利益平衡规则的实施。利益平衡规则指以利益平衡为目的之法律规则，法律规则用以在不同的利益主体之间分配权利和义务。而学术信息开放存取以知识的无障碍获取为目标，主要涉及著作权人和使用人之间的利益平衡、体现了私人利益和公共利益之间的平衡。著作权法中的利益冲突主要存在于著作权人的专有权利及利益与社会公众对知识产品需求的权利和利益之间。基于此，著作权法中利益平衡规则的调整应以知识的无障碍获取为目标、消除开放存取所受到的著作权人专有权的制约，并应当平衡著作权人和使用人之间的利益。

西班牙、美国、阿根廷、秘鲁、欧盟、意大利、德国和荷兰的相关法律都规定了开放存取条款。其中，西班牙、美国、阿根廷、秘鲁和欧盟的相关法律均强制作者开放存取。意大利通过立法、德国和荷兰则分别通过修改《著作权法》规定了作者的二次发表权。二次发表权专属于作者。而作者享有和行使二次发表权应符合法定条件。通过比较分析，二次发表权更有益于利益平衡和促进学术信息开放存取的实现。中国《著作权法》正在进行第三次修改，宜应以此为契机纳入二次发表权条款。必须加以区分的是，作品的二次发表不同于作品的许可使用。现行的著作权许可方式不符合开放存取的需要。知识共享许可恰以知识共享为目的，其目的与开放存取的目标相契合。除此之外，知识共享许可协议能满足开放存取的需要。知识共享许可协议是由知识共享组织制定的。其因授权要素的不同可被区分为 6 种类型。不同类型的知识共享许可协议，许可范围和许可条件存在差异。相应地，被许可人享有的权利和承担的义务不同。如果被许可人违反许可条件，那么其在知识共享许可协议项下的权利自动终止，并可能构成著作权侵权行为。被许可人超出许可范围的行为因没有获得著作权人的授权而无效，亦可能构成著作权侵权行为。而6种类型的知识共享许可协议均包含有相同的免责与责任限制条款。免责与责任限制条款用以免除或者减轻许可人应当承担的侵权责任，其涵盖范围甚广。免责与责任限制条款只适用于许可人和被许可人，其效力具有相对性。当免责与责任限制条款全部或者部分违反相关法律规定时，免责与责任限制条款全部或者部分无效。简言之，免责与责任限制条款的适用不是绝对的。另因强制金色开放存取政策会在一定程度上限制出版权的行使。对此，中国《著作权法》应在比较分析既有出版权条款的基础上规定出版权，以区分出版者权和专有出版权、明确权利与义务范围、更好地保障出版自由，并促进出版法律制度的完善。

参考文献

一、中文文献

（一）专著

［1］北京大学法律系宪法教研室、资料室编：《宪法资料选编第 3 辑》，北京大学出版社 1981 年版。

［2］陈晋：《开放获取十年（2001—2011）》，国家图书馆出版社 2012 年版。

［3］丛立先：《网络版权问题研究》，武汉大学出版社 2007 年版。

［4］蔡祖国：《知识产权保护与信息自由的冲突与协调》，知识产权出版社 2016 年版。

［5］冯晓青：《知识产权法利益平衡理论》，中国政法大学出版社 2006 年版。

［6］冯晓青：《知识产权法》，中国政法大学出版社 2008 年版。

［7］冯晓青、胡梦云：《动态平衡中的著作权法“私人复制”及著作权问题研究》，中国政法大学出版社 2011 年版。

［8］冯蓓：《开放存取期刊质量控制研究》，湖北人民出版社 2014 年版。

［9］古祖雪：《国际知识产权法》，法律出版社 2002 年版。

［10］高鸣放：《社会福利学》，湖北人民出版社 2004 年版。

［11］郭威：《版权默示许可制度研究》，中国法制出版社 2014 年版。

[12] 顾立平:《开放获取与信息服务》,科学技术文献出版社 2016 年版。

[13] 顾立平:《科学数据开放获取的政策研究》,科学技术文献出版社 2016 年版。

[14] 顾立平:《国外大学开放获取政策汇编》,科学技术文献出版社 2016 年版。

[15] 何贵忠:《版权保护与表达自由:法理、制度与司法》,人民出版社 2011 年版。

[16] 何琳:《开放存取—数字时代学术信息交流新模式》,现代教育出版社 2008 年版。

[17] 黄晨熹:《社会福利》,格致出版社 2009 年版。

[18] 胡德华:《开放存取期刊质量研究》,科学出版社 2011 年版。

[19] 黄汇:《版权法上的公共领域研究》,法律出版社 2014 年版。

[20] 胡德华:《开放存取期刊研究》,中南大学出版社 2013 年版。

[21] 黄晖:《知识产权的国际保护例外研究》,法律出版社 2015 年版。

[22] 郎庆华:《开放存取研究》,云南科学技术出版社 2014 年版。

[23] 李武:《开放存取的两种实现途径研究:OA 期刊和 OA 知识库》,上海交通大学出版社 2012 年版。

[24] 李明德:《知识产权法》,社会科学文献出版社 2007 年版。

[25] 李明德:《知识产权法(第 2 版)》,法律出版社 2014 年版。

[26] 刘建民:《黑格尔〈法哲学原理〉概念诠释与校译:〈权利哲学〉纲要研究》,法律出版社 2011 年版。

[27] 刘洁:《我国著作权集体管理制度研究》,中国政法大学出版社 2014 年版。

[28] 刘春田:《知识产权法(第 4 版)》,高等教育出版社 2010 年版。

[29] 孟祥娟:《版权侵权认定》,法律出版社 2001 年版。

[30] 孟祥娟:《俄罗斯著作权法》,法律出版社 2014 年版。

[31] 毛玉琪、高士雷:《开放获取应用与实践》,中国农业大学出版社 2014 年版。

[32] 宁立志:《知识产权法》，武汉大学出版社 2011 年版。

[33] 彭礼堂:《公共利益论域中的知识产权限制》，知识产权出版社 2008 年版。

[34] 乔冬梅:《e 印本文库建设与应用: 开放存取运动典型策略研究》，北京图书馆出版社 2006 年版。

[35] 唐思慧:《电子政务信息公平研究》，中国出版集团世界图书出版公司 2011 年版。

[36] 图书情报工作杂志社:《开放获取的现在与未来》，海洋出版社 2014 年版。

[37] 万鄂湘:《国际知识产权法》，湖北人民出版社 2001 年版。

[38] 王清:《著作权限制制度比较研究》，人民出版社 2007 年版。

[39] 王迁:《著作权法学》，北京大学出版社 2007 年版。

[40] 王迁、[荷] Lucie Guibault:《中欧网络版权保护比较研究》，法律出版社 2008 年版。

[41] 王迁:《著作权法》，中国人民大学出版社 2015 年版。

[42] 王宁:《开放存取环境下高校图书馆发展策略》，安徽大学出版社 2012 年版。

[43] 王宁、余侠:《开放存取: 高校图书馆现状与发展研究》，安徽大学出版社 2012 年版。

[44] 王素玉:《版权法的经济分析》，经济科学出版社 2016 年版。

[45] 吴汉东:《知识产权法》，法律出版社 2007 年版。

[46] 吴汉东:《知识产权法学（第 6 版）》，北京大学出版社 2014 年版。

[47] 谢俊贵:《公共信息学》，湖南师范大学出版社 2004 年版。

[48] 徐显明:《法治与社会公平》，山东人民出版社 2007 年版。

[49] 薛虹:《十字路口的国际知识产权法》，法律出版社 2012 年版。

[50] 薛万新:《开放存取学术资源建设研究》，新华出版社 2016 年版。

[51] 张惠:《开放存取: 理论　建构　服务》，机械工业出版社 2013 年版。

[52] 郑成思:《知识产权法》，法律出版社 2002 年版。

[53] 张建华:《信息网络传播权保护条例释义》，中国法制出版社 2006 年版。

[54] 张今:《版权法中私人复制问题研究——从印刷机到互联网》，中国政法大学出版社 2009 年版。

[55] 曾湘琼:《开放获取理论与实践》，湘潭大学出版社 2011 年版。

[56] 朱理:《著作权的边界——信息社会著作权的限制与例外研究》，北京大学出版社 2011 年版。

[57] 詹启智:《信息网络传播权论》，中国政法大学出版社 2014 年版。

（二）译著

[1][美] 博登海默:《法理学: 法律哲学与法律方法》，邓正来译，中国政法大学出版社 2004 年版。

[2][英] 边沁著:《道德与立法原理导论》，时殷弘译，商务印书馆 2000 年版。

[3][美] 博登海默:《法理学法律哲学与法律方法》，邓正来译，中国政法大学出版社 1999 年版。

[4][美]彼得 · 萨伯:《开放存取简编》，李武译，海洋出版社 2015 年版。

[5] 杜颖、张启晨译:《美国著作权法》，知识产权出版社 2013 年版。

[6][英] 弗里德利希 · 冯 · 哈耶克著:《法律、立法与自由》，邓正来等译，中国大百科全书出版社 2000 年版。

[7] 范长军译:《德国著作权法》，知识产权出版社 2013 年版。

[8] 李杨译:《日本著作权法》，知识产权出版社 2011 年版。

[9][美] 曼昆:《经济学原理: 微观经济学分册（第 6 版）》，梁小民、梁砾译，北京大学出版社 2012 年版。

[10][法] 孟德斯鸠:《论法的精神》（上卷），许明龙译，商务印书馆 2009 年版。

[11] 孙新强、于改之译:《美国版权法》，中国人民大学出版社 2002 年版。

[12][美] 威廉 · M. 兰德斯、理查德 · A. 波斯纳:《知识产权法的经济

结构》，金海军译，北京大学出版社 2005 年版。

[13][英]约翰·洛克著：《政府论两篇》，赵伯英译，陕西人民出版社 2004 年版。

[14]张建文译：《俄罗斯知识产权法——〈俄罗斯联邦民法典〉第四部分》，知识产权出版社 2012 年版。

（三）期刊论文

[1]常青：《图书出版者的专有出版权解析》，载《科技与出版》2006 年第 2 期。

[2]陈东韵、黄如花：《开放存取信息资源的知识产权保护现状》，载《图书情报工作》2008 年第 12 期。

[3]蔡金燕：《对美国法律资源开放存取的调查及分析》，载《图书馆建设》2013 年第 5 期。

[4]冯晓青：《知识产权法的价值构造：知识产权法利益平衡机制研究》，载《中国法学》2007 年第 1 期。

[5]董燕影、周庆山：《开放获取自存档的版权许可障碍与解决措施初探》，载《情报理论与实践》2009 年第 32（6）期。

[6]方翠、李荣素：《开放存取期刊版权问题分析》，载《图书馆建设》2006 年第 5 期。

[7]冯晓青：《知识产权法目的与利益平衡的实证分析——以美国〈宪法〉知识产权条款为例》，载《北京科技大学学报（社会科学版）》2008 年第 24（3）期。

[8]冯晓青、谢蓉：《著作权法中“合理使用”与公共利益研究》，载《河北法学》2009 年第 27（3）期。

[9]范进学：《权利概念论》，载《中国法学》2003 年第 2 期。

[10]傅蓉：《开放存取期刊的版权》，载《中国科技期刊研究》2007 年第 3 期。

[11]范并思：《论信息公平的制度选择》，载《图书馆》2007 年第 4 期。

[12]范贤容、韩欢：《论开放存取期刊的知识产权保护》，载《图书与

情报》2009年第6期。

[13] 胡象明:《广义的社会福利理论及其对公共政策的意义》,载《武汉大学学报(社会科学版)》2002年第55(4)期。

[14] 黄汇:《版权法上的公共领域研究》,载《现代法学》2008年第30(3)期。

[15] 黄洁:《学位论文的著作权保护及其开放存取的实现》,载《图书馆论坛》2008年第5期。

[16] 黄少玲:《对开放存取及其版权保护的探究》,载《图书馆学研究》2009年第5期。

[17] 胡鸿高:《论公共利益的法律界定——从要素解释的路径》,载《中国法学》2008年第4期。

[18] 胡滨斌:《知识产权权利限制的若干理论问题》,载《南京农业大学学报(社会科学版)》2008年第8(2)期。

[19] 胡建淼、邢益精:《公共利益概念透析》,载《中国法学》2004年第10期。

[20] 黄玉烨:《著作权合理使用具体情形立法完善之探讨》,载《法商研究》2012年第4期。

[21] 黄忠:《违法合同的效力判定路径之辨识》,载《法学家》2010年第5期。

[22] 韩红、刘晟、姜恩波:《版权制度对开放获取的影响综述——开放获取的法律视角分析》,载《情报理论与实践》2011年第3期。

[23] 胡开忠:《关于出版合同立法的反思与重构——兼议著作权法修改草案中的相关规定》,载《当代法学》2013年第3期。

[24] 韩缨:《欧盟"地平线2020计划"相关知识产权规则与开放获取政策研究》,载《知识产权》2015年第3期。

[25] 江向东、傅建秀:《基于开放存取的机构库版权协议问题研究》,载《图书与情报》2010年第2期。

[26] 金涛、张强:《机构学位论文库开放存取著作权问题研究》,载《图

书馆学刊》2012 年第 11 期。

［27］焦海洋：《谷歌数字图书馆案中著作权合理使用问题研究》，载《西安电子科技大学学报（社会科学版）》2016 年第 26（3）期。

［28］李雨峰：《精神权利研究——以署名权和保护作品完整权为主轴》，载《现代法学》2003 年第 25（2）期。

［29］李雨峰：《思想 / 表达二分法的检讨》，载《北大法律评论》2007 年第 8（2）期。

［30］李雨峰：《版权法上公共领域的概念》，载《知识产权》2007 年第 5 期。

［31］李永明、曹兴龙：《中美著作权法定许可制度比较研究》，载《浙江大学学报（人文社会科学版）》2005 年第 35（4）期。

［32］李顺德：《版权、出版权和出版者权》，载《科技与出版》2006 年第 1 期。

［33］刘芳：《论开放获取——基于版权保护的开放资料获取》，载《河北科技图苑》2007 年第 6 期。

［34］刘素华：《信息自由与网络监管的法理分析》，载《现代法学》2012 年第 34（2）期。

［35］刘晓靖：《公平、公正、正义、平等辨析》，载《郑州大学学报（哲学社会科学版）》2009 年第 42（1）期。

［36］刘杨、王英：《开放存取期刊的版权问题分析及解决策略》，载《情报探索》2010 年第 10 期。

［37］李昕烨：《开放存取期刊的版权问题分析》，载《中外企业家》2013 年第 10 期。

［38］陆彩女、李麟：《2013 年国际开放获取实践进展》，载《图书情报工作》2014 年第 8 期。

［39］刘佳：《论我国设立电子书出版权的合理性与必要性——基于日本〈著作权法修正案〉的思考》，载《科技与出版》2015 年第 11 期。

［40］梁志文：《论演绎权的保护范围》，载《中国法学》2015 年第 5 期。

[41] 李杨、许清:《侵害保护作品完整权的判断标准——兼评我国〈著作权法修订草案（送审稿）〉第13条第2款第3项》，载《法律科学》2015年第1期。

[42] 李杨:《论发表权的“行使”——以发表权的权能构造为切入点》，载《法律科学》2015年第6期。

[43] 陆树程、刘萍:《关于公平、公正、正义三个概念的哲学反思》，载《浙江学刊》2010年第2期。

[44] 马岭:《言论自由、出版自由、新闻自由的主体及其法律保护》，载《当代法学》2004年第18（1）期。

[45] 麻思蓓:《试论开放获取环境下图书馆复制的合理性》，载《图书馆工作与研究》2015年第11期。

[46] 倪代川、任树怀:《信息共享空间环境下开放获取与知识产权探析》，载《情报理论与实践》2009年第7期。

[47] 潘慧芳:《开放获取中的版权问题》，载《青年文学家》2012年第23期。

[48] 秦珂:《开放存取版权管理的特点分析》，载《情报理论与实践》2006年第29（4）期。

[49] 秦珂:《开放存取资源版权保护问题摭谈》，载《现代情报》2006年第7期。

[50] 秦颖:《论公共产品的本质——兼论公共产品理论的局限性》，载《经济学家》2006年第3期。

[51] 任志安:《知识共享与规模经济、范围经济和联结经济》，载《科学学与科学技术管理》2005年第10期。

[52] 任寰:《论知识产权法的利益平衡原则》，载《知识产权》2005年第3期。

[53] 孙茜:《开放存取期刊采用知识共享许可协议的必要性分析》，载《国家图书馆学刊》2011年第2期。

[54] 孙国华:《论法与利益之关系》，载《中国法学》1994年第4期。

[55] 王爱学、赵定涛:《西方公共产品理论回顾与前瞻》,载《江淮论坛》2007 年第 4 期。

[56] 孙晓红、王红:《一个前瞻性立法:国家开放存取政策的法律化》,载《图书馆学研究》2015 年第 17 期。

[57] 吴汉东:《知识产权法的平衡精神与平衡理论——冯晓青教授〈知识产权法利益平衡理论〉评析》,载《法商研究》2007 年第 5 期。

[58] 吴汉东:《科技、经济、法律协调机制中的知识产权法》,载《法学研究》2001 年第 6 期。

[59] 吴汉东:《试论知识产权限制的法理基础》,载《法学杂志》2012 年第 6 期。

[60] 王淑君:《大数据时代著作权授权机制的不足与完善》,载《中国版权》2015 年第 1 期。

[61] 王文君(编译)、李麟(校对):《秘鲁颁布〈国家科技创新数字知识库开放获取法〉》,载《图书情报工作动态》2011 年第 11 期。

[62] 王迁:《网络环境中版权直接侵权的认定》,载《东方法学》2009 年第 2 期。

[63] 王迁:《视频分享网站著作权侵权问题再研究》,载《法商研究》2010 年第 1 期。

[64] 王迁:《〈信息网络传播权保护条例〉中"避风港"规则的效力》,载《法学》2010 年第 6 期。

[65] 王迁:《版权法保护技术措施的正当性》,载《法学研究》2011 年第 4 期。

[66] 王迁:《论提供规避技术措施手段的法律性质》,载《法学》2014 年第 10 期。

[67] 王丽萍等:《探讨开放存取期刊的版权问题》,载《传播与版权》2011 年第 2 期。

[68] 吴小玲、李师龙、戴兆凤:《学术信息开放存取的法律研究》,载《学理论》2010 年第 35 期。

[69] 王海燕、罗日辉:《博客的开放存取与版权保护》，载《图书馆理论与实践》2008 年第 4 期。

[70] 王凤产:《科技期刊开放存取中的版权问题》，载《编辑学报》2011 年第 23（6）期。

[71] 王应宽:《促进中国科技文献信息开放存取的法律与制度研究》，载《大学图书馆学报》2008 年第 4 期。

[72] 王太平、姚鹤徽、韩冰:《开放存取运动与版权制度的未来模式》，载《图书馆》2009 年第 5 期。

[73] 王应宽等:《国内外开放存取期刊研究进展综述与发展动态分析》，载《中国科技期刊研究》2012 年第 23（5）期。

[74] 王宇红、徐品、冶刚:《开放存取的版权保护机制新探》，载《情报理论与实践》2014 年第 37（12）期。

[75] 熊琦:《著作权许可的私人创制与法定安排》，载《政法论坛》2012 年第 30（6）期。

[76] 熊英:《论著作权中发表权的性质》，载《科技与法律》2005 年第 2 期。

[77] 许春明:《质疑“专有出版权”》，载《知识产权》2002 年第 5 期。

[78] 肖希明、水亮:《和谐社会中的信息公平制度》，载《图书馆论坛》2006 年第 26（6）期。

[79] 向玉乔:《社会制度实现分配正义的基本原则及价值维度》，载《中国社会科学》2013 年第 3 期。

[80] 相丽玲、刘红丽:《云时代数字资源开放存取的法律关系与问责机制》，载《情报理论与实践》2014 年第 37（7）期。

[81] 杨红军:《版权强制许可制度论》，载《知识产权》2008 年第 18（4）期。

[82] 余海燕:《论知识产权的本质及其正当性》，载《河北法学》2009 年第 27（4）期。

[83] 姚鹤徽:《开放存取：未来版权保护的可选模式》，载《图书馆学研究》2011 年第 10 期。

[84] 杨宗仁：《简析合同的相对性原则》，载《法制与社会发展》2002年第2期。

[85] 杨健、杨再扬：《关于完善著作权授权要约模式的思考》，载《河北学刊》2013年第33（5）期。

[86] 杨静、朱雪忠：《中国自由贸易协定知识产权范本建设研究——以应对TRIPS－plus扩张为视角》，载《现代法学》2013年第35（2）期。

[87] 卓泽渊：《论法的价值》，载《中国法学》2000年第6期。

[88] 周旺生：《论法律的秩序价值》，载《法学家》2003年第5期。

[89] 钟惠波、雷家骕、连建辉：《知识经济学范式：一个演进的视点》，载《科学学与科学技术管理》2005年第7期。

[90] 周明华、谢春枝：《和谐社会中的信息公平与图书馆服务》，载《图书馆理论与实践》2006年第2期。

[91] 翟建雄：《信息开放存取中的版权问题及图书馆的对策》，载《法律文献信息与研究》2006年第4期。

[92] 张秀全：《略论出版者权》，载《政治与法律》1994年第2期。

[93] 张永艾：《权利穷竭原则探究——兼论平行进口问题》，载《河北法学》2004年第22（3）期。

[94] 朱娜娜、马海群：《授权要约在数字图书馆中的适用性探究及著作权制度效率改进》，载《情报资料工作》2009年第5期。

[95] 赵蕴华、姚长青、郑佳：《国际上主要国家开放存取政策及对我国的启示》，载《数字图书馆论坛》2009年第11期。

[96] 张靖、黄国彬：《开放存取的利益模式及其版权问题研究》，载《图书馆理论与实践》2011年第7期。

[97] 张海卿：《图书馆在开放获取环境下的版权应对》，载《唐山师范学院学报》2012年第5期。

[98] 张晓林等：《研究图书馆推进开放获取的战略与实践——以国家科学图书馆为例》，载《图书情报工作》2013年第1期。

[99] 周玉林：《略论互联网环境下出版者权的保护》，载《社会科学家》

2010 年第 12 期。

[100] 周沛:《社会福利理论: 福利制度、福利体制及福利体系辨析》, 载《国家行政学院学报》2014 年第 4 期。

[101] 郑友德:《公共部门信息再利用的版权治理与许可对策》, 载《法学评论》2015 年第 1 期。

[102] 赵力:《公共资助学术期刊开放获取规则研究》, 载《图书馆建设》2016 年第 3 期。

（四）法律法规

[1]《中华人民共和国宪法》

[2]《中华人民共和国民法总则》

[3]《中华人民共和国民法通则》

[4]《中华人民共和国侵权责任法》

[5]《中华人民共和国合同法》

[6]《中华人民共和国著作权法》

[7]《出版管理条例》

[8]《信息网络传播权保护条例》

（五）案例

[1] 王某诉世纪某通讯技术有限公司侵犯著作权案,（1999）海知初字第 57 号。

[2] 北京某文化传播有限公司诉北京某饭店有限公司侵犯著作财产权纠纷案,（2009）东民初字第 06901 号。

[3] 北京某杂志社诉某广播电视报社侵犯著作权纠纷案,（2004）二中民初字第 04820 号。

[4] 北京慈文影视制作有限公司诉广州数联软件技术有限公司信息网络传播权纠纷案,（2006）粤高法民三终字第 355 号。

[5] 中国电信股份有限公司深圳分公司、上海百视通电视传媒有限公司与乐视网信息技术（北京）股份有限公司侵犯作品信息网络传播权纠纷上述案,（2014）深中法知民终字第 328 号。

二、英文文献

（一）Books

［1］Andrew Flinn，Harriet Jones.Freedom of information:open access，empty archives? Routledge,2009.

［2］Anne Fitzgerald.Open access policies,practices,and licensing:a review of the literature in Australia and selected jurisdictions.Cooperative Research Centre for Spatial Information,2009.

［3］Anthi Katsirikou.Open access to STM information:trends,models and strategies for libraries.Berlin;Boston:De Gruyter Saur,2011.

［4］Burton B.Callicott,David Scherer,Andrew Wesolek.Making institutional repositories works.Purdue University Press,2016.

［5］C ARMSTRONG et al.Access to knowledge in Africa The role of copyright.UCT PRESS,2010.

［6］Catherine Jones.Institutional repositories:content and culture in an open access environment.Oxford:Chandos,2007.

［7］Dana Beldiman.Access to knowledge:21 century challenges in intellectual property and knowledge governance.Edward Elgar,2013.

［8］David Solomon.Developing Open Access Journals :A practical guide. Chandos Publishing,2008.

［9］Demetrios G.Sampson et al.Digital Systems for Open Access to Formal and Informal Learning.Springer,2014.

［10］Frederick M.Abbott&Thomas Cottier，Francis Gurry. INTERNATIONAL INTELLECTUAL PROPERTY IN AN INTEGRATED WORLD ECONOMY,Wolters Kluwer Law&Business,2011.

［11］Giuseppe Bellantuono,Fabiano Teodoro Lara.Law，Development and Innovation.Basel: Springer International Publishing Switzerland,2016.

［12］Gary Hall.Digital This Book!The Politics of New Media,or Why We Need Open Access Now.the University of Minnesota Press,2008.

［13］Herbert Grüttemeier,Barry Mahon..Open access to scientific and technical information:state of the art and future trends:ICSTI.Amsterdam:IOS Press,2003.

［14］Julie M.Esanu,Paul F.Uhlir.Open access and the public domain in digital data and information for science.National Academies Press,2004.

［15］Jesús Lau et al.Libraries Driving Access to Knowledge.International Federation of Library Associations and Institutions，The Hague The Netherlands,2012.

［16］Joachim Schöpfel.Learning from BRICS:open access to scientific information in emerging countries.Sacramento,CA:Litwin Books,2015.

［17］Jemarcus Marshall.Open access initiative:library and information technology.London:Koros Press,2014.

［18］John Willinsky.The Access Principle The Case for Open Access to Research and Scholarship.The MIT Press,2006.

［19］Kaushal Chauhan，R.K.Mahapatra.Open access e-resources in library and information science.New Delhi:Ess Ess Publications,2013.

［20］Lynne M.Rudasill Maria Elena Dorta-Duque.Open access and digital libraries:social science libraries in action.De Gruyter Saur,2013.

［21］L.BENTLY,B.SHERMAN.INTELLECTUAL PROPERTY LAW.3rded. OXFORD UNIVERSITY PRESS,2009.

［22］Laura Bowering Mullen.Open access and its practical impact on the work of academic librarians:collection development.Chandos Pub,2010.

［23］Lionel Bently ，Brad Sherman.Intellectual Property Law 4thed. OXFORD UNIVERSITY PRESS,2014.

［24］MICHAEL A.PETERS，PETER ROBERTS.THE VIRTUES OF OPENNESS:EDUCATION，SCIENCE，AND SCHOLARSHIP IN THE

DIGITAL AGE [M] .Paradigm Publishers,2012.

[25] Marc Scheufen.Copyright Versus Open Access On Organisation and International Political Economy of Access to Science Knowledge.Basel:Springer International Publishing Switzerland,2015.

[26] Michael A. Gollin.DRIVING INNOVATION INTELLECTUAL PROPERTY STRATEGIES FOR A DYNAMIC WORLD [M] .Cambridge University Press,2015.

[27] Neil Jacobs.Open access:key strategic,technical and economic aspects. Oxford:Chandos,2006.

[28] Nagla Rizk, Lea Shaver.ACCESS TO KNOWLEDGE IN EGYPT. Bloomsbury Academic,2010.

[29] Paul F.Uhlir,Julie M.Esanu,rapporteurs.Strategies for preservation of and open access to scientific data in China:summary of a workshop.Washington, DC:National Academies Press,2006.

[30] PETER SUBER.OPEN ACCESS.Cambridge:THE MIT Press,2012.

[31] Roberto Caso et al.Balancing Copyright Law in the Digital Age :Comparative Perspectives .Springer-Verlag,2015.

[32] SUSAN ISIKO ŠTRBA.International Copyright Law and Access to Education in Developing Countries: Exploring Multilateral Legal and Quasi-Legal Solutions.MARTINUS NIJHOFF PUBLISHERS,2012.

[33] Samuel Danofsky.Open access for Africa:challenges,recommendations and examples.New York:United Nations Information and Communication Technologies Task Force,2005.

[34] WACT CRAWFORD.OPEN ACCESS WHAT YOU NEED TO KNOW NOW. Chicago:AMERICAN LIBRARY ASSOCIATION,2011.

[35] William van Caenegem.Intellectual Property Law and Innovation. Cambridge University Press,2007.

（二）Articles

［1］Alana Maurushat.SETTING A POSITIVE AGENDA FOR INTERNET GOVERNANCE AT THE WORLD SUMMIT ON THE INFORMATION SOCIETY（WSIS）:OF TECHNOLOGY AND HUMANKIND.Rev. quebecoise de droit int'l,2005,18 186–190.

［2］Ann Bartow.OPEN ACCESS，LAW，KNOWLEDGE，COPYRIGHTS，DOMINANCE AND SUBORDINATION. LEWIS & CLARK LAW REVIEW,2006,10 869–884.

［3］Armen Yuri Gasparyan，Lilit Ayvazyan,George D. Kitas1.Open access: changing global science publishing.54 Croat Med J,2013,54 403–406.

［4］Anurag A. Agrawal.Four more reasons to be skeptical of open-access publishing,Trends in Plant Science,2014,19（3）133.

［5］Adam Mossoff.HOW COPYRIGHT DRIVES INNOVATION: A CASE STUDY OF SCHOLARLY PUBLISHING IN THE DIGITAL WORLD.Mich. St. L. Rev,2015, 956–966.

［6］Bo-Christer Björk et al,Anatomy of Green Open Access.Journal of the Association for Information Science and Technology,2014，65 237–250.

［7］Bo-Christer Björk,David Solomon.Open access versus subscription journals: a comparison of scientific impact.10 BMC Medicine,2012，10 73–87.

［8］Bryan Leonard,Gary D. Libecap.ENDOGENOUS FIRST-POSSESSION PROPERTY RIGHTS IN OPEN-ACCESS RESOURCES. Iowa L. Rev,2015，100 2460–2465.

［9］Catrin Pekari.THE INFORMATION SOCIETY AND ITS POLICY AGENDA:TOWARDS A HUMAN RIGHTS-BASED APPROACH.Rev. quebecoise de droit int'l,2005，18 58–70.

［10］Charles H Halsted.Copyright protection and open access.Am J Clin Nutr,2003,78 899–901.

［11］CAROL A. PARKER.INSTITUTIONAL REPOSITORIES AND THE

PRINCIPLE OF OPEN ACCESS: CHANGING THE WAY WE THINK ABOUT LEGAL SCHOLARSHIP. NEW MEXICO LAW REVIEW,2007,37 431–477.

［12］Christopher J. Ryan，Jr.NOT-So-OPEN ACCESS TO LEGAL SCHOLARSHIP: BALANCING STAKEHOLDER INTERESTS WITH COPYRIGHTPRINCIPLES.Richmond Journal of Law & Technology,2013，20 1–34.

［13］Charlotte Haug.The Downside of Open-Access Publishing.The New England Journal of Medicine,2013,791–793.

［14］Cabrera，K.I. Comparative analysis of public policies in open access models in Latin America. Brazil and Argentina cases. RUSC. Universities and Knowledge Society Journal,2015，12（1）18.

［15］David J. Solomon,Bo-Christer Björk.Publication Fees in Open Access Publishing:Sources of Funding and Factors Influencing Choice of Journal. JOURNAL OF THE AMERICAN SOCIETY FOR INFORMATION SCIENCE AND TECHNOLOGY,2012，63（1）98–107.

［16］Dirk Visser.The Open Access provision in Dutch copyright contract law.Journal of Intellectual Property Law & Practice,2015，10（11）872–878.

［17］Dan Hunter.OPEN ACCESS TO INFINITE CONTENT.LEWIS & CLARK LAW REVIEW,2006，10 761–778.

［18］EDWARD GROSEK.A LIST OF MULTILATERAL TREATIES THAT ESTABLISH OR PROTECT COPYRIGHT AND THE RIGHT OF INTERNATIONAL PUBLICATION CIRCULATION. J. Copyright Soc'y U.S.A,1999，46 113.

［19］Elizabeth Gadd，Charles Oppenheim & Steve ProbetsRoMEO Studies 4-An Analysis of Journal Publishers' Copyright Agreements.LEARNED PUB,2003，16（4）1.

［20］EDWARD T. HART.Indexing Open Access Law Journals or Maybe Not.INTERNATIONAL JOURNAL OF LEGAL INFORMATION,2010，38 19–

42.

［21］EYAL AMIRAN.THE OPEN ACCESS DEBATE.18 symploke,2010，18 251–260.

［22］Eric Priest.Copyright and the Harvard Open Access Mandate. Nw.J.Tech.&Intell，2012，10（7）377–440.

［23］E. Dreyer et al.Annals of Forest Science changes its scope and complies with green open access rules. Annals of Forest Science,2014，71 425–426.

［24］Esther Hoorn.Diamond open access and open peer review: An analysis of the role of copyright and librarians in the support of a shift towards open access in the legal domain.Web JCLI，2014,20（1）.

［25］Eberhard Feess.Marc Scheufen.Academic copyright in the publishing game: a contest perspective.Eur J Law Econ,2016，2.

［26］Faddliza Mohd Zaki，Wan Ab. Kadir Wan Dollah.Current Status of Open Access Institutional Repository: A Case Study in Universiti Teknologi Mara（UiTM）.3 Journal of Emerging Trends in Computing and Information Sciences,2012，3 427–431.

［27］Gary D. Libecap.OPEN-ACCESS LOSSES AND DELAY IN THE ASSIGNMENT OF PROPERTY RIGHTS.ARIZONA LAW REVIEW,2008，50 379–408.

［28］Graham P Cornish.Copyright and Open Access-contradictory or complementary?. Logos,2005，16（4）189.

［29］Helen Doyle，Andy Gass，Rebecca Kennison.Who Pays for Open Access?.PLoS Biology | www.plosbiology.org,2004,2（4）0409–0410.

［30］Hubert D. Glover.Academia Should Embrace Open Access Scholarly Publishing.Open Journal of Accounting，2013，2 95–96.

［31］Ian Gallacher. “AUX ARMES，CITOYENS!” :TIME FOR LAW SCHOOLS TO LEAD THE MOVEMENT FOR FREE AND OPEN ACCESS TO

THE LAW.40UNIVERSITY OF TOLEDO LA WREVIEW,2009，40 1–51.

[32] IGNASI LABASTIDA I. JUAN.Copyright Issues Related to the Implementation of Open Access Policies.INTERNATIONAL JOURNAL OF LEGAL INFORMATION,2014,42（1）136–137.

[33] JAKE LINFORD.A SECOND LOOK AT THE RIGHT OF FIRST PUBLICATION.J. Copyright Soc'y U.S.A.，2011，58（3）586.

[34] Jorge L. Contreras.CONFRONTING THE CRISIS IN SCIENTIFIC PUBLISHING: LATENCY，LICENSING，AND ACCESS. Santa Clara L. Rev,2013，53 502.

[35] Julia E. Rodriguez.Awareness and Attitudes about Open Access Publishing: A Glance at Generational Differences.40The Journal of Academic Librarianship,2014，40 604–610.

[36] Joachim Scho ¨ pfel.Between open access and copyright:document supply in France.Interlending & Document Supply,2005，33（3）158–161.

[37] Jessica Litman.THE ECONOMICS OF OPEN ACCESS LAW PUBLISHING.LEWIS & CLARK LAW REVIEW,2006，10 779–795.

[38] Jorge L. Contreras.Data Sharing，Latency Variables，and Science Commons.Berkeley Technology Law Journal,2010，25（4）1654.

[39] Jonathan M. Barnett.The Illusion of the Commons.Berkeley Technology Law Journal,2010，25（4）1770–1777.

[40] JAKE LINFORD.A SECOND LOOK AT THE RIGHT OF FIRST PUBLICATION.J. Copyright Soc'y U.S.A,2011，58 622–643.

[41] John C. Newman,Robin Feldman.Copyright and Open Access at the Bedside.The New England Journal of Medicine,2011,2447–2449.

[42] James M. Donovan，Carol A. Watson，Caroline Osborne.THE OPEN ACCESS ADVANTAGE FOR AMERICAN LAW REVIEWS. J. Pat. & Trademark Off. Soc'y,2015，97 3–6.

[43] Julie L. Kimbrough,Laura N. Gasaway.UBLICATION OF

GOVERNMENT-FUNDED RESEARCH, OPENACCESS, AND THE PUBLIC INTEREST.Vand. J. Ent. & Tech. L,2016, 18 277–287.

[44] Karen Isabel Cabrera Pen?.Comparative analysis of public policies in open access models in Latin America.Brazil and Argentina cases. RUSC,2015,12 (1) 15–24.

[45] LEE PRICE.Digital Divide, Digital Opportunities: A Statistical Overview. Hastings Comm. & Ent. L.J,2002, 24 579.

[46] Laura Fargo McKinnon, Kris S. Helge.Copyright, open access and library instruction.Library Hi Tech News, 2014, 31 (10) 13.

[47] Mikael Laaski et al.,The Development of Open Access Journal Publishing from 1993 to 2009. 6 PLoS ONE,2011, 6 1.

[48] Maria Leptin.Open Access–Pass the Buck. Science 2012, 335 1279.

[49] Michael J. Madison.THE IDEA OF THE LAW REVIEW: SCHOLARSHIP, PRESTIGE AND OPEN ACCESS. LEWIS & CLARK LAW REVIEW,2006, 10 901–924.

[50] Michael W. Carroll.THE MOVEMENT FOR OPEN ACCESS LAW. LEWIS & CLARK LAW REVIEW,2006, 10 741–759.

[51] Matthew T. Bodie.OPEN ACCESS IN LAW TEACHING: A NEW APPROACH TO LEGAL EDUCATION.LEWIS & CLARK LAW REVIEW,2006, 10 885–898.

[52] Marcin Kozak,James Hartley.Publication Fees for Open Access Journals: Different Disciplines—Different Methods.JOURNAL OF THE AMERICAN SOCIETY FOR INFORMATION SCIENCE AND TECHNOLOGY,2013, 64 (12) 2591–2594.

[53] Matteo Migheli . Giovanni B. Ramello.Open access, social norms and publication choice. Eur J Law Econ,2013, 35 149–167.

[54] Mikael Laakso,Bo-Christer Björk.Anatomy of open access publishing: a study of longitudinal development and internal structure.BMC

Medicine,2012,2–8.

[55] MA Parsons，P A Fox. IS DATA PUBLICATION THE RIGHT METAPHOR?Data Science Journal,2013，12（10）1–5.

[56] Mikael Laakso.Green open access policies of scholarly journal publishers: a study of what，when，and where self-archiving is allowed. Scientometrics，2014，99 475–476.

[57] Mikael Laakso，Juho Lindman.Journal copyright restrictions and actual open access availability: a study of articles published in eight top information systems journals（2010–2014）. Scientometrics,2016，109 1170.

[58] Nicholas Bramble.PREPARING ACADEMIC SCHOLARSHIP FOR AN OPEN ACCESS WORLD. Harv. J.L. & Tech,2006,20 209–216.

[59] Nicola Gulley.Creative Commons:challenges and solutions for researchers; a publisher's perspective of copyright in an open access environment. Insights,2013，26（2）168–173.

[60] Natasha Susan Mauthner & Odette Parry.Open Access Digital Data Sharing: Principles,Policies and Practices.Social Epistemology,2013，27（1）47–67.

[61] Nikos Koutras.The Open Access in the Context of the Globalizing World.Pub Res Q,2015，31 132–141.

[62] Olufunmilayo B. Arewa.OPEN ACCESS IN A CLOSED UNIVERSE:LEXIS，WESTLAW，LAW SCHOOLS，AND THE LEGAL INFORMATION MARKET.LEWIS & CLARK LAW REVIEW,2006，10 797–839.

[63] Paul A. Samuelson.THE PURE THEORY OF PUBLIC EXPENDITURE.The Review of Economics and Statistics,1954，36（4）387.

[64] PETER K. Yu.BRIDGING THE DIGITAL DIVIDE:EQUALITY IN THE INFORMATION AGE.20 Cardozo Arts & Ent. L.J,2002，20 2–5.

[65] Peter Suber.Promoting Open Access in the Humanities.Syllecta Classica,2005，16 231–246.

[66] Peter Leuprecht.BRAVE NEW DIGITAL WORLD?REFLECTIONS

ON THE WORLD SUMMITON THE INFORMATION SOCIETY.18 Rev. quebecoise de droit int'l,2005,18 44–50.

［67］Pamela Bluh. “OPEN ACCESS,” LEGAL PUBLISHING，AND ONLINE REPOSITORIES .J.L. Med. & Ethics,2006，34 127–130.

［68］PAOLA GARGIULO.Open Access in Italy: Achievements and Future Prospects. INTERNATIONAL JOURNAL OF LEGAL INFORMATION,2006，34 377–390.

［69］Philip M. Davis.Open access，readership，citations: a randomized controlled trial of scientific journal publishing. The FASEB Journal,2011，25 1–3.

［70］Robert C. Denicola.Copyright and Open Access:Reconsidering University Ownership of Faculty Research.NEBRASKA LAW REVIEW,2006，85 365.

［71］RETO M. HILTY.FIVE LESSONS ABOUT COPYRIGHT IN THE INFORMATION SOCIETY: REACTION OF THE SCIENTIFIC COMMUNITY TO OVER-PROTECTION AND WHAT POLICY MAKERS SHOULD LEARN. J. Copyright Soc'y U.S.A,2006，53 106–109.

［72］Stephen Kruger.THE CLOSED NATURE OF THE “OPEN-ACCESS” SSRN. Int'l J. Legal Info,2013，41 326–330.

［73］Stephen Pinfield et al.Open-access repositories worldwide，2005–2012:Past growth，current characteristics and future possibilities.Journal of the American Society for Information Science and Technology copyright,2014，1–36.

［74］Thomas Eger，Marc Scheufen,Daniel Meierrieks.The determinants of open access publishing: survey evidence from countries in the Mediterranean Open Access Network（MedOANet）.Econ Polit Ind,2016.

［75］Thomas Eger，Marc Scheufen,Daniel Meierrieks.The determinants of open access publishing: survey evidence from Germany.Eur J Law Econ,2015，39 475–503.

［76］Valentina Moscon.Academic Freedom，Copyright，and Access

to Scholarly Works: A Comparative Perspective.Springer-Verlag Berlin Heidelberg,2015,119–125.

[77] William M. Landes & Richard Posner.An Economic Analysis of Copynight Law.18 J. LEGAL STUD,1989，18 326.

（三）Treaties

[1] *AGREEMENT ON TRADE-RELATED ASPECTS OF INTELLECTUAL PROPERTY Rights*

[2] *Berne Convention for the Protection of Literary and Artistic Works*

[3] *International Covenant on Civil and Political Rights*

[4] *International Covenant on Economic，Social and Cultural Rights*

[5] *Universal Copyright Convention*

[6] *Universal Declaration of Human Rights*

[7] *Vienna Convention on the Law of Treaties*

[8] *World Intellectual Property organization Copyright Treaty*

（四）Cases

[1] Diepenbrock v. Luiz，159 Cal. 716,115 p. 743（1911）.

[2]Dreamland Ball Room,Inc.V.Shapiro,Bernstein & Co.36 F.2d 354(1929).

[3] Shapiro,Bernstein & Co.V.H. L. Green Co.316 F.2d 304（1963）.

[4] Germ-Columbia Music,Inc.v.Mark Fi Records,Inc.256 F.Supp.399（1966）.

[5] Gershwin Publishing Corp V.Columbia Artists Management Inc.443F.2d 1159（1971）.

[6] Gilliam v. ABC，538 F.2d 14，21（2d Cir. 1976）.

[7] S.O.S.，Inc. v. Payday，Inc.，886 F.2d 1081，1087（9th Cir.1989）.

[8] Gershwin Publishing Corp v.Columbia Artists Management Inc.443F.2d 1159（1971）.

[9] Fonovisa,Inc.V.Cherry Auction，Inc.,76 F.3d 259（1996）.

[10] Sun Microsystems, Inc., v. Microsoft Corp., 188 F.3d 1115, 1121（9th Cir. 1999）.

[11] Graham v. James，144 F.3d 229，236 (2d Cir. 1998) .

[12] ROBERT JACOBSEN，Plaintiff-Appellant，v. MATTHEW KATZER and KAMIND ASSOCIATES，INC.（535 F.3d 1373; 2008 U.S. App）.

[13] Lawrence GOLAN，et al.，Petitionersv.Eric H. HOLDER，Jr.,Attorney General,et al132 S.Ct. 873 (2012) .

（五）Websites

[1] http://arxiv.org/help/support/faq#1A

[2] http://www.biomedcentral.com

[3] http://www.budapestopenaccessinitiative.org/read

[4] http://www.budapestopenaccessinitiative.org/boai-10-recommendations

[5] https://www.congress.gov

[6] http://creativecommons.net.cn

[7] https://creativecommons.org

[8] https://doaj.org

[9] http://www.earlham.edu/~peters/writing/acrl.htm

[10] https://ec.europa.eu

[11] https://erc.europa.eu

[12] http://eur-lex.europa.eu

[13] http://www.itu.int

[14] http://libraries.mit.edu

[15] http://legacy.earlham.edu/~peters/fos/bethesda.htm

[16] http://www.oxfordjournals.org

[17] https://openaccess.mpg.de/Berlin-Declaration

[18] http://www.opendoar.org/countrylist.php

[19] https://publicaccess.nih.gov

[20] http://roarmap.eprints.org

[21] https://www.ssrn.com/en

[22] https://treaties.un.org

[23] http://www.wipo.int

[24] http://www.un.org

[25] http://www.unesco.org

[26] https://wellcome.ac.uk

[27] http://www.wipo.int

[28] https://www.wto.org

图书在版编目 (CIP) 数据

学术信息开放存取法律问题研究 / 焦海洋著. —北京：中国法制出版社，2019.4

ISBN 978-7-5216-0106-0

Ⅰ. ①学…　Ⅱ. ①焦…　Ⅲ. ①信息资源—资源共享—科学技术管理法规—研究—中国　Ⅳ. ① D922.174

中国版本图书馆 CIP 数据核字（2019）第 060066 号

策划编辑 / 责任编辑：黄会丽　　封面设计：杨鑫宇

学术信息开放存取法律问题研究

XUESHU XINXI KAIFANG CUNQU FALÜ WENTI YANJIU

著者 / 焦海洋

经销 / 新华书店

印刷 / 北京京华虎彩印刷有限公司

开本 / 880 毫米 ×1230 毫米　32 开　　印张 / 9.5　字数 / 235 千

版次 / 2019 年 4 月第 1 版　　2019 年 4 月第 1 次印刷

中国法制出版社出版

书号 ISBN 978-7-5216-0106-0　　定价：42.00 元

北京西单横二条 2 号　邮政编码 100031　　传真：010-66031119

网址：http://www.zgfzs.com　　**编辑部电话：010-66070084**

市场营销部电话：010-66033393　　**邮购部电话：010-66033288**

（如有印装质量问题，请与本社印务部联系调换。电话：010-66032926）